大智度论

中国佛学经典宝藏

7

郏廷础 释译

星云大师总监修

人民东方出版传媒
东方出版社

《中国佛学经典宝藏》
大陆简体字版编审委员会

主任委员：赖永海

委　　员：(以姓氏笔画为序)

王月清　王邦维　王志远　王雷泉

业露华　许剑秋　吴根友　陈永革

徐小跃　龚　隽　彭明哲　葛兆光

董　群　程恭让　鲁彼德　温金玉

潘少平　潘桂明　魏道儒

总序

星云

自读首楞严,从此不尝人间糟糠味;
认识华严经,方知已是佛法富贵人。

诚然,佛教三藏十二部经有如暗夜之灯炬、苦海之宝筏,为人生带来光明与幸福,古德这首诗偈可说一语道尽行者阅藏慕道、顶戴感恩的心情!可惜佛教经典因为卷帙浩瀚、古文艰涩,常使忙碌的现代人有义理远隔、望而生畏之憾,因此多少年来,我一直想编纂一套白话佛典,以使法雨均沾,普利十方。

一九九一年,这个心愿总算有了眉目。是年,佛光山在中国大陆广州市召开"白话佛经编纂会议",将该套丛书定名为《中国佛教经典宝藏》①。后来几经集思广

---

① 编者注:《中国佛教经典宝藏》丛书,大陆出版时改为《中国佛学经典宝藏》丛书。

益，大家决定其所呈现的风格应该具备下列四项要点：

一、**启发思想**：全套《中国佛教经典宝藏》共计百余册，依大乘、小乘、禅、净、密等性质编号排序，所选经典均具三点特色：

1. 历史意义的深远性
2. 中国文化的影响性
3. 人间佛教的理念性

二、**通顺易懂**：每册书均设有原典、注释、译文等单元，其中文句铺排力求流畅通顺，遣词用字力求深入浅出，期使读者能一目了然，契入妙谛。

三、**文简意赅**：以专章解析每部经的全貌，并且搜罗重要的章句，介绍该经的精神所在，俾使读者对每部经义都能透彻了解，并且免于以偏概全之谬误。

四、**雅俗共赏**：《中国佛教经典宝藏》虽是白话佛典，但亦兼具通俗文艺与学术价值，以达到雅俗共赏、三根普被的效果，所以每册书均以题解、源流、解说等章节，阐述经文的时代背景、影响价值及在佛教历史和思想演变上的地位角色。

兹值佛光山开山三十周年，诸方贤圣齐来庆祝，历经五载、集二百余人心血结晶的百余册《中国佛教经典宝藏》也于此时隆重推出，可谓意义非凡，论其成就，则有四点可与大家共同分享：

一、佛教史上的开创之举：民国以来的白话佛经翻译虽然很多，但都是法师或居士个人的开示讲稿或零星的研究心得，由于缺乏整体性的计划，读者也不易窥探佛法之堂奥。有鉴于此，《中国佛教经典宝藏》丛书突破窠臼，将古来经律论中之重要著作，做有系统的整理，为佛典翻译史写下新页！

二、杰出学者的集体创作：《中国佛教经典宝藏》丛书结合中国大陆北京、南京各地名校的百位教授、学者通力撰稿，其中博士学位者占百分之八十，其他均拥有硕士学位，在当今出版界各种读物中难得一见。

三、两岸佛学的交流互动：《中国佛教经典宝藏》撰述大部分由大陆饱学能文之教授负责，并搜录台湾教界大德和居士们的论著，借此衔接两岸佛学，使有互动的因缘。编审部分则由台湾和大陆学有专精之学者从事，不仅对中国大陆研究佛学风气具有带动启发之作用，对于台海两岸佛学交流更是帮助良多。

四、白话佛典的精华集萃：《中国佛教经典宝藏》将佛典里具有思想性、启发性、教育性、人间性的章节做重点式的集萃整理，有别于坊间一般"照本翻译"的白话佛典，使读者能充分享受"深入经藏，智慧如海"的法喜。

今《中国佛教经典宝藏》付梓在即，吾欣然为之作序，并借此感谢慈惠、依空等人百忙之中，指导编修；吉广舆等人奔走两岸，穿针引线；以及王志远、赖永海等大陆教授的辛勤撰述；刘国香、陈慧剑等台湾学者的周详审核；满济、永应等"宝藏小组"人员的汇编印行。由于他们的同心协力，使得这项伟大的事业得以不负众望，功竟圆成！

《中国佛教经典宝藏》虽说是大家精心擘划、全力以赴的巨作，但经义深邃，实难尽备；法海浩瀚，亦恐有遗珠之憾；加以时代之动乱，文化之激荡，学者教授于契合佛心，或有差距之处。凡此失漏必然甚多，星云谨以愚诚，祈求诸方大德不吝指正，是所至祷。

一九九六年五月十六日于佛光山

原版序
敲门处处有人应

《中国佛教经典宝藏》是佛光山继《佛光大藏经》之后，推展人间佛教的百册丛书，以将传统《大藏经》精华化、白话化、现代化为宗旨，力求佛经宝藏再现今世，以通俗亲切的面貌，温渥现代人的心灵。

佛光山开山三十年以来，家师星云上人致力推展人间佛教，不遗余力，各种文化、教育事业蓬勃创办，全世界弘法度化之道场应机兴建，蔚为中国现代佛教之新气象。这一套白话精华大藏经，亦是大师弘教传法的深心悲愿之一。从开始构想、擘划到广州会议落实，无不出自大师高瞻远瞩之眼光，从逐年组稿到编辑出版，幸赖大师无限关注支持，乃有这一套现代白话之大藏经问世。

这是一套多层次、多角度、全方位反映传统佛教文化的丛书，取其精华，舍其艰涩，希望既能将《大藏经》

深睿的奥义妙法再现今世，也能为现代人提供学佛求法的方便舟筏。我们祈望《中国佛教经典宝藏》具有四种功用：

一、是传统佛典的精华书

中国佛教典籍汗牛充栋，一套《大藏经》就有九千余卷，穷年皓首都研读不完，无从赈济现代人的枯槁心灵。《宝藏》希望是一滴浓缩的法水，既不失《大藏经》的法味，又能有稍浸即润的方便，所以选择了取精用弘的摘引方式，以舍弃庞杂的枝节。由于执笔学者各有不同的取舍角度，其间难免有所缺失，谨请十方仁者鉴谅。

二、是深入浅出的工具书

现代人离古愈远，愈缺乏解读古籍的能力，往往视《大藏经》为艰涩难懂之天书，明知其中有汪洋浩瀚之生命智慧，亦只能望洋兴叹，欲渡无舟。《宝藏》希望是一艘现代化的舟筏，以通俗浅显的白话文字，提供读者遨游佛法义海的工具。应邀执笔的学者虽然多具佛学素养，但大陆对白话写作之领会角度不同，表达方式与台湾有相当差距，造成编写过程中对深厚佛学素养与流畅白话语言不易兼顾的困扰，两全为难。

三、是学佛入门的指引书

佛教经典有八万四千法门，门门可以深入，门门是无限宽广的证悟途径，可惜缺乏大众化的入门导览，不易寻觅捷径。《宝藏》希望是一支指引方向的路标，协助十方大众深入经藏，从先贤的智慧中汲取养分，成就无上的人生福泽。

四、是解深入密的参考书

佛陀遗教不仅是亚洲人民的精神归依，也是世界众生的心灵宝藏。可惜经文古奥，缺乏现代化传播，一旦庞大经藏沦为学术研究之训诂工具，佛教如何能扎根于民间？如何普济僧俗两众？我们希望《宝藏》是百粒芥子，稍稍显现一些须弥山的法相，使读者由浅入深，略窥三昧法要。各书对经藏之解读诠释角度或有不足，我们开拓白话经藏的心意却是虔诚的，若能引领读者进一步深研三藏教理，则是我们的衷心微愿。

大陆版序一

《中国佛教经典宝藏》是一套对主要佛教经典进行精选、注译、经义阐释、源流梳理、学术价值分析,并把它们翻译成现代白话文的大型佛学丛书,成书于二十世纪九十年代,由台湾佛光文化事业有限公司出版,星云大师担任总监修,由大陆的杜继文、方立天以及台湾的星云大师、圣严法师等两岸百余位知名学者、法师共同编撰完成。十几年来,这套丛书在两岸的学术界和佛教界产生了巨大的影响,对研究、弘扬作为中国传统文化重要组成部分的佛教文化,推动两岸的文化学术交流发挥了十分重要的作用。

《中国佛学经典宝藏》则是《中国佛教经典宝藏》的简体字修订版。之所以要出版这套丛书,主要基于以下的考虑:

首先,佛教有三藏十二部经、八万四千法门,典籍浩瀚，博大精深，即便是专业研究者，穷其一生之精力，恐也难阅尽所有经典，因此之故，有"精选"之举。

其次，佛教源于印度，汉传佛教的经论多译自梵语；加之，代有译人，版本众多，或随音，或意译，同一经文，往往表述各异。究竟哪一种版本更契合读者根机？哪一个注疏对读者理解经论大意更有助益？编撰者除了标明所依据版本外，对各部经论之版本和注疏源流也进行了系统的梳理。

再次，佛典名相繁复，义理艰深，即便识得其文其字，文字背后的义理，诚非一望便知。为此，注译者特地对诸多冷僻文字和艰涩名相，进行了力所能及的注解和阐析，并把所选经文全部翻译成现代汉语。希望这些注译，能成为修习者得月之手指、渡河之舟楫。

最后，研习经论，旨在借教悟宗、识义得意。为了将其思想义理和现当代价值揭示出来，编撰者对各部经论的篇章品目、思想脉络、义理蕴涵、学术价值等所做的发掘和剖析，真可谓殚精竭虑、苦心孤诣！当然，佛理幽深，欲入其堂奥、得其真义，诚非易事！我们不敢奢求对于各部经论的解读都能鞭辟入里，字字珠玑，但希望能对读者的理解经义有所启迪！

习近平主席最近指出："佛教产生于古代印度，但传入中国后，经过长期演化，佛教同中国儒家文化和道家文化融合发展，最终形成了具有中国特色的佛教文化，给中国人的宗教信仰、哲学观念、文学艺术、礼仪习俗等留下了深刻影响。"如何去研究、传承和弘扬优秀佛教文化，是摆在我们面前的一个重要课题，人民东方出版传媒有限公司拟对繁体字版的《中国佛教经典宝藏》进行修订，并出版简体字版的《中国佛学经典宝藏》，随喜赞叹，寥寄数语，以叙因缘，是为序。

二〇一六年春于南京大学

大陆版序二

依空

　　身材高大、肤色白皙、擅长军事的亚利安人，在公元前四千五百多年从中亚攻入西北印度，把当地土著征服之后，为了彻底统治这里的人民，建立了牢不可破的种姓制度，创造了无数的神祇，主要有创造神梵天、破坏神湿婆、保护神毗婆奴。人们的祸福由梵天决定，为了取悦梵天大神，需要透过婆罗门来沟通，因为他们是从梵天的口舌之中生出，懂得梵天的语言——繁复深奥的梵文，婆罗门阶级是宗教祭祀师，负责教育，更掌控了神与人之间往来的话语权。四种姓中最重要的是刹帝利，举凡国家的政治、经济、军事、文化等等都由他们实际操作，属贵族阶级，由梵天的胸部生出。吠舍则是士农工商的平民百姓，由梵天的膝盖以上生出。首陀罗则是被踩在梵天脚下的土著。前三者可以轮回，纵然几世轮转都无法脱离原来种姓，称为再生族；首陀罗则连轮回的因缘都没有，为不生族，生生世世为首陀罗，子孙也倒霉跟着宿命，无法改变身份。相对于此，贱民比首陀罗更为卑微、低贱，连四种姓都无法跻身其中，只能从事挑粪、焚化尸体等最卑贱、龌龊的工作。

出身于高贵种姓释迦族的悉达多太子，为了打破种姓制度的桎梏，舍弃既有的优越族姓，主张一切众生皆平等，成正等觉，创立了佛教僧团。为了贯彻佛教的平等思想，佛陀不仅先度首陀罗身份的优婆离出家，后度释迦族的七王子，先入山门为师兄，树立僧团伦理制度。佛陀更严禁弟子们用贵族的语言——梵文宣讲佛法，而以人民容易理解的地方口语来演说法义，这就是巴利文经典的滥觞。佛陀认为真理不应该是属于少数贵族、知识分子的专利或装饰，而应该更贴近普罗大众，属于平民百姓共有共知。原来佛陀早就在推动佛法的普遍化、大众化、白话化的伟大工作。

佛教从西汉哀帝末年传入中国，历经东汉、魏晋南北朝、隋唐的漫长艰巨的译经过程，加上历代各宗派祖师的著作，积累了庞博浩瀚的汉传佛教典籍。这些经论义理深奥隐晦，加以书写的语言文字为千年以前的古汉文，增加现代人阅读的困难，只能望着汗牛充栋的三藏十二部扼腕慨叹，裹足不前。

如何让大众轻松深入佛法大海，直探佛陀本怀？佛光山开山宗长星云大师乃发起编纂《中国佛教经典宝藏》。一九九一年，先在大陆广州召开"白话佛经编纂会议"，订定一百本的经论种类、编写体例、字数等事项，礼聘中国社科院的王志远教授、南京大学的赖永海教授分别为中国大陆北方与南方的总联络人，邀请大陆各大学的佛教学者撰文，后来增加台湾部分的三十二本，是为一百三十二册的《中国佛教经典宝藏精选白话版》，于一九九七年，作为佛光山开山三十周年的献礼，隆重出版。

六七年间我个人参与最初的筹划，多次奔波往来于大陆与台湾，小心谨慎带回作者原稿，印刷出版、营销推广。看到它成为佛教徒家中的传家宝藏，有心了解佛学的莘莘学子的入门指南书，为星云大师监修此部宝藏的愿心深感赞叹，既上契佛陀"佛法不舍一众"的慈悲本怀，更下启人间佛教"普世益人"的平等精神。尤其可喜者，欣闻现大陆出版方东方出版社潘少平总裁、彭明哲副总编亲自担纲筹划，组织资深编辑精校精勘；更有旅美企业家鲁彼德先生事业有成之际，秉"十方来，十方去，共成十方事"之襟怀，促成简体字版《中国佛学经典宝藏》的刊行。今付梓在即，是为序，以表随喜祝贺之忱！

二〇一六年元月

目 录

题　解　001

经　典　027

　1　缘起论　029

　2　大小乘的关涉　043

　3　五波罗蜜　071

　4　般若波罗蜜　136

　5　我法二空　200

　6　三假释论　222

　7　中道思想的运用　236

　8　般若与方便　256

　9　般若智慧答问　273

　10　般若释论之余　302

源　流　335

解　说　343

参考书目　351

《大智度论》，简称《智度论》《智论》《大论》《释论》，亦译《摩诃般若释论》。为释论《大品般若经》之作。古印度龙树著，后秦鸠摩罗什译。共一百卷。

版本

《大正藏》本，第二十五册。

龙树生平简介

龙树，又译为龙猛。关于他的生平，比较可靠的原始记载，是鸠摩罗什译的《龙树菩萨传》。罗什是最先介绍龙树学说来中国的人。他编译的这本传是有些根据的。传中说他是南印度的婆罗门族，小时就通晓婆罗门经典，后来皈依佛教。当时南印度已经有大乘经典流行，所以他接受了大乘思想。后来到北印雪山地方，住在信仰大乘的塔庙里，那里的老比丘送他大乘经，他读了后感到不足，于是周游各地。在这个过程中，可能还陆续学了一些大乘经。他还与诸外道和道派学者们辩论，所向无敌。他想独出心裁，自创一派。就在这时候，有个大龙（可能是宣传大乘经的人）领他去龙宫（大概是北印度龙族所住的地方），给他看了很多更深奥的经典，于是他满足了，感到在龙宫看见的一部分已比外间流行的多十倍。这一点表明，龙树后来组织学说所根据的经典不只是当时流行的，还有一部分是个人保存尚未流行的。

龙树在通达了大乘经以后，又回到南印，着手创立学说，广事宣传，这与支持他的王朝有关。其先案达罗王朝是不信佛的。到甘蔗王朝，由于新兴的大乘而引起他们的信仰。宣传的范围，也只限于这一带。后得到他的继承人提婆，大乘思想以此为中心，就逐渐传播扩展开来。晚年，他还到了东南印度吉祥山，一直住在那里，最后自杀了。他自杀的原因，可能与政治有关。（见《大唐西域记》卷十）

关于龙树的年代，有许多说法。罗什说他是佛灭度后八百年的人，不过罗什所信佛灭年代为公元前六三七年，与一般要相差二百年左右。据他所说的推算，龙树的年代应是公元三世纪比较合理。本世纪初的考古资料与《龙树传》的记载是符合的。

龙树的著作很多，有"千部论主"之称。他的学说传播以后，特别在西域一带，得到了相当的发展。鸠摩罗什尽量把它传译到我国。他的著作，汉译现存的约二十种，其中有托名的伪书，据考证，真正属于他的只有十七种，但大多很重要。

在龙树著作中，有一类是释经的，主要是《大智度论》。这部书在他的传记里也提到过，说他著有《优婆提舍》（论议）十万颂，这种体裁是解释经文，并加以发挥的，可能就是指的《大智度论》。

鸠摩罗什与《大智度论》

鸠摩罗什，印度籍，生于龟兹（今新疆库车）。后随母出家，初学小乘，后到莎车，改学大乘。学有所得，名声很大。后被劫到凉州，留居达十五六年。后秦弘始三年（公元四〇一年），受请来到长安，主持译事，直至公元四一三年病亡[①]。其间译经成绩斐然，数量不少，质量很高，都是中国译经史上前所未有的。

弘始四年（公元四〇二年）夏，鸠摩罗什于长安逍遥园中西明阁上创译《大智度论》，至弘始七年十二月二十七日译讫（见《智论记》），历时三年半。又据《智论记》说，对般若第一品的解释是全译了的，即达三十四卷，其他各品，二品至九十品，照此译下去，当在千卷以上。罗什认为中国人不习惯这种烦琐的议论，从第二品起，改为择要译出，共成一百卷。事实上这也是客观的需要。魏晋时期，般若学盛行，许多僧人学者对般若名相不尽了解，常常用当时玄学的义理比拟般若，解释般若，即所谓格义。而《智论》前三十四卷几乎汇集了有关《般若经》的所有名相事数，全译出来，有利于社会人士对般若学的学习和研究。这一点也是不容忽略的。

罗什的翻译态度十分严谨。罗什译《大智度论》不久，又兼译《大品般若》，首先对原文作了订正，以后又据《智论》再次改动经文，并从经本楷定论议。例如对于《大品般若》品目名称的确定，就是以《释论》精神作依据。最突出的要算第七品，罗什名这品为《三假品》（法假、受假、名假），而《放光般若》名为《行品》，《光赞般若》名为《分别空品》，玄奘译的《大般若经》二分又标《善现（须菩提）品》，都不能像罗什用"三假"一名那样表现出这一品的主要内容和精神实质。

《大智度论》的学术价值

《大智度论》中征引经籍甚多，保存了大量当时流行于北印度的民间故事和传说，为研究大乘佛教和古印度文化提供了重要资料。

由于此论所释的《大品般若经》为当时篇幅最大的一部经，作者并对经中的"性空幻有"等思想有所发挥，故被称为"论中之王"。此论先举出法相的各种不同解释，以此为尽美，最后归结为无相实相、法性空理，以此为尽善。但论是依经而作，思想不可能完全展开。若要全面理解龙树在《大智度论》中的思想，可以结合他的《中论》《十二门论》一起来研究。

这部《释论》译出后，为当时的中国研究般若思想提供了可信的依据。就是在今天，研究《大品经》，这也是必不可缺少的重要参考书。迄今为止，还没有一部论书像它那样全面而详尽地解释《大品经》。它在佛教学术史上具有不可忽视的价值。

选材标准

我的选材标准着重于佛教宗教哲学的本体论方面，即关于"境"的方面。而般若的内容很复杂，不免涉及

"行"、"果"方面,但所选的精神,还在"境"的一方。这是需要说明的。

故事传说,一般不选,特殊例外。

选材内容提要

1 缘起论提要

此论阐明佛说《摩诃般若经》,一为菩萨说,二为众生说。

2 大小乘的关涉提要

在《菩萨释论》中,特别提到大小乘的区别。还指出,大乘经中大小乘经两说。在《三十七品释义》中,以三十七品为例,大小乘均说。

在《摩诃萨埵释论》中巧说十二因缘。十二因缘本是佛教的基本理论,大小乘都讲。不同的在于"巧说"二字。所谓巧有二层意思:一是方便说,不著邪见;二是在这缘观中,断法爱,心不著。

在《菩萨释论》中,解释了菩萨的含义。在《菩萨功德释论》中,他说菩萨有三功德:陀罗尼、三昧及忍等,并作了详细的解释。

3 五波罗蜜提要

在六波罗蜜中，般若波罗蜜居于统帅地位，所以另立一章，其余五波罗蜜合并为一章。

在论释六波罗蜜前，在《释檀波罗蜜义》中，作者就般若波罗蜜是怎样的一种法，介绍了几种观点：（一）无漏慧，（二）有漏慧，（三）从初发心至成佛前，其间的所有智慧，（四）有漏无漏智慧，（五）无漏、无为、不可见、无对，（六）不可得相。这几种关于般若波罗蜜的观点中，哪种为真实呢？作者介绍说：有人认为各各有理皆是实；有人认为末后一种观点真实，因为不可破不可坏。这里作者只是介绍不同的观点，而他本人的观点，在下章一开始就提了出来。

从布施波罗蜜开始，以后品品都说般若波罗蜜都是无相实相，以不住法住般若波罗蜜中，能具足六波罗蜜。

一关于檀波罗蜜：什么是檀波罗蜜？作者在《释檀波罗蜜法施之余》中有一个形象的回答："渡布施河到彼岸。"

文中说布施从性质讲有二种：烦恼施（魔檀）、清净施（佛檀）；后一种叫波罗蜜。布施从类别讲，有三种：财施、无畏施、法施。菩萨的布施，主要是法施，为了度众生，为了佛道，内外都可施，乃至生命。

文中提出在布施波罗蜜中，财物、施者、受者不可得，是空的。作者从因缘生起法的理论，证明三者空而不实。还从相待有、假名有、法有三方面分析三者无实。结论是诸法从本以来毕竟空。

文中还说，如菩萨行布施波罗蜜，能生六波罗蜜，这叫布施波罗蜜具足满。

二关于持戒波罗蜜：在《释尸罗波罗蜜义》中，首先指出八种戒相：不恼害、不劫盗、不邪淫、不妄语、不两舌、不恶口、不绮语、不饮酒。

在《释尸罗波罗蜜义之余》中，介绍什么叫持戒波罗蜜的种种观点：（一）菩萨严守戒律，宁可不要命，也不毁戒；（二）菩萨持戒为了佛道，为了度众生；（三）菩萨持戒心乐善清净；（四）菩萨以大悲心持戒得众生佛道；（五）菩萨持戒能生六波罗蜜；（六）与第二种观点近似；（七）菩萨于罪不罪不可得。作者就最后一种观点作出解释，认为从诸法实相的观点来看，罪不罪不可得。而且结合因缘生起法的理论，证明众生空，五蕴不实。

三关于忍辱波罗蜜：在《释羼提波罗蜜义》中，首先指出二种忍辱：生忍、法忍。菩萨行生忍得无量福德，行法忍得无量智慧。所谓生忍就是平等忍，是对众生说的，对我好的人，我也不爱；对我不好的人，我也不恨。

在《释羼提波罗蜜法忍义》中说，所谓法忍，是对法说的，如供养法及淫欲法，都能忍；另一层意思是，六情不着，六尘不受，对此二者不作分别。因为内外相不可得，是因缘和合，其实是空等等。这样来看待，信心不转，这叫法忍。对心法、非心法能忍不动，叫法忍。

四关于精进波罗蜜：在《释毗梨耶波罗蜜义》中特别指出，于善法中精进。

五关于禅定波罗蜜：在《释禅波罗蜜》中，首先指出菩萨禅定的主要理由是求定得实智慧，以度众生。

接着指出如何行禅波罗蜜。办法是：（一）除却五事（五尘），（二）断除五法（五盖），（三）行五行。

除五尘，首先要呵责五种贪欲。从灭欲盖，进而灭瞋恚盖、睡眠盖、掉悔盖和疑盖，因为这些"盖"盖覆了人们的心性。行五法：欲、精进、念、巧慧、一心。行此五法得五支，成就初禅。然后逐步进入二禅、三禅，进到四禅苦乐断除。这就达到了禅的最高境界。

然而菩萨观一切法，乱和定都是不二相，既不取乱相，也不取定相，乱定相是一相。这叫禅波罗蜜。

文中最后以因缘生法的理论分析到最后，五盖实相即是禅实相，禅实相即是五盖的实相。菩萨进入这个境就入禅定了，这就是禅波罗蜜。

4 般若波罗蜜提要

什么是般若波罗蜜？这不仅是本章所要回答的问题，也是本书所要着重解决的问题。在《释般若波罗蜜》中，龙树有一个经典性的解释："诸菩萨从初发心，求一切种智，于其中间知诸法实相慧，是般若波罗蜜。"这就是说，组成般若波罗蜜的内涵，有几个不可缺少的要素：第一，诸菩萨有广度众生的初发心。小乘、中乘都有般若智慧，但因为他们都从个人出发求生死道，所以不能成为波罗蜜。第二，求一切种智，即探求成佛的智慧。小乘、中乘压根儿不想成佛，当然不可能有般若波罗蜜。第三，要有知诸法实相的智慧。小、中乘也讲诸法实相，但这种智慧不具足。所以他们都不能有般若波罗蜜。可以说，般若波罗蜜只属于佛和大乘菩萨的。对般若波罗蜜的说法可以有种种，但龙树的这一解释最概括地揭示了般若波罗蜜的实质。龙树从多方面多角度解释这一中心思想，同时对各种问难作出应有的辩释。

有人问：菩萨不具备一切种智（佛智），怎么行波罗蜜？龙树回答说：菩萨虽不具备佛智，但因照佛的波罗蜜去度众生，所以叫波罗蜜。

有人问：菩萨烦恼及习未断，怎能得诸法实相？龙树回答说：好比入海，入有深浅，只要是入，迟早会得。又用前后灯破暗作比喻。

接着回答什么是诸法实相。他说，实相是不可破坏的，常住不异的，无能造作的，并且指出菩萨行般若波罗蜜之义在于舍观、灭言、离心。还引《赞般若波罗蜜偈》以示其理。这个偈很重要，有人认为这是《大般若》的精髓。

在《释般若相义》中，龙树认为，佛法广大，有种种说法，但可归纳为三个法门：一是蜫勒门，二是阿毗昙门，三是空门。

关于蜫勒门，蜫勒原是一部大书，早佚。只在《智论》中保存了一点点资料。但不知内容如何。据说，入得此门议论则可无穷，其中有随相门、对治门等等法门。随相门和对治门是属于推理性质的，由此说推及未说而已说。只是二者的内容相反，前者推及未说而已说的内容与此说相类，后者相反，所以叫对治。

关于阿毗昙门，是佛的弟子对佛说的解释。这种解释是很难的，一、是佛学修养不同；二、据佛说，世间第一法不说相义。但后来有了解说，这解说就是后来所说的"论"。

关于空门，说的是生空、法空，以及有为法等等种

题解　013

种事。谈到大乘空门，要点是诸法真空，不破不坏，这也就是诸法实相的道理。并作了详细的论证。

但要入得此三门，必须掌握般若波罗蜜力法。不然，入阿毗昙门则堕有中，入空门则堕无中，入蜫勒门则堕有无中。

接着谈到种种相与一相的关系。种种相即一相，一相即无相，因为只有一个空理。这样的智慧叫般若波罗蜜。

关于事物的原因，龙树的解释是，有原因，又没有原因。如果说有原因，只有一个"因"是"实"的。如果说没有原因，因为"因"复有"因"，这样推下去则无穷，"无穷则无因"。进一步提出有相无相的问题。说"一切法有相，无有物无相者"。又说"一切法皆无相"，因为因缘和合生，没有自性，所以无。前后说法不是矛盾吗？不！所谓"一切法有相"，是指"诸法种种名字"，是假名相。接着提出"诸法实相是般若波罗蜜"的说法。

龙树说到菩萨为度众生须具备的主观等条件，如福德、智慧、神通力等。当具足这些因缘时就行五波罗蜜：布施、持戒、忍辱、精进、禅定。以下大略分析五波罗蜜的关系，然后得般若波罗蜜。

有人提出，行一、二波罗蜜能不能得般若波罗蜜的问题,龙树对此作了回答:波罗蜜有二种:一是一波罗蜜中相应随行,二是随时别行波罗蜜。他认为二种办法都可行,"或一一行、或合行"。

《释论》提出不行一切法,不得一切法而得般若波罗蜜的思想。意思是好法坏法都不能执着,这样才能得般若波罗蜜。理由是,诸法皆虚妄不实。龙树对此有一个解释:"行无行故名圣行。"换言之,"行无所行故名圣行"。这是反对有所作为之行的,这与"诸法皆空"的思想是一致的。

龙树还提出这样的思想:"如虚空清净故,得诸法实相,以无所得为好。如无所得般若中说,色等法,非以空故空,从本以来当自空。""色等法,非以智慧不及故无所得,从本以来常自无所得。"基于这样的本体论思想,所以龙树说不应该问行几项波罗蜜得般若波罗蜜。诸佛对众生是随俗说法的,"说行非第一义"。

关于有所得与无所得的问题,龙树的回答是,有二种:一、世间人认为如意叫有所得,不如意叫无所得;二、大乘佛教认为:诸法实相中,本来决定相不可得,不是由于善根增固不够。比如诸善功德,如世间说有所得,在佛心中就无所得。真正达到无所得的境界,逻辑的推演,就是得般若波罗蜜。

5 我法二空提要

在《释三三昧义》中说，观一切法空，所谓众生空、法空。众生空，以前已说众生是五蕴和合而成，五蕴散则空。法空，就是诸法自相空，诸法因缘生，无自性，故空。诸法亦无所作。

在《十八不共法释论》中，就佛处处说有我无我，作了分析。从第一义说，有我是假名；不解第一义，不知假名，说无我。

佛处处说诸法有、诸法无。龙树就此作出解释，说无我示众生空，说无有法示法空；说有我示知假名相不着我，说有我于五蕴中着我相。破此着说无我。还从多方面予以分析。

在《释三十七品义》中，就三十七品助道法，龙树说，就此道品实智时，以般若波罗蜜力能转世间道果为涅槃。因为三界世间都从和合生，无有自性，是空的，空，所以不可取，不可取相就是涅槃。还引佛语，色即是空，空即是色；受想行识即是空，空即是受想行识；空即是涅槃，涅槃即是空。这就是实相，实相即空相。

6 三假释论提要

《释三假品》中说，有二法，名字和名字意义。例如火,火是名字和名字意义的假和合。进一步分析火不在二法内,不在二法外,也不在两中间。但火有假名。菩萨也这样,二法和合名菩萨,菩萨是假名。佛作了譬喻,五蕴和合故名为我,实我不可得。众生乃至知者见者皆是五蕴因缘和合,生假名法,这类假名法不生不灭,世间只用名字说菩萨和菩萨的假名。般若波罗蜜也是这样,皆是因缘和合假名法。

接着谈到三假:五蕴等法叫法假;五蕴因缘和合,名为众生,根茎枝叶和合名为树,这叫受假;用是名字取二法相,说此二种,叫名假。

还进一步提出,菩萨用诸法实相智慧,在诸法中寻求,不见一切法,所谓般若波罗蜜中不见般若波罗蜜名字,也不见菩萨和菩萨名字。不见亦不见。这样的智慧,若闻若见若念皆是不真实的,所以不着色等。住是无碍智慧中,增益六波罗蜜入菩萨位。这一章佛自教菩萨作如是观。

后章介绍佛和须菩提的对话。

7 中道思想的运用提要

龙树的中道思想是贯彻全书的,但由于本书的性质是解释《大般若经》的,所以这一思想不可能充分地展开。书中也应用了他自己的《中论》中某些话,只是为了说明某一问题。这里只是举例说明。有些例子，散见于已选的其他材料中，不便抽出。

在《释往生品》中，他说，在常人看来，如果诸法毕竟空，就不应说往生；如果死生相实有，为什么说毕竟空？他说，为除诸法中爱着邪见颠倒，不是为破后世说的。这里他说了中道义：佛法不着有，不着无，有无亦不着，非有非无亦不着，不着亦不着。这样人们就不容责难了，好比以刀砍空终无所伤。为了众生随缘说法。因此引用了他自己在《中论》的话："一切诸法实，一切法虚空；诸法实亦虚，非实亦非虚。涅槃际为真，世间际亦真；涅槃世无别，小异不可得。"这叫毕竟空相。毕竟空不阻挡生死业因缘，所以说往生。

在《释集散品》中，指出般若波罗蜜是离二边的，常是一边，断灭是一边，离是二边行中道，是为般若波罗蜜。常无常、苦乐、空实、我无我等亦如是。色法是一边，无色法是一边，可见法不可见法、有对无对、有为无为、有漏无漏、世间出世间等诸二法亦如是。又，无明是一边、无明尽是一边，乃至老死是一边、老死尽是一边，诸法有是一边、诸法无是一边，离是二边行中道，是为般若波罗蜜。菩萨是一边、六波罗蜜是一边，佛是一边、菩提是一边，离是二边行中道，是为般若波罗蜜，如是等等。

在《释摩诃衍品》中,提到行十八空以破有,亦不着空,离此二边以中道行。此十八空以大悲心为度众生,后来称非常非灭,这叫大乘。

在《释照明品》中说:"离有边无边等诸二边故,言能示正道。"又说:"一切法有二分,若有若无。是般若中,有亦不应取,无亦不应取。离是有无,即是诸法性。"也是中道思想的另一种说法。

在《释行相品》中,提出"明"与"无明"都要排除,否则就要堕入有边或无边,这样就失去了智慧。又提出行般若波罗蜜,得一切种智,所谓不见般若波罗蜜,不见行者,不见缘法,不见亦不见。这实际上是中道思想的另一种表达方式。

8 般若与方便提要

《释无尽方便品》中说,如虚空不尽,般若亦不尽;如虚空无有法但有名字,般若波罗蜜亦如是。又说,色不可尽,般若波罗蜜亦不可尽。

又说,若人观毕竟空,多堕断灭边;若观有,多堕常边,离此二边所以说十二因缘空。因缘和合生,此法无有定性,若法无定性,即是毕竟空寂灭相,离此二边,假名为中道,所以说十二因缘。

又说,一切法入如中,痴相智慧相无异。若得此观，即回向正等正觉遍知，即名般若波罗蜜。

又龙树说十二因缘有三种：一、凡夫所见以肉眼颠倒见，着我心，起烦恼业，往来生死中；二、声闻缘觉所见；三、菩萨所见。后一种究十二因缘根本相，老乃至无明不可得。

《释四摄品》中，菩萨以方便力说诸法。如善、不善、不动（即非善非恶的中性），三种业皆不实，住二空中为众生说法，毕竟空破诸法，无始空破众生相。住中道为众生说法：所谓五蕴、十二入、十八界皆是空，如梦如幻。还以方便力为救拔众生着破颠倒法中。

在《释实际品》中说，菩萨住性空中以方便力故度众生。所谓方便力就是毕竟无法、亦无众生而度众生。

9 般若智慧答问提要

在《释三慧品》中，主要是佛就有关般若智慧问题答须菩提问，其中有几处是龙树的自问自答。须菩提所提的问题如下：

一、什么叫行般若？什么叫生般若？什么叫修般若？

二、修般若波罗蜜能得一切种智吗？

三、菩萨应学色等诸法，今何以解释一切法不可说？

四、为什么学不生不灭？

五、由于怎样的方便，能不作不起诸行业？

六、如果色等法自相空,为什么菩萨应在般若波罗蜜中行?

七、如果不行为般若之行者,初发心菩萨为什么应行般若?

八、如何有所得?如何无所得?

九、如果有所得中无所得,那么有所得就是颠倒,行颠倒如何得实?如果无所得中得无所得,无所有如何能生无所有?

十、如果般若不可得,菩提不可得,菩萨不可得,为何菩萨学般若,分别诸法相?如果菩萨行般若波罗蜜,色等法不可得,为何能具足檀波罗蜜等诸善法?如何能入菩萨位中?

十一、为怎样的事行般若?

十二、以名相为众生解说没有真实的事,这将不是虚妄不真实吗?

十三、如果一切法只有名相,菩萨为怎样的缘故而发心?

十四、在诸法实相中,如道如涅槃无所有,为什么分别须陀洹乃至辟支佛习气未尽、佛习气尽?

十五、如果深般若中义非义不可得,如何解释菩萨为深般若义所以行般若?

十六、什么原因般若非义非非义?

十七、如果诸佛及弟子都以无为法为义,佛为什么说般若波罗蜜不能造作出义以非义?

十八、菩萨学无为般若,得一切智,为什么说无义?

十九、不二法能得不二法吗?如果因为不二法不得,可以二法得不二法吗?如果不用二法、不用不二法,如何当得一切种智?

龙树的设问是:

一、佛自说涅槃法有三相,为什么说无相?

二、如果不见色时也有眼,为什么眼不离色?

三、从上以来常说般若波罗蜜相,现在为什么再问?

龙树在第三个问题的自答中,从智慧之度(所谓"第一度")的角度对问题分析得很透彻,也全面,就此问题的自答有总结性的意义。

10 般若释论之余提要

《释照明品》中载佛答舍利弗生般若问。又说,般若名为大波罗蜜:色等法不作大不作小,般若波罗蜜随色性、如实观,不作大小;般若波罗蜜不说微色和合更有色生,但有假名,无有定色,因此无分无散;般若波罗蜜知和合相,不说一法有力,不说无力,所以叫大波罗蜜。然而有大因缘,即它与五波罗蜜和合行,才能成办众事。又,它随众生色等力而行。

《释问相品》中说，空等是般若波罗蜜相，这是用世谛来说，非第一义谛。

《释灯炷品》中说，阿鞞跋致深奥义，就是阿鞞跋致菩萨住此中能具六波罗蜜、四念处乃至一切种智。佛说空等乃至涅槃名深。龙树对这个，解释为得道之空，破邪见有之空；空亦不着空，都是深刻的。还提到二种无生灭，一是邪见人说世间常有故无生灭，二破生灭言无生灭。这里破生灭，亦不着此不生不灭，这才是深刻的。离欲寂灭，深刻。如法性实际为深刻的涅槃等等。

又说，"空等法深"的空是什么？佛回答说，不以空三昧故空，不以所缘外色等诸法故空，才是深刻的，等等问题。

文中提到须菩提的说法：菩萨离色等诸法处于涅槃，亦不着涅槃，亦不住世间，是微妙方便。佛认可其说，并说，这些法很深刻，与般若相应。

《释灯喻品》以灯为喻，初心得无上道，为了后心得无上道。无上道就是佛道。

《释梦中不证品》主要讨论行般若的问题。一是如果菩萨认识到一切法离自性，自从因缘生起，诸法法相实际常住世间，就是菩萨不离般若波罗蜜行。此外也讨论名字因缘的问题。

《智论》是百万字的释论，要在百万字中限定选出四万字，不免挂一漏万，所以许多重要相类的材料，自然只好割爱。比如第四十五品至第六十六品的释论谈实相般若，说魔幻魔事和阿鞞跋致相，我主要选录其中有代表性的阿鞞跋致相的材料，其他选的很少。又如第六十七品至末品是释论方便般若，我主要选录其中《释无尽方便品》和《释三慧品》等材料，其他选的很少。同时，选材角度不同，所选的材料也就不同。

其次，人法二空，整个大乘佛教都讲，这是不言而喻的，毋须论述的（选材中只作为一般性的论点，点了一下），《释论》也没有专门论述。在没有专门论述中，实际上品品已贯彻了这一思想，只是以不同的形式来表达而已。一般性寓于特殊性之中，《智论》的特殊性就是中道实相之理。

注释：

① 关于鸠摩罗什的卒年问题，有三种说法：（一）僧佑《出三藏记集》说罗什死于义熙中（公元四〇五年——四一八年），未确定为何年。（二）慧皎《高僧传》说，有几种说法，或弘始七年、八年、十一年等，也未肯定为何年，但倾向于弘始十一年（公元四〇九年）。此说沿用到唐代智升《开元释教录》。（三）其后

发现了僧肇所作《罗什法师诔》，说罗什死于"癸丑之年"，即弘始十五年（公元四一三年），并说卒时"年七十"；这样，人们又改定罗什的生卒年为公元三四四年—四一三年。现代日本学者冢本善隆著文考证，又否定此说，认为《高僧传》说的弘始十一年正确，还说罗什的年寿不是七十而是六十。所以实际上是三家之说。此处我采取僧肇之说，理由如下：一、僧肇是罗什的得意门生，两人在理论上最为契合，相处的时间最久（从凉州到长安），私谊自然也最厚，他作诔文悼念其师也就很自然了，他不可能连师父的卒年都记错，而且诔文的写作离罗什之死绝不会隔得很久，因为次年他就亡故了；二、僧祐和慧皎都是后来的人物，他们只能根据传闻推测，都不能像僧肇那样身临其境作出截然的记载，如果说"年七十"是对罗什生年回忆的推算，那么"癸丑之年"就近乎罗什卒年的实录了。

经典

1　缘起论

内容提要

此论阐明佛说《摩诃般若经》的因缘——一为菩萨说——二为众生说

原典

问曰①：佛②以何因缘③故说《摩诃般若波罗蜜经》④？

答曰⑤：佛于三藏⑥中广引种种诸喻⑦，为声闻说法不说菩萨道⑧，唯《中阿含本末经》⑨中，佛记弥勒菩萨⑩："汝当来世当得作佛，号字弥勒。"亦不说种种菩萨行⑪。佛今欲为弥勒等广说诸菩萨行，是故说《摩诃般若波罗蜜经》。

复次,有菩萨修念佛三昧[12],佛为彼等欲令于此三昧得增益故,说《般若波罗蜜经》[13]。

复次,……佛……受请说法。诸法甚深者般若波罗蜜[14]是,以是故佛说《摩诃般若波罗蜜经》。

复次,有人疑佛不得一切智[15]。……欲断一切众生疑,以是故说《摩诃般若波罗蜜经》。

复次,有众生应得度者[16],以佛大功德智慧无量,难知难解故,为恶师所惑,心没邪法,不入正道,为是辈人起大慈心,以大悲手授之,令入佛道。是故,自现最妙功德,出大神力……佛[17]欲宣示一切诸法实相[18]、断一切众生疑结[19]故,说《摩诃[20]般若波罗蜜经》。

复次,佛世尊欲令众生欢喜故,说是《般若波罗蜜经》。

复次,一切众生为结使病[21]所烦恼,无始生死[22]已来,无人能治此病者,常为外道恶师[23]所误。……是故,佛说《摩诃般若波罗蜜经》。

复次,有人念言,佛与人同,亦有生死,实受饥渴寒热老病苦。佛欲断彼意故,说是《摩诃般若波罗蜜经》。

复次,有人应可度者,或堕二边[24],或以无智故,但求身乐,或有为道故,修着苦行。如是人等于第一义中失涅槃正道[25]。佛欲拔此二边令入中道[26]故,说《摩诃般若波罗蜜经》。

复次,分别生身法身供养果报㉗故,说《摩诃般若波罗蜜经》。

复次,欲说阿鞞跋致、阿鞞跋致相㉘故说,……复次,为当来世人供养般若波罗蜜因缘故,又欲授三乘记别㉙故,说是《般若波罗蜜经》。

复次,佛欲说第一义悉檀㉚相故,说是《般若波罗蜜经》。

复次,欲令长爪梵志㉛等大论议师,于佛法中生信故,说是《摩诃般若波罗蜜经》。

复次,诸佛有二种说法,一者观人心随可度者,二者观诸法相㉜。今佛欲说诸法实相故,说是《摩诃般若波罗蜜经》。

如摩诃般若波罗蜜无量无边㉝,说般若波罗蜜因缘亦无量无边。是事广故,今略说摩诃般若波罗蜜因缘。

(节录《初序品中缘起义释论》卷一,页五十七——六十二)

注释

① **问曰**:有人问。这是作者提出的设问。

② **佛**:指佛教的创始人悉达多,姓乔达摩。因

父亲是释迦族，成道后，他就被尊称"释迦牟尼"（意为释迦族圣人），也叫"佛陀"（意为觉悟者），简称"佛"。

③ **因缘**：佛教认为一切事物都是由因缘和合而成，事物赖以存在的主要条件为"因"，辅助条件为"缘"。是佛教解释事物形成、认识发生、业根造就等因果关系的重要理论之一。此处可解作原因。

④ **摩诃般若波罗蜜经**：经名，是《大品般若经》的全名，二十七卷（一作二十四卷，或三十卷，或四十卷），姚秦弘始年间鸠摩罗什译。唐代玄奘译《大般若经》第二会七十八卷是同本异译本。

⑤ **答曰**：是作者对自己设问的回答。通过一问一答表达作者的思想，是文体的一种格式。龙树在全书中到处采用这一格式来表达自己的佛学思想。

⑥ **三藏**：谓经（佛说）、律（戒律）、论（对经的论议解释）三藏。泛指佛典。

⑦ **诸喻**：种种譬喻。佛（或说法者）在讲经说法时，往往借助于浅显明了的事例或道理来比拟、说明某一深奥难解的佛理，使得听众容易理解、接受，这是譬喻的本义。譬喻有种种，如《涅槃经》卷二十九记载有八种譬喻：顺喻、逆喻、现喻、非喻（假设非实之事为喻）、先喻、后喻、先后喻、遍喻。此就形式说。若就

内容说，莫过于法空十喻"大乘十喻"最为形象，也最著名：如幻喻、如焰喻、如水中月喻、如虚空喻、如响喻、如犍闼婆城喻（据《智论》说，声闻法无此喻）、如梦喻、如影喻、如镜中像喻、如化喻，《大般若经》等均有记载。当然在佛典中还有各种譬喻。佛经中专以譬喻为经名的一部经，叫《佛说譬喻经》，可见譬喻在佛经中占有何等的地位！

⑧ **为声闻说法不说菩萨道**：声闻，此处指小乘声闻众。菩萨道，菩萨不但为自己修道（所谓自利），而且为度众生而修道（所谓利他），圆满二种修道，以求达到佛的境界，这就是菩萨道。佛说法时，看对象，对那些智慧（觉悟）低的人（所谓钝根者）说浅显的道理（所谓小乘法），因为深奥的道理（所谓大乘法）他们接受不了，所以不说大乘菩萨道。

⑨ **中阿含本末经**：经录中未见此经名，疑即《中阿含经》。一切小乘经分类为四部，所谓四阿含，此是其中的一部，六十卷。按经文长短分类，本部收集不长不短的经文。

⑩ **弥勒菩萨**：弥勒，Maitreya 音译，意为慈氏，即以慈爱的眼光平等地看待一切众生，无有分别心。从佛为弟子，得到授记（预作标记），由菩萨位，后将继承释迦如来佛位。

⑪ **菩萨行**：菩萨行法，即布施、持戒、忍辱、精进、禅定、般若等六度是。后将随经分别详释，此处从略。

　　⑫ **念佛三昧**：一心观佛形象相好，或一心观法身之实相（此二种为观想念佛），或一心称佛名号（为称名念佛），修此三种行法，叫念佛三昧，这是修行过程中的念佛三昧。为此三种在修行过程中所成，如心入禅定，或佛身现前，或得法身真如实相，也称念佛三昧，这是高于修行过程而证实的念佛三昧。

　　⑬ **般若波罗蜜经**：说般若波罗蜜深理的经典的总名，新译叫《般若波罗蜜多经》。此经有多种，除《仁王般若经》一部外，其他均收集在唐代玄奘新译《大般若波罗蜜多经》中，六百卷。

　　⑭ **般若波罗蜜**：此处"般若"，梵文 Prajñā 的音译，意译"智慧"。但这一智慧是佛教的"妙智妙慧"。它是一切众生本心所具有的。有色能见，无色也能见；有声能闻，无声也能闻。它能产生一切善法。可是佛在说法中，有时为了方便，也采用世间法，分"上根"、"中根"、"钝根"。根者根器，相当于现代人说的智商；根据智商高低分别上中下（钝）根，分别智慧，但佛本意是排斥"分别慧"的。波罗蜜，梵文 Pāramitā 音译"波罗蜜多"之略，意译"到彼岸"、"度彼岸"、"度"等义，即意在说明"度生死苦海，到涅槃彼岸"。"此

岸"与"彼岸"相待而言；生死喻"此岸"，涅槃喻"彼岸"。"此岸"是指三界内的众生由于妄念邪心而造业，因而轮回于生生死死之中，永远处在烦恼苦海当中。只有修行才能摆脱轮回，永超生死地。所谓般若波罗蜜，就是通过般若智慧引度众生从生死之此岸到达涅槃之彼岸。

⑮ **一切智**：佛智之名。对世间出世间一切事物尽皆了知。

⑯ **有众生应得度者**：众生皆可作佛，皆应得度，皆可得度。但有众生业缘未了者，暂不应度。此处指业缘已了而应得度的众生。

⑰ "佛"字下，有"从三昧起"四字，今据大正藏本，页五十八，校记㉖删。

⑱ **诸法实相**：以世俗所认识的一切事物现象都是"假相"，只有摆脱世俗认识才能显示诸法"不可破坏常住不异"（引语出《智论》卷十八）的真实相状。这一概念和"真如"、"法性"、"实际"皆同体异名。大小乘各宗各派对诸法实相的说法各不相同，或以诸法皆空为诸法实相，或以涅槃为诸法实相，或以苦、空、无常、无我为诸法实相，或以八不中道为诸法实相，或以三谛圆融为诸法实相等等。这都反映了他们各自的宗教世界观。

⑲ **疑结**：由于疑惑而产生的烦恼。

⑳ **摩诃**：意为大。据大正藏本，页五十八，校记㉗补。

㉑ **结使病**：结、使、结使，意为烦恼。系缚身心，结成苦果叫"结"；随逐众生，又驱使众生叫"使"。"病"，意为病苦，或由先世恶业招致，或由今世风热等而感发。

㉒ **无始生死**：众生生死源于无明（愚痴、愚惑），无明无始，故众生生死亦无始。

㉓ **外道恶师**：佛教以外的理论道法叫外道。以邪道邪见教人，尤其是有意攻击佛教的那些论师叫恶师。

㉔ **堕二边**：此指堕贪爱和苦行二边（两种极端）。即指下文所说的情况，堕贪爱一边者，但求身乐；堕苦行一边者，修着苦行。

㉕ **于第一义中失涅槃正道**：第一义，就是无上甚深的妙理，其体湛寂，其性虚融，无名无相，绝议绝思。失，离开的意思。涅槃，意为寂静的状态，是佛教追求的最高理想境界。正道，就是正确的道路、途径。

㉖ **拔此二边令入中道**：拔，意为拔除、消除、改变等。二边，含义同上注。中道，即脱离"二边"（两个极端）的不偏不倚道路，或观点、方法。各派对中道的解释不尽相同，但均认为它是佛教的最高真理，有

时与真如、法性、实相同义。此处龙树以佛说"八正道"（意谓八种通向涅槃解脱的正确方法。其具体内容是：正见、正思维、正语、正业、正命、正精进、正念、正定）为中道，按此修行，既脱离苦行，又脱离世俗贪爱。

㉗ **生身法身供养果报**：生身法身，各家说法不一，一般认为，生身，谓从父母所生，即佛应化之身；法身，谓本有法性之身，若佛出世不出世，常住不动，无有变易。供养，谓资养三宝（佛、法、僧）奉香华、灯明、饮食、资财等物，这是财供养；还有法供养，如说法修行利益众生，影响深远，又名第一供养。果报，果是由过去世业因产生的结果，报是由业因所得的应报。其实是同一事的不同说法而已。概括地说，众生自生至死，自己所感受的一切事皆称果报。

㉘ **阿鞞跋致、阿鞞跋致相**：阿鞞跋致，梵文Avinivartanīya音译，意译无退、不退转，即不退转成佛进路之义。是菩萨阶位的名称。据说必须经过很长时期的修行才能达到此位。《大品经》云："不退转故，名阿鞞跋致……是人不为诸魔所动，更无退转。"

阿鞞跋致相：指不退转的种种相状，如一心集诸善法不退转，或正直精进不退转，或得二法（知一切法实空；念念不舍众生）不退转，或得三法（一心作愿欲成佛道；于众生悲心彻骨；得般舟三昧能见现在诸佛）不退转（均见《智论》卷四）。

㉙ **三乘记别**：三乘，乘的本义是运载工具，如舟楫车舆等；引申为方法、途径之意。三乘之名始于大乘佛教兴起以后。为了判教的需要，按照大乘佛教的观点，将佛教理论分为三个层次：小乘、中乘、大乘。用大、中、小来区分佛教理论，当初或许不免有对小乘佛教贬义之嫌。但据后来大乘人解释，这是为了方便，其实都是佛的一乘教（语出《法华经》），这就打了一个圆场。从今人看来，这是理论思维发展的必然现象，因为任何理论都是从初级到高级的发展，逐步深化，佛教理论也不例外，何况小乘的四谛说仍然是佛教重要的基本理论！

（一）小乘，又名声闻乘，以闻如来声教，而悟四谛（苦集灭道）之理，以证阿罗汉果者。

（二）中乘，又称缘觉乘，辟支佛乘。不依如来之声教，感飞花落叶之外缘而自觉十二因缘之理，以证辟支佛果者。

（三）大乘，又称菩萨乘，修六度（布施、持戒、忍辱、精进、禅定、般若等六波罗蜜）之行，以证无上菩提（智慧）者。

记别，佛记弟子成佛之事，分别劫数、国土、佛名、寿命等事谓为记别。授此记别于弟子，谓为授记（意为预作标记）。

㉚ **第一义悉檀**：第一义，即理。悉檀，悉为意译，遍的意思，檀为梵音，译义为施，华梵兼译，意为普遍施舍。谓佛知众生善根已熟，即为说法，令其得悟圣道，是名第一义悉檀。

㉛ **长爪梵志**：长爪为人名，梵志为志修梵行之外道总称。其人广读经书，智力超人，为广论议故，出家作梵志；人见其爪（手指甲）长，号为长爪梵志。是外道著名的大辩论家。有一次，他去找佛辩论，辩论失败，心信佛法，皈依佛门，后得圣果。

㉜ **法相**：有多种含义。《大品经·序品》："我应度无量阿僧祇众生，度众生已，无有众生灭度者。何以故？诸法相尔。"此处之"法相"，即指"真如"、"性空"、"实相"等，与"法性"同义。

㉝ **无量无边**：无量指数量之大，无边指空间之大。合言之，意为广大而无边际。

译文

有人问：佛由于什么原因，所以要解说《摩诃般若波罗蜜经》的呢？

回答说：在佛典经律论中，佛广泛引用多种多样的譬喻，为声闻的人讲说事理，只讲声闻修行的道理，不讲菩萨修行的道理。但在《中阿含本末经》中，记载了佛对弥勒菩萨的预言："你当来生就得作佛，名字弥勒。"也没有讲菩萨的修行道理。佛现在想为弥勒等人广泛地讲各种菩萨修行的道理，因此解说《摩诃般若波罗蜜经》。

再次，许多菩萨都修行念佛三昧，佛为了他们，希望使这一修行三昧得以增益，所以解说《般若波罗蜜经》。

再次，……佛接受释提桓因及诸天人等的请求，解说一切有为、无为等万法。在一切有为、无为等万法中，最深妙的是般若波罗蜜道理。因此，佛解说《摩诃般若波罗蜜经》。

再次，许多人怀疑佛具有对世间出世间一切事物尽皆了知的非凡智慧，……想要消除众生的疑惑，因此解说《摩诃般若波罗蜜经》。

再次，那些业缘已了而应当得度的众生，因为佛的功德广大，智慧无穷，难以明了和理解，因此被那些对佛教怀有恶意的议论师们所迷惑，内心充满着错误的见解，不接纳正确的道理。为了这类人，佛发起博大的慈爱之心，以深深的怜悯之手伸向他们，让他们接受佛道。因此，佛亲自显现了最奇妙的功德，发出了广大神秘的力量。……佛想要显示一切种种事物现象的真实相状，消除一切众生由于疑惑而产生的烦恼，因此解说《摩诃般若波罗蜜经》。

再次，佛世尊想要将那些被异学恶师所蒙蔽的众生从邪见迷惘中救拔出来，使他们欢喜，因此解说这《般若波罗蜜经》。

再次，一切众生为各种烦恼、病苦所困扰，内心烦躁不安，从无尽头的轮回生生死死以来，没有人能治得了这种病，往往被外道恶师所迷误。因此，佛解说《摩诃般若波罗蜜经》。

再次，许多人这样想这样说，佛与凡人一样，也有生死，事实上也受饥渴寒热老病之苦。佛想消除他们那种表面的肤浅的见识，因此解说这《摩诃般若波罗蜜经》。

再次，许多业缘已了而应可得度的人，有的落到贪爱和苦行的二边；此中有的由于愚昧，只求自身的快乐；有的为了修道，所以忍受着身体的折磨而常修不离。像这样一些人，在无上甚深的妙理中，离开了涅槃这一正确的途径。佛想要改变这两个极端，使其切合不偏不倚的中道，因此解说《摩诃般若波罗蜜经》。

再次，为了分别生身和法身的不同，供养的分类性质以及果报间微细的差别，所以解说《摩诃般若波罗蜜经》。

再次，想要解释菩萨不退转的含义和不退转的种种相状，……又为来生的人提供资养般若波罗蜜的种种条件；又想要为三乘人预作标记。因此，佛解说这《般若波罗蜜经》。

再次，佛想要解说善根已熟的众生如何通过他的教诲来领悟佛教真理的种种情况，因此解释这《般若波罗蜜经》。

再次，想要使长爪梵志等外道大辩论家产生对佛教的信仰，因此，佛解说这《摩诃般若波罗蜜经》。

再次，诸佛说法有二种方式：一是观察那些具有思念利他之心的众生随宜可度；二是观察诸法的真如法性。现在佛想要解释诸法的真实相状，因此解说《摩诃般若波罗蜜经》。

如摩诃般若波罗蜜广大而无边际，那解说般若波罗蜜的原因也广大而无边际。因为此事内容深广，范围很大，所以现在只好简略地说一下佛解说摩诃般若波罗蜜的原因。

2　大小乘的关涉

内容提要

大乘说小乘——巧说十二缘生——大乘菩萨及其功德

原典

问曰：何以故大乘经初菩萨众、声闻众①两说，声闻经初独说比丘众，不说菩萨众？

答曰：欲辩二乘义故，佛乘②及声闻乘，声闻乘狭小，佛乘广大；声闻乘自利自为，佛乘益一切③。复次，声闻乘多说众生空④，佛乘说众生空、法空⑤。如是等种种分别说是二道故，摩诃衍经声闻众、菩萨众两说。

问曰：如声闻经初但说比丘众，摩诃衍经初何以不但说菩萨众？

答曰：摩诃衍广大，诸乘诸道皆入摩诃衍。声闻乘狭小，不受摩诃衍。譬如恒河不受大海，以其狭小故；大海能受众流，以其广大故。摩诃衍法亦如是。

问曰：何等名菩提⑥？何等名萨埵？

答曰：菩提名诸佛道，萨埵名或众生或大心。是人诸佛道功德尽欲得其心，不可断不可破，如金刚山⑦，是名大心。……复次，称赞好法名为萨，好法体相名为埵。菩萨心自利利他故，度一切众生故，知一切法实性故，行阿耨多罗三藐三菩提⑧道故，为一切贤圣之所称赞故，是名菩提萨埵。所以者何？一切诸法中，佛法第一。是人欲取是法故，为贤圣所赞叹。复次，如是人为一切众生脱生老死故索佛道，是名菩提萨埵。

（节录《初品中菩萨释论第八》卷四，页八十五——八十八）

十二因缘⑨生法，种种法门能巧说⑩。

烦恼、业⑪、事法⑫次第展转相续生，是名十二因缘。是中无明、爱、取⑬三事名烦恼；行、有⑭二事名为业；余七分⑮名为体⑯事。是十二因缘，初二过去世摄，后二未来世摄，中八现前世摄。

是略说三事：烦恼、业、苦。是三事展转更互为因缘是：烦恼业因缘、业苦因缘、苦苦因缘、苦烦恼因缘、烦恼业因缘、业苦因缘、苦苦因缘，是名展转更互为因缘。

过去世一切烦恼是名无明。从无明生业，能作世界果[17]故，名为行。从行生垢心[18]，初身因如犊子识母，自相识故名为识[19]。是识共生无色四阴及是所住色，是名名色。是名色中生眼等六情，是名六入[20]。情尘识[21]合是名为触。从触生受[22]，受中心着，是名渴爱。渴爱因缘求是名取[23]。从取后世因缘业，是名有。从有还受后世五众，是名生，从生五众熟坏，是名老死。老死生忧悲哭泣种种愁恼，众苦和合集。若一心观诸法实相清净则无明尽，无明尽故行尽，乃至众苦和合集皆尽。是十二因缘相，如是能方便不着邪见为人演说，是名为巧。复次，是十二因缘观中，断法爱，心不着，知实相，是名为巧。如彼[24]般若波罗蜜不可尽品中，佛告须菩提：痴如虚空不可尽，行如虚空不可尽，乃至众苦和合集如虚空不可尽。菩萨当作是知。作是知者，为舍痴际应无所入。作是观十二因缘起者，则为坐道场[25]、得萨婆若。

（节录《初品中摩诃萨埵释论第九》卷五，页一〇〇）

问曰：三十七品[26]是声闻辟支佛道，六波罗蜜[27]是菩萨摩诃萨道，何以故于菩萨道中说声闻法？

答曰：菩萨摩诃萨应学一切善法㉘一切道㉙。如佛告须菩提：菩萨摩诃萨行般若波罗蜜，悉学一切善法一切道，所谓干慧地㉚乃至佛地㉛。是九地㉜应学而不取证，佛地亦学亦证。

复次，何处说三十七品，但是声闻辟支佛法，非菩萨道？是《般若波罗蜜·摩诃衍品》㉝中，佛说四念处乃至八圣道分。是摩诃衍三藏㉞中，亦不说三十七品独是小乘法。佛以大慈故，说三十七品涅槃道。随众生愿，随众生因缘，各得其道：欲求声闻人，得声闻道；种辟支佛善根人，得辟支佛道；求佛道者得佛道。随其本愿诸根利钝，有大悲无大悲。譬如龙王降雨普雨天下，雨无差别，大树大草根大故多受，小树小草根小故少受。

（节录《释初品三十七品义第三十一》卷十九，页一九七）

问曰：何以故以此三事㉟次第赞菩萨摩诃萨㊱？

答曰：欲出㊲诸菩萨实功德故，应赞则赞，应信则信，以一切众生所不能信甚深清净法㊳赞菩萨。复次，先说菩萨摩诃萨名字，未说所以为菩萨摩诃萨。以得诸陀罗尼、三昧及忍等诸功德故，名为菩萨摩诃萨。

陀罗尼，秦言㊴能持，或言能遮。能持者，集种种善法㊵，能持令不散不失，譬如完器盛水水不漏散。

能遮者，恶不善根心生，能遮令不生，若欲作恶罪，持令不作，是名陀罗尼。

复次，得陀罗尼菩萨，一切所闻法以念力故，能持不失。

（节录《初品中菩萨功德释论第十》，页九十五）

三三昧[41]：空、无作、无相。有人言，观五阴无我、无我所，是名为空。住是空三昧，不为后世，故起三毒，是名无作。缘离十相[42]故，五尘[43]男女生住灭[44]故，是名无相。有人言，住是三昧中，知一切诸法实相，所谓毕竟空[45]，是名空三昧。知是空已无作。云何无作？不观诸法若空、若不空、若有、若无等，如《佛说法句》中偈[46]：

见有则恐怖，见无亦恐怖，
是故不着有，亦复不着无。

是名无作三昧。云何无相三昧？一切法无有相[47]，一切法不受不着，是名无相三昧。如偈说：

言语已息，心行亦灭，
不生不灭，如涅槃相。

复次，十八空[48]是名空三昧。种种有中心不求[49]，是名无作三昧。一切诸相破坏不忆念，是名无相三昧。

问曰：有种种禅定法[50]，何以故独称此三三昧？答曰：是三三昧中思维近涅槃故，令人心不高不下平等不动，余处不尔，以是故独称是三三昧。

若有人行空、无相、无作，是名得实相三昧[51]，如偈说：

若持戒清净，是名实比丘；
若有能观空，是名得三昧；
若有能精进，是名行道人；
若有得涅槃，是名为实乐。

（同上，页九十六——九十七）

已得等忍者[52]。

问曰：云何等？云何忍？

答曰：有二种等：众生等、法等。忍亦二种：众生忍、法忍。云何众生等？一切众生中等心、等念、等爱、等利，是名众生等。

问曰：慈悲力[53]故，于一切众生中应等念，不应等观[54]。何以故？菩萨行实道、不颠倒如法相，云何于善人不善人、大人小人、人及畜生[55]一等观[56]？不善人中实有不善相,善人中实有善相,大人小人、人及畜生亦尔。如牛相牛中住㊗,马相马中住,牛相非马中,马相非牛中,马不作牛故。众生各各相,云何一等观而不堕颠倒?

答曰:若善相不善相是实,菩萨应堕颠倒。何以故?破诸法相故。以诸法非实善相非实不善相、非多相非少相、非人非畜生、非一非异㊳。以是故,汝难非也。如说诸法相偈㊴:

不生不灭,不断不常,
不一不异,不去不来;
因缘生法,灭诸戏论㊵;
佛能说是,我今当礼。

复次,一切众生中,不着种种相,众生相空相一等无异,如是观,是名众生等。若人是中心等无碍,直入不退,是名得等忍。得等忍菩萨,于一切众生不瞋不恼,如慈母爱子……是名众生等忍。

云何名法等忍?善法不善法㊶、有漏无漏㊷、有为无为㊸等法,如是诸法入不二入法门㊹,入实法相门㊺。如是入竟,是中深入诸法实相㊻时,心忍直入,无诤无碍㊼,是名法等忍。如偈说:

诸法[68]不生不灭，非不生非不灭，
亦不生灭非不生灭，亦非不生灭，
非非不生灭。

已得解脱（丹注云[69]：于邪见得离故言解脱也），空非空（丹注云：于空不取故言非也），是等悉舍，灭诸戏论。言语道断[70]，深入佛法，心通无碍，不动不退，名无生忍[71]，是助佛道初门。以是故说已得等忍。

（同上，页九十七）

注释

① **菩萨众、声闻众**：指菩萨僧、声闻僧。众，指三人以上（一作四人以上）。

② **佛乘**：意谓佛以一乘实相之法，运诸众生到涅槃彼岸。从方便说，分三乘：声闻乘、缘觉乘、菩萨乘，实则为佛教一乘。一般说，菩萨乘相对于声闻、缘觉二乘而言是佛乘，因为菩萨乘是成佛之法。

③ **佛乘益一切**：意谓佛乘（菩萨乘）既为自身、也为一切众生而修道，意为下文"自利利他"之义。

④ **众生空**：众生无自性故空。

⑤ **法空**：事物现象无自性故空。

⑥ **菩提**：梵语音译，意译道，即诸佛所得清净究竟之理。

⑦ **金刚山**：又名金刚围山，周绕世界的铁围山。此处譬喻信仰佛法之心坚不可摧，像金刚山那般坚固。

⑧ **阿耨多罗三藐三菩提**：梵语音译，旧译意为无上正遍知、无上正遍道、真正遍知，指的都是一切真理的无上智慧；新译意为无上正等正觉，指的是真正平等觉知一切真理的无上智慧。

⑨ **十二因缘**：亦称十二缘生。为佛教三世轮回的基本理论。包括无明、行、识、名色、六处、触、受、爱、取、有、生、老死等十二个部分，称为十二支或十二有支。每支次第为缘。此十二支为一总的因果循环链条，每支之间的顺序成为一对因果关系，而配合过去、现在、未来三世，又可概括为两重因果，由无明、行二支作为过去因，识、名色、六处、触、受五支则成为现在果；由爱、取、有三支作为现在因，生、老死则成为未来果。此称三世两重因果。众生在未解脱前，均须依此因果律在三世、六道中生死流转，人们的命运、寿夭、社会中不平等的地位等均植根于此。佛教修习的目的，在于摆脱十二因缘之束缚，跳出三世轮回，这就是涅槃。

⑩ **种种法门能巧说**：法门，法为佛所说之法，门以出入为义。谓佛所说的妙法开解脱门，令一切众生，皆得出离生死苦，而入解脱清净之域。巧说，善巧方便解说。

⑪ **业**：指身、口、意、善、恶、无善无恶等作用。

⑫ **事法**：法，一说无此字（据大正藏本，页一〇〇，校注㉜）。译文从此说。事，相对于理而言。一般认为因缘生之有为法为事。

⑬ **无明、爱、取**：无明，谓过去世烦恼之惑，覆于本性，无所明了。爱，谓贪爱。取，谓贪欲转盛，驰求五尘。

⑭ **行、有**：行，谓过去世身口意造作一切善不善业。有，谓因驰求诸境，起善恶业，积集牵引，当生欲有、色有、无色有之果。

⑮ **余七分**：指其余七部分，即：识（谓由过去惑业相牵，令此识投托母胎，一念间，染爱为种，纳想成胎）、名色（名即是心，谓心但有名而无形质。色即形质，即是身，谓从托胎以后至第五个七日，名形位，生诸根形，四肢差别，这叫色）、六入（谓从名色以后，至第六个七日，名毛发爪齿位；第七七日，名具根位，六根开张，有入六尘之用）、触（谓出胎以后，至三、四岁时，六根虽触对六尘，未能了知，生苦乐想）、受

（谓从五六岁至十二三岁时，因六尘触对六根，即能纳受前境好恶等事，虽能了知，然未能起淫贪之心）、生（谓从前世善恶之业，后世还于六道四生中受生）、老死（五蕴之身，熟已还坏）。

⑯ 为体，一说并无"为体"二字（据大正藏本，页一〇〇，校注㉞）。译文从此说。

⑰ **世界果**：世有迁流之义，谓过去、未来、现在之迁行。欲界、色界、无色界云果，叫世界果。

⑱ **垢心**：污染净心，此心为垢心。

⑲ **识**：心对于境而了别，这叫识。所以识又是心的异名。

⑳ **六入**：又名六处。在十二因缘中，六入即指六根。

㉑ **情尘识**：情，指六根，见上注。尘，即染污之义，谓能染污情识，使真性不能显发。此指色、声、香、味、触、法等六尘。识，指眼、耳、鼻、舌、身、意等六识。

㉒ **受**：领纳所触之境的心所有法。

㉓ **取**：取着所对之境界谓之取。爱之异名。

㉔ 彼，一说"彼"作"说"（据大正藏本，页一〇〇，校注㊶）。译文从此说。

㉕ **道场**：佛成道之处。又得道之行法叫道场。又

学道之处叫道场。又为法座之异名。

㉖ **三十七品**：又名三十七道品。道者能通之义，到涅槃道路之资粮有三十七种：四念处、四正勤、四如意足、五根、五力、七觉支、八正道（一名八圣道分）。

㉗ **六波罗蜜**：布施、持戒、忍辱、精进、禅定、般若等六种波罗蜜。

㉘ **一切善法**：包括世间善法和出世间善法。五戒十善为世间善法；三学六度为出世间善法。深浅虽异而皆为顺理益己之法。

㉙ **一切道**：一切诸佛之道法。

㉚ **干慧地**：三乘共十地之第一地。此地指单有观理之智慧，而尚未为禅定水所滋润，故谓之干慧地。

㉛ **佛地**：十地之第十位。第九地之菩萨最后顿断之习气而成道之位。

㉜ **九地**：指十地之初地至第九地，即干慧地、性地（对法性之理颇有解心）、八人地（在无间三昧中八忍具足）、见地（见第一义无生四谛之理）、薄地（断思惑、欲惑稍轻、得喜谛理）、离欲地（即离欲思生死）、已办地（色界无色界思惑尽、发真无漏、智断功毕）、辟支佛地（缘觉人，发真无漏，功德力大，福慧深利，侵除见思习气）、菩萨地（从空入假，深观真俗二谛，得法眼净，成道种智）。

㉝**《般若波罗蜜·摩诃衍品》**：般若波罗蜜，盖为《大般若波罗蜜多经》，玄奘译，六百卷。《摩诃衍品》，是其中的品名。

㉞**摩诃衍三藏**：即大乘经律论三藏。

㉟**此三事**：指龙树所要解说的经文中的陀罗尼、诸三昧、等忍三事。

㊱**菩萨摩诃萨**：具名菩提萨埵摩诃萨埵。菩提萨埵作道众生，新译觉有情；摩诃萨埵作大众生，新译大有情。求道果之众生故称道众生；求道果者通于声闻缘觉，又有别于它们，故称大众生。又菩萨有高中下之阶位，但为表示地上之菩萨，故称摩诃萨，通常称大菩萨，简称菩萨。

㊲**出**：突出，显现。

㊳**清净法**：此指真如心体，无所染碍的妙法。

㊴**秦言**：意为中国语言。要看外国来华译师翻经的时代，若在晋代则称"晋言"，若在唐代则称"唐言"。鸠摩罗什于姚秦弘始年间来华翻经，故论中称"秦言"。译经本也有"此言"一词。这些都是同一个意思，指的都是中国语言。

㊵**善法**：五戒（不杀、不盗、不邪淫、不妄语、不饮酒）、十善（不杀、不盗、不邪淫、不妄语、不两舌、不恶口、不绮语、不贪欲、不瞋恚、不邪见）为世

间的善法；三学（戒、定、慧）、六度（布施、持戒、忍辱、精进、禅定、般若）为出世间的善法。浅深虽异，但皆为顺理益己之法，谓之善法。

㊶ 三三昧：三昧，梵文 Samādhi 的音译，又音译三摩地，意译定、等持。意谓心专注一境而不散乱的精神状态。三三昧又称三三摩地，意译三定、三等持，此就能修之行而立名。三三昧的含义，一是空三昧，二是无作三昧（又称无愿三昧），三是无相三昧。下文已作详细讨论，此处解释从略。

㊷ 十相：指色、声、香、味、触五法、男、女二相及三有为相（色法、心法、非色非心法。但除住相）。

㊸ 五尘：色、声、香、味、触等五境能染污真性，所以名五尘。

㊹ 生住灭：生住灭是一切凭因缘生起的有为法的必然特征相状。

㊺ 毕竟空：有为无为诸法，皆空寂不可得，既无诸法，亦无空之可着，是名毕竟空。

㊻《佛说法句》中偈：佛说法句，疑为《佛说法句经》。偈是梵文 Gāthā 的意译，或译为颂。佛经体裁之一。每偈以四句为一组，每句有固定的字数，或四字，或五字，或六字、七字不等。偈有竭摄要义之意。颂有赞颂之意。

㊼ **无有相**：即无相，是直心体证观照之真实本相。无相不是空无之相，也不是空无，而是不能以经验语言概念所能表述的存在真相。一切相对性的概念，如有、无等，均不离相，仍属于着相，都不是菩萨行。

㊽ **十八空**：内空（谓内身净相不可得）；外空（谓观外色净相不可得）；内外空（谓内外净相不可得）；空空（谓内外身俱空，而又执空成疾，复以空法破三空）；大空（谓十方世界，四大所造，东西方相，以世俗故有，第一义中不可得）；第一义空（谓涅槃之法，空无有相）；有为空（谓有为法皆不可得）；无为空（谓无所作为，则非有相，有为法既不可得，则无为法亦不可着）；毕竟空（谓前八空破一切法，令无遗余，既无诸法，亦无空可着）；无始空（谓众生无有始相，如今生从前世因缘有，前世复前世，辗转无始，亦不可得）；散空（谓五阴和合，故有人相，若以智慧分别，破散五阴与人，则空无所有）；性空（谓一切诸法，自性本空，皆从因缘和合而生，若不和合，则无是法，如是诸法，性不可得）；自相空（谓诸法总相、别相皆空）；诸法空（谓五阴、十二入、十八界等法，无有实相，一切皆空）；不可得空（谓一切诸法及因缘毕竟皆空，不可得故，是名不可得空）；无法空（谓诸法已灭，是灭亦无。又谓过去、未来法名为无法，如是无法亦

空）；有法空（谓因缘生法，法体不实。又谓现在一切法及无为法，名为有法，如是有法皆空）；无法有法空（谓无法有法，相不可得。又谓过去、未来、现在一切诸法皆不可得）。

㊾ **种种有中心不求**："种种"与"有"之间，底本原有夹注"丹注云五道生有、本有、死有、中有业"十四字，今删。种种有，意为种种存有。有，存在的意思。使用范围很广，大致可分二种：（一）十二因缘之一，又称有支，指决定来世所得果报的思想行为之总和。有之含义的进一步引伸，就成了世俗世界的代称，所谓欲界、色界、无色界之三界，亦称为三有。根据所谓有情的不同情况，又分三有为九类，谓九有，亦称九有情居，或九居。（二）相对空无而谓之有。由于各个宗派学说不同，又有所谓假有、实有、妙有等等之分。中心不求，意为内心不去求取。

㊿ **禅定法**：禅定法门。禅，梵语禅那之略。意译思维修，新译静虑。所谓思维修，即是思维对象，予以研习。所谓静虑，心体寂静，加以审虑。定即梵语三昧之意译，心专注一处而不散乱。即一心考物为禅，一境静念为定。

(51) **实相三昧**：实相无相三昧。

(52) **已得等忍者**：等忍是菩萨三功德之一。此处先标出这个经题，以下是对它的论释。等忍之义，见下文详解。

(53) **慈悲力**：与乐名慈，拔苦名悲。《智论》卷二十七说："大慈与一切众生乐，大悲拔一切众生苦。"力为力用。

(54) **等观**：同等观待，不加区别。

(55) **善人不善人、大人小人、人及畜生**：从果报而言，分善人与不善人，善人行善事，得好报，不善人违理行事，损害现世并及未来世。从修道而言，分大人与小人，大人得道，故称大人，指的是圣者贤人，小人未得修道，故称小人，指的是凡人。从生存形态而言，分人与畜生，虽皆属有情类，但人思虑最多，而畜生为养畜之生类，故称畜生；又为傍行之生类，又称傍生。

(56) **一等观**：一样平等看待。

(57) **牛相牛中住**：住，不迁，安住，现起未灭等义。当随文而释。意谓，牛相存在于牛中。只要是牛，就是牛相。牛相是牛的属性，它伴随牛之生而生，也伴随牛之亡而亡失。这便是此处"住"的含义。

(58) **从"诸法非实善相非实不善相"至"非一非异"**："非……非……"就是排斥两端，以示"中道"实相之理。

(59) **说诸法相偈**：这一偈说的也是"八不"中道实

相之理。

⑥ **戏论**：指错误无意义的言论。

⑥ **善法不善法**：顺理益己之法，谓之善法；违理害己之法，谓之不善法。

⑥ **有漏无漏**：漏，流泄的意思，凡具烦恼、导致流转生死的一切法，皆名有漏或有漏法。与有漏相对，一切能断除三界烦恼之法，皆属无漏或无漏法。

⑥ **有为无为**：有为，原意造作，亦称有为法。一切处于相互联系、生灭变化中的现象，以生、住、异、灭四有为相为其特征。有为是缘起法的别名。与有为相对是无为，亦称无为法，指非因缘和合形成、无生灭变化的绝对存在。

⑥ **入不二入法门**：一作“入不二法门”（据大正藏本，页九十七，校注㉙），译文从此说。入，趣入。不二，指无异无别、至高无上的终极之义。法门，修佛道之通处。全句意为趣入独一无二的修道门径。

⑥ **入实法相门**：即入真实法相之门，意为趣入真实法无相之修道通门。

⑥ **诸法实相**：诸事物无相为实相。

⑥ **无诤无碍**：无诤，安住于空理，与物无诤。无碍，自在通达而无阂碍。

⑥ **诸法**：又作万法。其义有二：（一）指一切有

为、无为等万法。(二)指一切现象界之诸法,包含心、色上之一切万法,然如"涅槃"等无为法则不包含在内。

⑥⑨**丹注云**:丹,指高丽藏本所用的参考本名称的简称。译文中取夹注之义而去夹注之形式。

⑦⓪**言语道断**:摒弃名言概念。

⑦①**无生忍**:安住于无生无灭之理而不动。

译文

有人问:为什么大乘经从一开始,菩萨众和声闻众就并列起来讲,而小乘经从一开始就只讲比丘众,不讲菩萨众?

回答说:所以需要辨别二乘:佛乘和声闻乘的意义。声闻乘范围狭小,而佛乘范围广大;声闻乘修行只求自身摆脱痛苦、早入涅槃,而佛乘修行既为自身,更为他人,普度众生,以达涅槃之境。又声闻乘只讲众生空,而佛乘讲众生空,也讲法空。像这类种种分别解说声闻乘和佛乘的事由,所以大乘经将声闻众和菩萨众并列起来讲。

有人问:如声闻经开始只讲比丘众,大乘经开始为什么不只讲菩萨众呢?

回答说：大乘广大，其他小乘、中乘等乘的各种说法都可纳入到大乘中。声闻乘狭小，无法容纳大乘。譬如恒河无法容纳大海，因为它狭小；大海能容纳百川众流，因为它广大。大乘佛法也是这样。

有人问：什么样的名菩提？什么样的名萨埵？

回答说：菩提名诸佛究竟之理；萨埵有的名众生，有的名大心。此人竭力想要在他心中获得诸佛道和功德，不能断折，不能破坏，像金刚山那样坚固，这就名大心。再次，称赞妙法名为萨，妙法本体相状名为埵。菩萨的精神本性是既为自身，更为他人而修道作佛；他引度众生从生死之苦的此岸到达涅槃境界之彼岸；他了知一切事物的真如实性；他修行无上正等正觉之理；他受到贤人圣者之称扬赞叹：因为这一切的一切，这就名菩提萨埵。为什么呢？一切诸法中，佛的教法第一。此人希望取得佛的教法，所以为贤人圣者所赞叹。再次，像这样的人为一切众生摆脱生老病所以求索佛教真理，这叫菩提萨埵。

十二因缘生法，亦称十二缘生法，种种法门可作善巧方便解说。

烦恼、业、事，次第辗转因果相续生，这叫十二因缘。这里，无明、爱、取三部分叫烦恼。行、有二部分叫作业；其余识、名色、六入、触、受、生、老死七部分叫事。这个十二因缘，开头无明和行二部分是过去世摄受的，最后生和老死二部分是未来世摄受的，中间识、名色、六处、触、受、爱、取、有这八部分是眼前现世摄受的。

这里大略说三件事：烦恼、业、苦。这三件事辗转变更互相作为因缘的是：烦恼与业互为因缘，业与苦互为因缘，此苦与彼苦互为因缘，苦与烦恼互为因缘，烦恼与业互为因缘，业与苦互为因缘，彼苦与此苦互为因缘，这叫辗转变更互相作为因缘。

过去世一切烦恼之惑，覆盖了本性，不能如实知见，这叫无明。从无明生起了过去世身口意造作的善不善业，能作为欲界、色界、无色界之果，所以叫作行。从行生起垢心，识初投入母胎的那一刹那，犹如小牛犊认得自己的母亲，认得自体的相状，所以叫识。这个识是与没有物质性的受、想、行、识四蕴及其依止之处的色身共同生起的，这叫名色。这个名色中生起眼、耳、鼻、舌、身、意六情，这叫六入。六情、六尘、六识和合，这叫作触。从触生起对所触之境的领受，在领纳所触之境中一心执着，这叫渴爱。渴爱攀缘求索，这叫取。从取着死后因缘的业报，这叫有。从有再领受后世五蕴，这叫生。从生到五蕴之身熟已坏透，这叫老死。老死生发了忧伤悲痛、号哭饮泣等种种愁苦和烦恼，各种痛苦和合聚集在一起。如果专心一致观照诸事物的真如实相清净，无明就终止了；无明终止了，所以过去世身口意造作的一切善不善业也就终止了，乃至各种痛苦和合积集都终止了。这十二因缘的相状，像这样能方便、不执着不正确的见解为人们演说正法，这叫作善巧方便。又，这十二因缘的观法中，断除对事物的贪爱，心不执着，晓知事物真实之理，这也叫作善巧方便。如说般若波罗蜜不可尽那品中，佛告诉须菩提：愚痴，亦称无明，如同虚空，不可穷尽；过去世身口意造作的善不善业这个行，如同虚空，不可穷尽；乃至各种痛苦和合聚集，如同虚空，不可穷尽。菩萨应当作这样的了知。作这样了知的，为舍弃愚痴（即无明）之际应当无所领悟。作这样观照十二缘起的，就能坐道场，成道说法，获得一切智。

有人问：三十七品是声闻辟支佛道，六波罗蜜是菩萨道，为什么在菩萨道中说声闻的道法呢？

回答说：菩萨应当学一切善法和一切道。如佛告诉须菩提：菩萨行般若波罗蜜，悉学一切善法和一切道，所谓从修道之初地即干慧地乃至第十地即佛地。干慧地、性地、八人地、见地、薄地、离欲地、已办地、辟支佛地、菩萨地这九地应当学而不能证得佛道；佛地也得学，也能证得佛道。

复次，什么地方说三十七品只是声闻辟支佛法，不是菩萨道？这《般若波罗蜜经·摩诃衍品》中，佛说四念处乃至八圣道分，就是说，佛也是说三十七品道的。这大乘经律论三藏中，也不说三十七品只是小乘法。佛因广大慈爱众生，所以说三十七品涅槃道。随着众生的心愿，随着众生的因缘，各自得到他们相应的修道结果：想要求得声闻道的人，得声闻道；因种辟支佛善根的人，得辟支佛道；求佛道的人得佛道。随着他们的本愿和根性的利钝，有悲心广大的，如佛菩萨；那些没有广大悲心只求自身摆脱生死的，如声闻辟支佛。譬如龙王降雨，普遍滋润天下，雨水本身没有差别，大树大草根大，所以吸收水分多，小树小草根小，所以吸收水分少。

有人问：为什么以陀罗尼、诸三昧及等忍这三件事，依次称赞菩萨摩诃萨呢？

回答说：想要显现诸菩萨真实功德的缘故，应当称赞的就称赞，应当信从的就信从，以一切众生所难以信解的深奥的清净妙法称赞菩萨。又，先前只说了一下菩萨摩诃萨的名字，没有解说菩萨摩诃萨之所以为菩萨摩诃萨的道理。由于取得了陀罗尼、三昧及忍等诸功德，所以名为菩萨摩诃萨。

陀罗尼，中国语叫能持，有的叫能遮。所谓能持，就是能持各种善法而令不散不失，譬如完好的容器装水，水不会漏泄。所谓能遮，就是违背理的恶行，都是由于内心贪爱、瞋恚、愚痴这三种不善的性根生起，能够遮止它使它不生起，如果想要做坏事，能严守自己，使自己不做坏事。这就叫陀罗尼。

再次，修得陀罗尼的菩萨，一切所闻教法以念慧力增长，能总摄忆持而不忘失。

三三昧就是空、无作、无相三三昧。许多人说，观察色、受、想、行、识五阴，人我是五阴暂时的和合，唯有假名，而无实体，而且五阴本身也是不真实的无我、无我所有，此名为空。安住此空三昧，不为后世往生善所，生起贪、瞋、痴等三种毒害，此名无作。因离有为法的十相以及由因缘生起的五尘男女生住灭等诸相状都不真实，此名无相。许多人说，安住三三昧中，晓知一切诸法的真如实相，所谓毕竟空，此名空三昧。晓知此空已，则无所造作。为什么无所造作呢？因为不观诸法若空、若不空、若有、若无等等。如《佛说法句》中有四句偈：

一见有心就恐怖，一见无心也恐怖；
因此不执着于有，也再不执着于无。

此名无作三昧。什么叫无相三昧？一切法无有相，无有相就是真实本相。领受执着有无，均不离相，仍属受相、着相，皆当破斥，此名无相三昧。如偈说：

　　言语完全停息，心理活动也已除灭，
　　既不生起也不灭，好像涅槃的境界。

又，十八空，是名空三昧。种种有，内心不去求取，此名无作三昧。一切事物的差别相，当得坏灭，不予忆念，此名无相三昧。

有人问：有种种禅定法，为什么只称颂此三三昧呢？回答说：在此三三昧中，因思维近于寂灭，使人的心理处于无高下起伏、无差别、寂然不动的状态。其他禅定法就不是这样。所以只称颂此三三昧。

若有人行空三昧、无相三昧、无作三昧，是名得实相三昧。如偈说：

　　如果持戒清净无杂念，这叫真正的比丘；
　　如果有人能观照真空，这叫悟得三昧；
　　如果有人能为善精进，这叫行道的人；
　　如果有人证得涅槃，这叫作真实的快乐。

所谓已得等忍。

有人问：什么叫等？什么叫忍？

回答说：有二种等：众生等、法等。忍也有二种：众生忍、法忍。什么叫众生等？一切众生中，无有怨亲，平等记念，平等慈爱，平等利益，无有分别，此名众生等。

有人问：由于慈悲力的作用，对于一切众生应当同样记念，而不应当不加以区别地看待。为什么呢？菩萨行真实的正道，不颠倒事物本来的真实相。为什么对善人与不善人、大人与小人以及人与畜生一样看待，不加以区别呢？不善人中实有不善的真实相，善人中实有善的真实相，大人小人、人及畜生也是这样。例如牛的真实相存在于牛中，马的真实相存在于马中，牛的真实相不存在于马中，马的真实相不存在于牛中，因为马是马，牛是牛，马不能当作牛，牛也不能当作马。众生各有各的真实相，为什么一样平等看待而不堕颠倒呢？

回答说：如果善的真实相和不善的真实相都是真实，那么菩萨就应堕入颠倒中。为什么呢？破坏了诸法真如实相的缘故。因为诸法不是真实的善相，也不是真实的不善相；不是多相，也不是少相；不是人，也不是畜生；不是一，也不是异。因此，你的问难也就错了。如解说诸法相一偈中所说：

一切法不生又不灭,既不断除又不常住,
　　既不同一又无差异,既不离去也不来归;
　　因缘和合而生的法,永远灭除一切错误无意义的言论;
　　佛能解说这个道理,我今当致敬礼。

　　又,一切众生中,不执着于种种相状,因为依五蕴而生的众生相没有自性,和由因缘而生的诸法没有自性,同样是空相,没有差别,如是观察,是名众生等。如果人们在这中间以平等之心看待众生,无有阂碍,只进不退,勤行修习,精进不懈,是名得等忍。得等忍的菩萨,对一切众生不憎怒不烦恼,心平气和,如慈祥的母亲心爱自己的儿子。……此名众生等忍。

　　什么叫法等忍?善法和不善法、有漏和无漏、有为和无为等法,如是诸法进入不二法门,进入实法相门。如此进入到终了,此中深入到诸法真实的本体时,还是心忍前行,无诤无碍,是名法等忍。如偈说:

　　万法不生也不灭;不是不生、不是不灭;
　　也不生灭、非不生灭,也不是不生灭,
　　非不是不生灭。

得离邪见已得解脱,空非空,空不取空,如此等等,全都舍弃,灭除一切错误无意义的言论。言语道断,深入佛法,心体通达,无有阂碍,寂然不动,无有退失,此名无生忍,是帮助修习佛道的初门。因此解说已得等忍。

3　五波罗蜜

内容提要

般若波罗蜜是何等法？——布施波罗蜜——持戒波罗蜜——忍辱波罗蜜——精进波罗蜜——禅定波罗蜜

原典

问曰：般若波罗蜜是何等法？答曰：有人言，无漏慧根①是般若波罗蜜相。何以故？一切慧中第一慧②，是名般若波罗蜜；无漏慧根是第一，以是故无漏慧根名般若波罗蜜。

问曰：若菩萨未断结，云何得行无漏慧？答曰：菩萨虽未断结，行相③似无漏般若波罗蜜，是故得名行无漏般若波罗蜜。譬如声闻人行暖法、顶法、忍法、世间第一法④，先行相似无漏法⑤，后易得生苦法智忍⑥。

复有人言，菩萨有二种：有断结使清净⑦，有未断结使不清净。断结使清净菩萨能行无漏般若波罗蜜。

问曰：若菩萨断结使清净，复何以行般若波罗蜜？答曰：虽断结使，十地未满⑧，未庄严佛土⑨，未教化众生，是故行般若波罗蜜。复次，断结有二种：一者断三毒，心不着人天⑩中五欲⑪；二者虽不着人天中五欲，于菩萨功德果报五欲未能舍离。如是，菩萨应行般若波罗蜜。

复有人言，般若波罗蜜是有漏慧。何以故？菩萨⑫至道树下乃断结，先虽有大智慧，有无量功德，而诸烦恼未断。是故言菩萨般若波罗蜜是有漏智慧。

复有人言，从初发意⑬乃至道树下，于其中间所有智慧，是名般若波罗蜜。成佛时，是般若波罗蜜转名萨婆若⑭。

复有人言，菩萨有漏无漏智慧，总名般若波罗蜜。何以故？菩萨观涅槃、行佛道，以是事故，菩萨智慧应是无漏；以未断结使、事未成办故，应名有漏。

复有人言，菩萨般若波罗蜜，无漏、无为、不可见⑮、无对。

复有人言，是般若波罗蜜不可得相⑯，若有若无、若常若无常、若空若实。是般若波罗蜜非阴界入所摄，非有为非无为，非法非非法，无取无舍，不生不灭，出有无四句[17]，适无所着[18]，譬如火焰四边不可触、以烧手故。般若波罗蜜相亦如是，不可触，以邪见火[19]烧故。

问曰：上种种人说般若波罗蜜，何者为实？答曰：有人言，各各有理皆是实。如经说，五百比丘各各说二边[20]及中道义[21]，佛言皆有道理。有人言，末后答者为实。所以者何？不可破不可坏[22]故。若有法如毫厘许有者，皆有过失可破；若言无亦可破。此般若中，有亦无，无亦无，非有非无亦无，如是言说亦无，是名寂灭无量无戏论法[23]。是故，不可破不可坏，是名真实般若波罗蜜，最胜无过者，如转轮圣王[24]降伏诸敌而不自高。般若波罗蜜亦如是，能破一切语言戏论，亦不有所破。

复次，从此已后，品品中种种义门[25]，说般若波罗蜜皆是实相，以不住法住[26]般若波罗蜜中，能具足六波罗蜜[27]。

问曰：云何名不住法住般若波罗蜜中能具足六波罗蜜？答曰：如是菩萨观一切法，非常非无常，非苦非乐，非空非实，非我非无我，非生灭非不生灭，如是住甚深般若波罗蜜中，于般若波罗蜜相亦不取，是名不住法住。若取般若波罗蜜相，是为住法住。

问曰：若不取般若波罗蜜相，心无所着，如佛所言，一切诸法欲为其本。若不取者，云何得具足六波罗蜜？答曰：菩萨怜愍众生故，先立誓愿："我必当度脱一切众生。"以精进波罗蜜力㉘故，虽知诸法不生不灭，如涅槃相，复行诸功德，具足六波罗蜜。所以者何？以不住法住般若波罗蜜中故，是名不住法住般若波罗蜜中㉙。

（节录《释初品中檀波罗蜜义第十七》卷十一，页一三九——一四〇）

问曰：云何名檀㉚？答曰：檀名布施㉛，心相应善思㉜，是名为檀。有人言，从善思起身口业㉝，亦名为檀。有人言，有信、有福田㉞、有财物三事和合时，心生舍法能破悭贪，是名为檀。

檀有三种：或欲界系，或色界系，或不系（丹本注云：圣人行施故名不系㉟）。心相应法随心行共心生，非色法能作缘，非业业相应随业行共业生㊱，非先世业报生。

复此，施有二种：有净，有不净。不净施者直施无所为，或有为求财故施，或愧人故施，或为嫌责故施，或畏惧故施，或欲取他意故施，或畏死故施，或狂人令喜故施，或自以富贵故应施，或诤胜故施，或妒瞋故施，或憍慢自高故施，或为名誉故施，或为咒愿故施，或解除衰求吉故施，或为聚众故施，或轻贱不敬施，如是等种种名为不净施。净施者，与上相违，名为净施。复次，为道故施，清净心生，无诸结使，不求今世后世报，恭敬怜愍故，是为净施。

（节录《释初品中檀相义第十九》卷十一，
页一四○——一四一）

问曰：云何名檀波罗蜜满[37]？答曰：檀义如上说，波罗（秦言彼岸）蜜（秦言到），是名渡布施河得到彼岸[38]。

问曰：云何名不到彼岸？答曰：譬如渡河未到而还，名为不到彼岸。如舍利弗[39]于六十劫[40]中行菩萨道[41]，欲渡布施河时，有乞人来乞其眼……舍利弗出一眼与之。乞者得眼，于舍利弗前嗅之，嫌臭，唾而弃地，又以脚踏。舍利弗思维言，如此弊人等难可度也。……不如自调[42]，早脱生死。思维是已，于菩萨道退回向小乘，是名不到彼岸。若能直进不退，成办佛道，名到彼岸。

复次，檀有二种：一者魔檀，二者佛檀。若为结使贼[43]所夺，忧恼怖畏，是为魔檀，名曰此岸。若有清净布施，无结使贼，无所怖畏，得至佛道，是为佛檀，名曰到彼岸，是为波罗蜜。……菩萨法中亦如是，若施有三碍[44]，我与、彼受、所施者财，是为堕魔[45]境界，未离众难。如菩萨布施，三种清净[46]，无此三碍，得到彼岸，为诸佛所赞，是名檀波罗蜜，以是故名到彼岸。此六波罗蜜能令人渡悭贪等烦恼染着大海到于彼岸，以是故名波罗蜜。

问曰：阿罗汉[47]、辟支佛[48]亦能到彼岸，何以不名波罗蜜？答曰：阿罗汉、辟支佛渡彼岸，与佛渡彼岸，名同而实异。彼以生死为此岸，涅槃为彼岸，而不能渡檀之彼岸。所以者何？不能以一切物、一切时、一切种[49]布施，设能布施亦无大心。或以无记心[50]或有漏善心或无漏心施，无大悲心，不能为一切众生施。

菩萨施者，知布施不生不灭[51]，无漏无为，如涅槃相，为一切众生故施，是名檀波罗蜜。

复次，有人言，一切物、一切种、内外物尽以布施，不求果报，如是布施名檀波罗蜜。复次，不可尽故名檀波罗蜜。所以者何？知所施物毕竟空如涅槃相，以是心施众生，是故施报不可尽，名檀波罗蜜。

问曰：云何名具足满？答曰：如先说，菩萨能一切布施，……于一切众生平等心施，施不求报，又得施实相[52]，是名具足满。亦不观时，……一切时常等施，心无悔惜，乃至头目髓脑施而无恡，是为具足满。

复次，有人言，菩萨[53]从初发心乃至菩提树下三十四心[54]，于是中间名为布施具足满。

复次，七住菩萨[55]得一切诸法实相智慧，……皆发阿耨多罗三藐三菩提心，如是乃至十住[56]，是名檀波罗蜜具足满。

复次，菩萨有二种身：一者结业生身[57]；二者法身[58]。是二种身中檀波罗蜜满，是名具足檀波罗蜜。

复次，檀有三种：一者物施，二者供养恭敬施，三者法施。……是三种施满，是名檀波罗蜜满。

复次，檀波罗蜜中，言财、施、受者三事不可得。

问曰：三事和合故名为檀，今言三事不可得，云何名檀波罗蜜具足满？今有财、有施、有受者，云何三事不可得？答曰：汝言有名故有是事。不然！何以知之？名有二种：有实，有不实。不实名，如有一草名朱利[59]（朱利秦言贼也），草亦不盗不劫，实非贼而名为贼。……然因缘[60]会故有，因缘散故无。……心生有二因缘：有从实而生，有从不实而生。如梦中所见，如水中月，……如是名从不实中能令心生。是缘不定，不应言心生有故便是有。若心生因缘故有，更不应求实有。如眼见水中月，心生谓是月。若从心生便是月者，则无复真月。

复次，"有"有三种：一者相待有，二者假名有，三者法有。相待者，如长短彼此等，实无长短，亦无彼此，以相待故有名，长因短有，短亦因长，彼亦因此，此亦因彼。若在物东则以为西,在西则以为东,一物未异而有东西之别,此皆有名而无实也。如是等名为相待有,是中无实法,不如色香味触等假名有[61]者。如酪有色香味触四事[62],因缘合故假名为酪。虽有,不同因缘法有,虽无,亦不如兔角龟毛无[63],但以因缘合故假名有。

问曰:亦不必一切物皆从因缘和合故有,如微尘[64]至细故无分……云何可破?答曰:至微无实[65],强为之名。何以故?粗细相待,因粗故有细,是细复应有细。复次,若有极微色,则有十方[66]分;若有十方分,是不名为极微;若无十方分则不名为色。复次,若有极微则应有虚空分齐;若有分者则不名极微。复次,若有极微,是中有色香味触作分;色香味触作分,是不名极微。以是推求微尘则不可得。如经言:"色若粗若细若内若外,总而观之,无常无我[67]。"不言有微尘,是名分破空[68]。

复有观空[69],……四大围虚空名为身,是身识[70]动作、来往、坐起,假名为人,分分求之,亦不可得。复次,一切众、界、入中我不可得。我不可得故施人不可得。何以故?我有种种名字,人天[71]、男女、施人受人、受苦人受乐人、畜生等,是但有名而实法不可得。

问曰:若施者不可得,云何有菩萨行檀波罗蜜?答曰：因缘和合故有名字，如屋如车实法不可得。

财物、施人、受人不可得。

问曰：若施于诸法是如实相⑦，无所破、无所灭、无所生、无所作，何以故言三事破析不可得？答曰：如凡夫人见施者、见受者、见财物，是为颠倒妄见，生世间受乐福尽转还，是故佛欲令菩萨行实道，得实果报，实果报则是佛道。佛为破妄见故，言三事不可得，实无所破。何以故？诸法从本已来毕竟空故。

如是等种种无量因缘不可得，故名为檀波罗蜜具足满。

复次，若菩萨行檀波罗蜜，能生六波罗蜜，是时名为檀波罗蜜具足满。

（节录《释初品中檀波罗蜜法施之余》卷十二，页一四五——一五〇）

注释

① **无漏慧根**：谓离烦恼之纯真无垢之智慧，于诸法观达明了，以助生道。无漏，意谓烦恼已除，生死已断。根，有生长之义。慧根为五根之一，是修道应具的一种内在条件。

② **一切慧中第一慧**：智与慧虽为通名，然二者实

相对，达于有为之事相为智，达于无为之空理为慧。此处之"慧"，即指此义。

③ **行相**：对事物的分别了解作用，如心源于方桌，即生方之观想，心所也同样认为是方的。

④ **暖法、顶法、忍法、世间第一法**：此四法为声闻（小乘）人修行之四善根，又名四加行位。暖法，又名暖位，暖者从喻得名，如人以木钻火，火虽未出，先得暖相。譬如此加行位中，以智为火，烧烦恼薪，虽未得无漏之智，已得智火之前相。顶法，又名顶位，谓观行转明，在暖之上，如登山顶，观瞩四方，悉皆明了。忍法，又名忍位，忍有二义：一是印可（为佛所认可）义，谓于此位中，即能印可四谛之理，谓苦谛实是苦，乃至道谛实是道；二是决定义，谓此善根决定无退。世间第一法，又名世间第一位，谓此位中观四谛理，虽未能证，而于世间最胜。

⑤ **无漏法**：离烦恼垢染之清净法。

⑥ **苦法智忍**：八忍之一。观欲界苦谛而正断其见惑之无间道智。忍者信也，信理而不疑之智，是为得苦法智之因，故名苦法智忍。智者果，忍者因。

⑦ **断结使清净**：断，意为断除。结使，意为烦恼。清净，意为离恶行之过失，离烦恼之垢染。

⑧ **十地未满**：十地，亦名十住，谓菩萨约位进修。

入理般若名为住，住生功德名为地。谓既得信后，进而住于佛地之位。（一）发心住（以真方便发起十住心，涉入十信之用，圆成一心之位）；（二）治地住（心之明净如琉璃内现精金，以前之妙心，契于理地）；（三）修行住（及知前二地之智俱已明了，故游履十方而无留碍）；（四）生贵住（与佛同受佛之气分，彼此冥通，入于如来种）；（五）方便具足住（自利利他，方便具足，相貌无缺）；（六）正心住（非仅相貌而心相亦与佛同）；（七）不退住（身心合成，日日增长）；（八）童真住（佛之十身灵相，一时具足）；（九）法王子住（自发心至生贵，名入圣胎，自方便具足至童真，名长养圣胎。至此长养功成，名出圣胎。既出胎已，则为佛之真子，而继绍佛种）；（十）灌顶住（菩萨既为佛子，堪行佛事，则佛以智水灌顶，如刹利王子之受职灌顶）。未满，未具足。

⑨ **庄严佛土**：庄，端正；严，严饰。庄严，谓以美善饰国土，或以功德饰依身。佛土，佛所住之国土，为佛所化之领土，有净土、秽土、报土、法性土等之别。

⑩ **人天**：人趣与天趣。人趣，即人类之生所。天趣，身有光明、自然受快乐之众生，称之；有欲界六所，谓之六欲天，色界无色界皆为彼之生所。

⑪ **五欲**：色、声、香、味、触之五境，为起人之欲心，故名五欲。

⑫ **菩萨**：特指未成佛时的释迦菩萨。下同此义，但随文择译。

⑬ **初发意**：初发求菩提之意愿。菩提，又名智慧。

⑭ **萨婆若**：梵文 Sarvajña 的音译，意译一切智，即般若波罗蜜之异名。亦译一切种智，意谓于一切义理悉皆通达成就。

⑮ **不可见**：般若波罗蜜理体性空，不可见。

⑯ **不可得相**：不可得，空之异名。相，相状。因空相，故不可得其相状。

⑰ **出有无四句**：出，脱离、抛弃等义。有无四句，指第一有句，执必有我，即是常见；第二无句，执必无我身，是断见；第三亦句，执我身亦有亦无，是有无相，是违见；第四非句，执我身非有非无，是戏论。

⑱ **适无所着**：适，才、当然等义。着，执着、沾着、染着等义。

⑲ **邪见火**：邪见，不正确的见解。火，形象地借以表示不正确的见解是何等的有害于人们对般若波罗蜜的认识。

⑳ **二边**：指有与无二边（两个极端）。

㉑ **中道义**：谓离有无而取中道实相之义。

㉒ **不可破不可坏**：破，剖析、碎裂等义。坏，坏灭义。

㉓ **寂灭无量无戏论法**：无量，广大义。戏论，无理无用的言论概念。无戏论，义正与此相反。

㉔ **转轮圣王**：又名转轮王，据说，即位时，由天感得轮宝，转其轮宝，而降伏四方。

㉕ **义门**：各种的义理，门户差异而不混同。门有差别之义。

㉖ **不住法住**：见下文释论自释。

㉗ **具足六波罗蜜**：具足，具备满足。六波罗蜜，即布施、持戒、忍辱、精进、禅定、般若等六波罗蜜。

㉘ **精进波罗蜜力**：精进，修行勤奋不懈，励一切之善，伏一切之恶。波罗蜜，度彼岸之义。力，力用。

㉙ 中，一说无此字（见大正藏本，页一四〇，校注③）。译文采此说。

㉚ **檀**：梵语音译檀那之简称。意译布施、施与。

㉛ **布施**：以福利施与人。所施虽有种种（例如还有法施、无畏施），而一般以施与财物为本意。

㉜ **善思**：善意。

㉝ **身口业**：身业和口业。二者均由意业支配。业，作用之意。意业作用于身，就是行为；作用于口，就是语言。都会产生后果，或过去世之业表现于今世，或今世之业表现于来世。

㉞ **有信、有福田**：信，指对佛教的信崇，净心不

疑。福田，田以生长为义，对于应供养者供养之，则能受诸福报，犹如农夫播种于田亩，有秋收之利，故名福田。

㉟ 丹本注云：圣人行施故名不系，此夹注，译文只取其义，而去其夹注形式。

㊱ **非业业相应随业行共业生**：业业相应，指身业、口业与意业之间的契合关系。随业行，指身业、口业，随意业而行。意业对身口业来说，是起支配决定作用的，而它本身对外界不发生直接作用。意业是内在之业，由意业决定的身业、口业是外在的行为、语言，它们的作用是要产生后果的。共业生，指三业虽是支配与被支配的关系，但不是前后的关系，它们是共同生发的。因此上文所说的心所有法与心的关系不是像三业之间的关系，故说"非"。

㊲ 满，一说无此字（见大正藏本，页一四五，校注⑤）。译文采此说。

㊳ **渡布施河得到彼岸**：此岸是悭贪，布施是河中，彼岸是佛道。这是一个形象的譬喻（当然还有其他譬喻，如有、无见是此岸，勤修布施是河中，破有、无见智慧是彼岸）。它说明布施在修佛道中的重要。讲六度首先要讲檀度。

㊴ **舍利弗**：梵文音译。原是小乘人，后皈依释迦牟尼佛，为释迦牟尼佛十大弟子之一，以智慧第一称著。

㊵ **劫**：梵 Kalpa 劫波之略，意为极为久远的时节。源于印度婆罗门教，佛教虽沿其说，但说法不一。

㊶ **菩萨道**：圆满自利利他而成佛果的菩萨道。

㊷ **自调**：声闻、缘觉二乘之行法为自调自净自度。持戒是自调。

㊸ **结使贼**：就是烦恼贼。意谓烦恼像小偷一般侵扰人的内心世界，使人不得安静。这是形象譬喻的说法。

㊹ **三碍**：碍，障碍、隔离等义。三碍，指下文所说的我与、彼受、所施者财三事的障碍。将它们隔离开，这有害于行正道。

㊺ **魔**：梵文 Māra 音译魔罗之略，意译为能夺命、障碍、扰乱、破坏等。旧译经论作磨，梁武帝改为魔字。

㊻ **三种清净**：一心清净，不生染心、瞋心、憍慢心、悭贪心、邪见心；二身清净，因心得清净，故不再受后身，常得化生；三相清净，心身既皆清净，则能具足相好庄严之身。

㊼ **阿罗汉**：小乘佛教修行的最高果位。指已进入涅槃，不再生死轮回，进入无生的境界。

㊽ **辟支佛**：梵语音译之略。意译缘觉，独觉。意谓不依他教，观十二因缘之理而断惑证理。

㊾ **一切物、一切时、一切种**：一切物，即诸法，谓一切事物。一切时，包括实时（世间时）和假时（刹

那生灭，无有实性）。一切种，即一切种子。种的含义，各家解释不一，今取能生万法之本源一义，犹如草木之种子。

⑩ **无记心**：不善不恶、非善非恶之心。记，意为分别；无记，无分别，即中性。

(51) **布施不生不灭**：布施系因缘所生法，因缘所生法，故不真实，不真实，故不生不灭。

(52) **实相**：此处指实质，即布施是无相空。

(53) **菩萨**：特指未成佛的释迦菩萨。

(54) **三十四心**：谓菩萨至菩提树下，慧发真无漏之时，以八忍八智十六心，九无碍九解脱十八心，顿断烦恼习气而成正觉。八忍，即四谛中的八种忍（忍，忍可印证之义）：苦法忍、苦类忍、集法忍、集类忍、灭法忍、灭类忍、道法忍、道类忍。八智，即四谛中的八种智（智，明了之义）：苦法智、苦类智、集法智、集类智、灭法智、灭类智、道法智、道类智。九无碍道，即修道中的九无碍（碍，为修观断惑，不为惑所碍）：盖欲界为一地，初二三四禅为四地，无色界空处、识处、无所有处、非想非非想处为四地，则三界共为九地，每地各有九品见惑，于一一地修此无碍道。九解脱道，解脱即自在之义，谓惑业断离，无所系缚而得自在。盖欲界一地，色界四地，无色界四地，共为九地，每地各有九品思惑，此惑既断，即证解脱道。

(55) **七住菩萨**：菩萨修佛道至第七不退住阶段，身心合成，对般若的体证和所生的功德，日日增长，再不会退转向小乘，故名七住菩萨，或名不退住菩萨。

(56) **十住**：指灌顶住。此时，菩萨已成佛子，能作佛事。

(57) **结业生身**：意谓由过去惑业作用而起的父母生身。结，惑义。业，由惑而起的善恶作用。

(58) **法身**：具有法性的真身，亦称法性身。

(59) **朱利**：草名，梵文 cauri 的音译，意译贼草。

(60) **因缘**：佛教对因缘的说法很多。一般说，因是主因或主要条件，缘是助因或辅助条件。如植物的生长，种子是主因，雨露阳光是助因。

(61) **假名有**：如色香味触等因缘和合而有，虽无自性，但有假名。

(62) **四事**：四种有为法。事，对因缘所生之有为法之称。

(63) **兔角龟毛无**：兔本无角，龟本无毛，愚人误以为有。以此譬喻物之无。

(64) **微尘**：色体之极小者。

(65) **至微无实**：色聚中小到不能再小的“至微（极微）”，有的说是有，只能以智慧分析；有的说无实，龙树就是持这种看法。

⑯ 十方：佛教所指的东西南北、四维、上下。

⑰ 无常无我：无常，谓一切法生灭迁流，刹那不住。无我，有两类，一、人无我，是说由五蕴和合而成没有恒常自在的主体；二、法无我，是说一切法都由种种因缘和合而生，不断变迁，没有恒常坚实的自体。小乘只讲人无我，大乘主张人无我、法无我。

⑱ 分破空：意谓分别破有得空。空，意为因缘所生法究竟无实体；又谓理体之空寂。

⑲ 观空：观照诸法空相。

⑳ 身识：六识、十八界之一。以身根为所依而了别触境之心识。

㉑ 人天：指六道中的人和六欲天。

㉒ 施于诸法是如实相：意谓向法众讲说诸法实相之理，是法施中最上乘者。一作"诸佛但说如实法相于诸法"。

译文

有人问：般若波罗蜜是什么样的法？回答说：有人说，无漏慧根是般若波罗蜜的相状。为什么呢？一切智慧中第一智慧，是名般若波罗蜜；而无漏慧根是第一智慧，因此无漏慧根名般若波罗蜜。

有人问：如果菩萨没有断除烦恼，为什么能行无漏慧呢？回答说：菩萨虽然没有断除烦恼，但是行相如同无漏般若波罗蜜，因此取得行无漏般若波罗蜜之名。譬如声闻人行暖法、顶法、忍法、世间第一法这四种善根，先行相如同无漏法，然后容易能产生苦法智忍。

又有人说，菩萨有二种：有烦恼已断、自性清净的，也有烦恼未断、自性不清净的。烦恼已断、自性清净的菩萨能行无漏般若波罗蜜。

有人问：如果菩萨烦恼已断，自性清净，又为什么行般若波罗蜜呢？回答说：菩萨虽然断除了烦恼，但是进修十地的般若功德还没有具足，未能庄严佛土、教化众生，因此行般若波罗蜜。再次，断除烦恼有二种：一是断除贪、瞋、痴三种毒害，心不沾着人、天中色、声、香、味、触的五欲；二是虽然不沾着人天中五欲，但是对于菩萨功德果报的五欲还是没有舍弃。这样，菩萨应行般若波罗蜜。

又有人说，般若波罗蜜是带有烦恼性质的智慧。为什么呢？释迦菩萨来到菩提树下，经过多年的修道，然后断除了烦恼。先前他虽然有大智慧，有无量功德，但是各种烦恼却没有断除。因此说菩萨的般若波罗蜜是带有烦恼性质的智慧。

又有人说，释迦菩萨自从最初生发求得菩提的意愿，然后来到菩提树下进行修道，在这中间所有的智慧，是名般若波罗蜜。当他成佛的时候，这般若波罗蜜转名为一切智或一切种智。

又有人说，菩萨带有烦恼的智慧和无烦恼的智慧，统统叫般若波罗蜜。为什么呢？菩萨观达涅槃之理、修行成佛之道，从这件事情来看，菩萨的智慧应当是没有烦恼的；由于菩萨没有断除烦恼，从没有断除烦恼这件事情来看，菩萨的智慧应当称为是有烦恼的。

又有人说，菩萨的般若波罗蜜，是已断除了烦恼的，是无所造作的，是空寂不可见的，是没有窒碍的。

又有人说，此般若波罗蜜不可得相，若有若无、若常若无常、若空若实。此般若波罗蜜非色等五阴、十八界、十二入所能摄取。非有为非无为，非法非非法，无取无舍，不生不灭，抛弃掉这有无等四句，当然无所执着了，譬如火焰四边不可以接触，因为火焰要烧伤人的手。般若波罗蜜的相状也是这样，是不可触摸的，因为不正确的见解有害于人们对它的认识，犹如以火烧手。

有人问：以上各种人解说了般若波罗蜜，究竟哪一种说法是真实的呢？回答说：有人说，各种说法都有道理，都是真实的。例如佛经中说，有五百比丘会聚在一起，讨论事物真实性的问题，各各抒发了自己的见解：

有人说"有"是真实的；有人说"无"是真实的；有人说，"有""无"都是偏，都是极端，都不真实，只有离有、无的中道实相才是真实的。佛听了他们的发言，评论说都有道理。有人说，末后一种关于般若波罗蜜的回答是真实的。为什么呢？因为般若波罗蜜不可剖析不可坏灭。如果有事物尽管小到如微尘，只要一点点儿有，都有过失可破；如果说事物无，亦可破。而在这般若中，有亦无，无亦无，非有非无亦无，如是言说本身亦无，这叫寂灭无量无戏论法。因此，不可剖析、不可坏灭的般若波罗蜜，是名真实的般若波罗蜜，它是无上的，再没有能超过它，在它之上的。如转轮圣王手持宝轮，打败敌人，使他们投降心服，而不自以为高强。般若波罗蜜也是这样，它能破一切语言戏论，同时也不自以为有所破。

再次，从此以后，品品中的种种义理门类，说般若波罗蜜都是以空相为实相，以不住法住般若波罗蜜中，就能具足六波罗蜜。

有人问：什么叫不住法住般若波罗蜜中能具足六波罗蜜呢？回答说：如是菩萨观照一切事物，非常非无常，非苦非乐，非空非实，非我非无我，非生灭非不生灭，如此住于甚深微妙的般若波罗蜜中，也不取着般若波罗蜜相状，这就叫不住法住。如果取着般若波罗蜜相状，这就变成了住法住。

有人问：如果不取着般若波罗蜜相状，那么，心体就无所取着，正像佛所说，一切事物都想要以自己为主体。如果不取着，为什么能得具足六波罗蜜呢？回答说：菩萨怜悯众生的缘故，先就发誓，立下了宏愿："我一定承担使一切众生脱离苦难，到达佛道境界。"虽知一切事物不生不灭，如寂灭状态的涅槃相，可是由于精进波罗蜜力的作用，又行诸功德，所以具足了六波罗蜜。为什么呢？因为以不住法住般若波罗蜜中。这叫不住法住般若波罗蜜。

有人问：为什么名檀？回答说：檀的名称是布施心和善意相契合，此名为檀。有人说，从善意产生善行善语，也名为檀。有人说，有了对佛教的信心，有了对供养者的福田，有了财物，把这三件事接合起来时，心中便产生弃舍一切的想法，这就能够排除吝啬和贪婪的私欲，此名为檀。

檀有三种：有的系属于欲界方面的，有的系属于色界方面的，有的不受束缚，既不系属于欲界，也不系属于色界（得道的圣人的行施就是这种情况）。一切所有的心理活动都是随着心这个精神活动的主体而运行，与心共同发生。它不是以窒碍的东西作为条件而引发的；也不像身口意三业的契合，随业而运行，与业共同发生；也不是像过去世的业因产生今世的果报。

再次，布施有二种：有净施，有不净施。所谓不净施，是愚痴布施不作分别，有的为求财而布施；有的为羞辱别人而布施；有的为怀疑别人责备自己而布施；有的因畏惧某种恶势力而布施；有的想要求取别的打算而布施；有的惧怕死亡而布施；有的骗人取乐而布施；有的自以为钱财多、爵位高而认为应该布施；有的为好强而布施；有的出于妒忌愤怒而布施；有的出于傲慢、瞧不起别人、自以为高明而布施；有的为了名望和声誉而布施；有的为唱法语、愿求施主而布施；有的由于解除了困境、取得了好的境遇而布施；有的出于各种目的聚集众人而布施；有的轻视、不尊重布施。像此等种种现象，名叫有垢有染的布施。所谓无垢无染的布施，与上面的种种现象相反，名为无垢无染的布施。又，为了佛道的缘故而布施，产生了净信之心，没有各种烦恼，不求今世后世果报，恭敬怜悯，因此名净施。

有人问：什么叫布施波罗蜜呢？回答说：布施的含义如上面所说。波罗（中国话叫彼岸）蜜（中国话叫到），这叫渡布施河能到达彼岸。

有人问：什么叫不到彼岸？回答说：譬如渡河，没有到达彼岸，而中途就返回来，这叫不到彼岸。例如舍利弗在六十劫的长远时节中修行菩萨道，正当他想要渡布施河的时候，有一个讨乞的人走过来，向他讨乞眼睛……舍利弗挖出自己的一只眼睛递给他。讨乞的人接到手后，当着舍利弗的面，用鼻子嗅了一下，嫌憎臭味难闻，吐了一口唾沫，而把眼睛甩在地上，再用脚来踩它。舍利弗心里在想，只是没有说出口来：像这类败坏的人难可度脱……不如自己持戒，早脱生死。想过之后，就从菩萨道中退回向小乘，这叫不到彼岸。如果能只进不退，成就佛道，这叫到彼岸。

再次，布施有二种：一是魔布施，二是佛布施。如果为烦恼贼所扰乱，内心产生忧愁、苦恼、恐怖、畏惧，此为魔布施，名字叫此岸。如果为清净布施，没有烦恼贼，无所恐怖畏惧，能至佛道，此为佛布施，名叫到彼岸，这就是波罗蜜。……菩萨法中也是这样，如果布施中出现三事阂碍：我布施、他受施、所施物，这叫掉入障碍的境界，在这个境界中，没有离开种种难。像菩萨的布施，心、身、相三种清净，没有上面说的三碍，就能到彼岸，为诸佛所赞颂，这叫布施波罗蜜，因此名到彼岸。布施、持戒、忍辱、精进、禅定、般若这六种波罗蜜，能使众生渡过悭贪等烦恼染着的大海，到达彼岸，因此名波罗蜜。

有人问：阿罗汉、辟支佛也能到彼岸，为什么不叫波罗蜜呢？回答说：阿罗汉、辟支佛渡彼岸，与佛渡彼岸，名字相同而实质不同。他们以生死为此岸，涅槃为彼岸，而不能渡布施河到达彼岸。为什么呢？因为他们不能以一切物、一切时、一切种向众生布施。设使能布施，也没有拔除众生之苦，度众生到达佛道。有的以不善不恶、非善非恶的心、有的以尚未断除生死烦恼的善心、有的以无生死烦恼的心为众生布施，但都没有想拔除众生之苦的大悲心，因此他们不可能为一切众生行真正的布施。

所谓菩萨的布施，菩萨晓知布施不生不灭，没有生死烦恼，没有因缘造作，如寂灭状态的涅槃相。菩萨行布施是为了一切众生。这叫布施波罗蜜。

再次，有人说，一切法、一切种、自己整个的身体及其所有各部分的器官，自己心爱的妻子、儿女、小妾、财物、国土、王位等等，全都用作布施，而不求今世乃至来世的回报，这样的布施叫布施波罗蜜。又布施不可穷尽，因此叫布施波罗蜜。为什么呢？晓知所施的一切物毕竟是空的，不真实的，如寂灭的涅槃状态。因为以此心态施给众生，所以布施的回报是不可穷尽的，这叫布施波罗蜜。

有人问：什么叫具足满？回答说：如先前所说，菩萨一切都可以布施，……对一切众生以平等心布施，而布施不求回报，又深得布施的实相，这叫具足圆满。布施也不分时间，不受时间的限制……任何时候永远平等布施，心中毫无后悔和痛惜，甚至头首、眼睛、骨髓、脑浆作布施而毫不吝啬，是为具足圆满。

再次，有人说，释迦菩萨从开始立下誓愿拔除众生之苦，直到菩提树下修道，以八忍、八智十六心和九无碍、九解脱十八心，立即断除烦恼习气而成正觉，其间种种修道，名为布施具足圆满。

再次，七住菩萨证得一切诸法实相智慧……〔以种种因缘故〕皆生正等正觉遍知心，如此，然后到达十住，菩萨成了佛子，能行佛事，这叫布施波罗蜜具足圆满。

再次，菩萨有二种身：一是结业生身；二是法身。这二种身中布施波罗蜜圆满，这叫具足布施波罗蜜。

再次，布施有三种：一是财物的布施；二是信心清净，恭敬礼拜等等的布施；三是为人说法的布施。……这三种布施圆满，是布施波罗蜜圆满。

再次，布施波罗蜜中，说财物、布施者、受施者这三件事都是空的。

有人问：这三件事和合起来，所以叫布施，而今又说这三件事是空的，为何叫布施波罗蜜具足圆满呢？今有财物，有布施者，有受施者，为何这三件事是空的呢？回答说：你说有此名所以有此事。不对！怎么知道呢？名字有二种：有真实的，有不真实的。不真实的名字，例如有一种草名叫朱利（朱利，中国话叫贼），草又不偷不抢，实在不是贼而名字为贼……然而因缘会合，所以有贼的名字，如果因缘散失，也就没有贼的名字了。……心理活动有二种因缘：有从真实而生，有从不真实而生。如梦中所见的梦境，如水中映现的月亮，……这样的名字概念都是从不真实的现象中由心形成的。是因缘不确定，不应该说心中出现的有所以便是实有。如果心中出现的是由于因缘和合才有，更不应该求取真实的有。如眼见水中映现的月亮，心中就产生月亮这名字称谓。如果随心中生起的便是月亮，则就不再是真月亮了。

再次，"有"有三种：一是相待有；二是假名有；三是法有。所谓相待，如长短彼此等，事实上没有长和短，也没有彼和此，因相互对待所以有长短彼此等名字。因为有短才有长，也因为有长才有短，也因为有此才有彼，也因为有彼才有此。如果处于物之东，那么以为还有西，处于西，那么以为还有东，同是一物毫无差异而有东西的分别。这都是有名字而无实质。像这类名字为相待有，此中没有实在的法，不像色、香、味、触等虽无自性，但假名而有。如酪有色、香、味、触四种有为法，因缘和合，所以假名为酪。酪虽假名而有，但不同于色、香、味、触等因缘法之有，虽无，也不像兔角龟毛之无，但以因缘和合，所以假名而有。

有人问：也不一定一切物都从因缘和合所以才有，如微尘极细极细，所以不能再分，……如何可破呢？回答说：至微无有实法，只是勉强给它加了一个假名字。为什么呢？粗和细相互对待，因为有粗，所以有细，此细再应该有细。又，如果有极微色，就有十方的分别；如果有十方的分别，这就不叫作极微；如果没有十方的分别，就不叫作色。又，如果有极微，就应当有虚空的差别；如果有分者，就不叫极微。又，如果有极微，此中就含有色、香、味、触成分；含有色、香、味、触成分，这就不叫极微。因此，推求极微就是空的。如经中说："色若粗若细若内若外，总括起来看，一切事物，生灭变化，刹那不住，没有主体，没有自性，全都是空，这就是无常无我。"不说有微尘，这叫分破空。

又有观空，……地、水、火、风四大围绕虚空，名为身；此身识动作、来往、坐起，假名为人，分别推求，也是空的。又一切五蕴、十八界、十二入中"我"也是空的。"我"是空的，所以布施的人也是空的。为什么呢？"我"有种种名字：人天、男女、施人受施人、受苦人受乐人、畜生等，这些只有名字，而实体是不可得的，是空的。

有人问：如果布施的人是空的，如何有菩萨行布施波罗蜜呢？回答说：因缘和合，所以有名字，像房子、车子，虽是有，但实法不可得，是空的。

财物、布施的人、受施的人都是空的。

有人问：如果向法众讲说的是诸法实相之理，那就无所破、无所灭、无所生、无所作，为什么说财物、布施者和受施者这三事可破可析而成为空的呢？回答说：像世间凡夫俗子，眼睛只盯在行施的人、受施的人和所施的财物上，认为这些都是实在的。这是一种颠倒不实的错误见解。按照这种错误的见解，认为众生活在世间就得享受快乐，福尽死了，再生，这就永远处在生死轮回之中。因此佛想要让菩萨行真实的正道，得到真实的果报；真实的果报就是真实的正道。佛为了破斥虚妄不实的见解，所以说施人、受人、财物这三事都是空的，其实什么也没有破。为什么呢？因为一切事物从本已来毕竟就是空的。

如是等种种无量数因缘都是空的，所以叫作布施波罗蜜具足圆满。

再次，如果菩萨行布施波罗蜜，就能生布施、持戒、忍辱、精进、禅定、般若等六波罗蜜，在这时候名为布施波罗蜜具足圆满。

原典

尸罗[1]（秦言性善[2]），好行善道，不自放逸，是名尸罗。或受戒[3]行善，或不受戒行善，皆名尸罗。

尸罗者，略说身口律仪[4]有八种：不恼害、不劫盗、不邪淫[5]、不妄语、不两舌、不恶口、不绮语、不饮酒[6]及净命[7]，是名戒相。若不护放舍，是名破戒。破此戒者堕三恶道中。

（节录《释初品中尸罗波罗蜜义第二十》卷十三，页一五三）

问曰：已知尸罗相。云何为尸罗波罗蜜？

答曰：有人言，菩萨持戒，宁自失身[8]，不毁小戒[9]，是为尸罗波罗蜜……。

复次，菩萨持戒，为佛道故作大要誓，必度众生，不求今世后世之乐，不为名闻虚誉法故，亦不自为早求涅槃，但为众生没在长流，恩爱所欺，愚惑所误，我当度之令到彼岸。一心持戒为生善处[10]，生善处故见善人[11]，见善人故生智慧，生智慧故得行六波罗蜜，得行六波罗蜜故得佛道[12]。如是持戒名为尸罗波罗蜜。

复次，菩萨持戒心乐善清净，不为畏恶道，亦不为生天[13]，但求善净，以戒熏心，令心乐善，是为尸罗波罗蜜。

复次，菩萨以大悲心持戒得至佛道，是名尸罗波罗蜜。

复次，菩萨持戒能生六波罗蜜，是则名为尸罗波罗蜜。

复次，菩萨持戒不以畏故，亦非愚痴非疑非惑，亦不自为涅槃故，持戒但为一切众生故，为得佛道故，为得一切佛法故，如是相名为尸罗波罗蜜。

复次，若菩萨于罪不罪不可得故⑭，是时名为尸罗波罗蜜。

问曰：若舍恶行善是为持戒，云何言罪不罪不可得？

答曰：非谓邪见粗心言不可得也。若深入诸法相，行空三昧⑮，慧眼⑯观故罪不可得。罪无故，不罪亦不可得。

复次，众生不可得故，杀罪亦不可得。罪不可得故，戒亦不可得。何以故？以有杀罪故则有戒，若无杀罪则亦无戒。

问曰：今众生现有，云何言众生不可得？

答曰：肉眼所见是为非见，若以慧眼观则不得众生，如上檀中说，无施者、无受者、无财物，此亦如是。

复次，若有众生，是五众耶？离五众耶？若是五众，五众有五，众生为一，如是者五不⑰可为一，一可为五。譬如市易物，直五匹以一匹取之则不可得。何以故？一不得作五故。以是故知五众不得作一众生。

复次，五众生灭无常相，众生法从先世来至后世，受罪福于三界。若五众是众生，譬如草木自生自灭，如是则无罪缚，亦无解脱，以是故知非五众是众生。若离五众有众生，如先说神⑱常遍中已破。

复次，离五众则我见心不生⑲。若离五众有众生，是为堕常。若堕常者，是则无生无死。何以故？生名先无今有，死名已生便灭。若众生常者，应遍满五道中。先已常有，云何今复来生？若不有生，则无有死。

问曰：定有众生，何以故言无？五众因缘有众生法，譬如五指因缘拳法生。

答曰：此言非也。若五众因缘有众生法者，除五众则别有众生法，然不可得。眼自见色，耳自闻声，鼻嗅香，舌知味，身知触，意知法空无我法，离此六事更无众生。诸外道辈倒见故，言眼能见色是为众生，乃至意能知法是为众生，又能忆念能受苦乐是为众生，但作是见不知众生实。譬如一长老大德⑳比丘，人谓是阿罗汉，多致供养，其后病死。诸弟子惧失供养故，夜盗出之，于其卧处安施被枕，令如师在，其状如卧。人来问疾，师在何许？诸弟子言："汝不见床上被枕耶？"愚者不审察之，谓师病卧，大送供养而去，如是非一。复有智人来而问之，诸弟子亦如是答，智人言："我不问被枕床褥，我自求人。"发被求之，竟无人可得。除六事相㉑，更无我人。知者、见者㉒亦复如是。

复次，若众生于五众因缘有者，五众无常，众生亦应无常。何以故？因果相似故。若众生无常，则不至后世。

复次，若如汝言，众生从本已来常有，若尔者众生应生五众，五众不应生众生。今五众因缘生众生名字，无智之人逐名求实，以是故众生实无。若无众生，亦无杀罪，无杀罪故，亦无持戒。

复次，是五众深入观之，分别知空，如梦所见，如镜中像。若杀梦中所见及镜中像，无有杀罪。杀五阴空相众生亦复如是。

复次，若人不乐罪贪着无罪，是人见破戒罪人则轻慢，见持戒善人则爱敬，如是持戒则是起罪因缘。以是故言于罪不罪不可得故，应具足尸罗波罗蜜。

（节录《释初品中尸罗波罗蜜义之余》卷十四，页一六二——一六四）

问曰：云何名羼提㉓？

答曰：羼提，秦言忍辱。忍辱有二种：生忍、法忍㉔。菩萨行生忍得无量福德，行法忍得无量智慧。福德、智慧二事具足故，得如所愿。譬如人有目有足随意能到。菩萨若遇恶口骂詈，若刀杖所加，思维知罪福业㉕因缘，诸法内外毕竟空，无我无我所㉖，以三法印㉗，印诸法故，力虽能报，不生恶心，不起恶口业，尔时心数法生，名为忍。得是忍法㉘，故忍智㉙牢固。譬如画彩得胶则坚着。

问曰：云何名生忍？

答曰：有二种众生来向菩萨：一者恭敬供养；二者瞋骂打害。尔时，菩萨其心能忍，不爱敬养众生，不瞋加恶众生，是名生忍。

（节录《释初品中羼提波罗蜜义第二十四》卷十四，页一六四）

云何名法忍？

忍诸恭敬供养众生及诸瞋恼淫欲之人，是名生忍。忍其供养恭敬法及瞋恼淫欲法，是为法忍。

复次，法忍者，于内六情不着㉚，于外六尘不受㉛，能于此二不作分别。何以故？内相如外、外相如内，二相俱不可得故，一相故，因缘合故，其实空故。一切法相常清净故，如真际法性相㉜故，不二入㉝故，虽无二亦不一㉞。如是观诸法，心信不转，是名法忍。

复次，一切法有二种：一者众生，二者诸㉟法。菩萨于众生中忍如先说。今说法中忍。法有二种：心法、非心法。非心法中有内有外㊱，外有寒热风雨等，内有饥渴老病死等，如是等种种名为非心法。心法中有二种：一者瞋恚、忧愁、疑等，二者淫欲、憍慢等，是二名为心法。菩萨于此二法能忍不动，是名法忍。

（节录《释初品中羼提波罗蜜法忍义第二十五》
卷十五，页一六八）

注释

① **尸罗**：梵文Śīla之音译，又译尸怛罗，意译清凉，傍译戒。身口意三业之恶能使行者焚烧热恼，戒能止息其热恼，故名清凉。又旧译性善。

② **秦言性善**，原为夹注。译文中只取其义，而去夹注形式。

③ **受戒**：戒有五戒、八戒、十戒、具足戒的分别，随而受之，各有其仪式作法。戒，是为了防止、严禁身心之过失。

④ **律仪**：律，法律；仪，仪规。此制恶的法律仪规，为教内修行者所必须遵守。

⑤ **不邪淫**：对于在俗归依法，受五戒或八戒的俗众来说，禁止和他人的妻子等通淫。

⑥ **不饮酒**：在家出家比丘菩萨一切之戒中必列此戒。因酒以乱神，影响修持。

⑦ **净命**：以清净活命。一说以清净之心为生命，

一说以清净之食自活其命。

⑧ **失身**：牺牲自身。据《苏陀苏摩王经》记载：毒龙舍身护戒，命终生第二忉利天。毒龙即释迦文佛是。下面正文省略处，说的就是这个故事。

⑨ **小戒**：指小乘律藏所说的戒律，有五戒、八戒、十戒、具足戒等。是小乘行人必须守持的。就大乘受具足戒的行人来说，小乘的五戒、十戒也是起码必须遵守的。

⑩ **善处**：指人界、天上或诸佛净土。

⑪ **善人**：相信因果报应的道理和行善事的人。

⑫ **佛道**：指佛果之无上菩提，意谓果德圆通。

⑬ **生天**：如四天王天乃至非想天，即众生可生之天处，即六道中之天道。

⑭ **故**，一说无"故"字（见大正藏本，页一六三，校注⑲）。今译据此说。

⑮ **行空三昧**：内心专注，观我法二空。

⑯ **慧眼**：慧能观照，故名慧眼。以慧眼观照，诸法皆空。

⑰ **"不"**，依其文意，今依据元、明二本补上。

⑱ **神**：超自然体的有灵妙不测之德者的通称，通名八部众，天神乃至阿修罗神等。

⑲ **离五众则我见心不生**：我见，意谓众生不知此

身为五众（五蕴）所成，虚假不实，妄计为身，强立主宰，恒执为我。离开五众则无众生，无众生也无我见之心，故云不生。

㉑ **长老大德**：长老，通称道高僧龄长的比丘。大德，原是称呼佛的，在律中，则为比丘之称。

㉑ **六事相**：应指"眼自见色，耳自闻声，鼻嗅香，舌知味，身知触，意知法空无我法"，即六根对六尘所产生之现象。

㉒ **知者、见者**：知者，谓于五蕴等法中妄计我有五根，能知五尘。见者，谓于五蕴等法中，妄计我有眼根，能见一切色相。又计我能起诸邪见、正见。

㉓ **羼提**：梵文音译，意译为忍辱。六度之一。

㉔ **生忍、法忍**：生忍，又叫众生忍，意为对一切众生不瞋不恼，即使众生加种种之害，我能忍耐于心而不瞋不报。法忍，又叫无生法忍，意为观诸法无生无灭之理而谛认之，安住于无生之法理而不动心。

㉕ **罪福业**：恶之作得罪报，善之作得福果。业，为造作之义，意谓行为、作用、意志等身心活动。一般而言，业分身、语、意等三业。果报是业作用的结果。

㉖ **无我无我所**：四大皆空，五蕴非有，则我及我所，俱不可得，无主体，无自性。

㉗ **三法印**：诸行无常（一切有为法变化无常）、诸

法无我（一切有为无为法，没有独立的实体）、涅槃寂静（超脱生死轮回，进入涅槃境界）。印，印证、标识，即是否符合佛教的标准，合者为印。

㉘ **忍法**：信受认可之智。

㉙ **忍智**：对事物有决断的理智。大乘中，忍、智互通。

㉚ **六情不着**：六情，即眼、耳、鼻、舌、身、意六根。根能生情，故名六情。着，执着、沾着。

㉛ **六尘不受**：六尘，即色、声、香、味、触、法六境。此六境因有眼等六根入身，污染了净心，故称六尘。不受，不领受、不领纳之意。

㉜ **如真际法性相**：如，如法之各各之相，如法之实相。如法之空平等无际为真际。如法之实性为法性。所以"如"、"真际"、"法性"，名异实同。真际，即空平等之真性。法性，诸法因缘生，体性本无所有，故以空为诸法之性。

㉝ **不二入**：不二，从体性来说，万有只有一个如如平等之理，而无彼此分别，这叫不二。入，证悟真理之意。

㉞ **虽无二亦不一**：理体无二，现象非一。

㉟ 诸，一说无此字（据大正藏本，页一六八，校注⑱）。

㊱ **有内有外**：内，指生理的自然现象。外，指自然界的现象。

译文

尸罗（中国话叫性善），好行善道，规规矩矩，这叫尸罗。有的受戒行善，有的不受戒行善，都叫尸罗。

所谓尸罗，大略说，行事和说话的律仪有八种：不恼怒伤害人、不抢不偷、不邪淫、不说荒诞的话、不搬弄是非、不说难听的恶话辱骂他人、不说不真实的话以讨好他人、不饮酒以及清净活命，这叫戒的相状。如果不守护而舍弃戒律，这叫破戒。破此戒的将堕入地狱道或饿鬼道或畜生道这三恶道中。

有人问：已晓知持戒（旧译性善）的相状，为什么叫作持戒波罗蜜呢？

回答说：有人说，菩萨持戒，宁可牺牲自身，也不破坏小乘的戒律，这叫持戒波罗蜜。

再次，菩萨持戒，为了佛道的缘故，立下了誓言，大意是：一定引度众生，不求今世和来生的快乐，这不是由于图取空名声和假荣誉，也不是为了自己早日求得寂灭的境界，只是因为众生浸漫在生死流转的长河之中，被恩爱之情所欺骗，被愚惑之见所妨害，我应当引度他们，让他们到达佛道的彼岸。专心持戒，为的是生在善处；生在善处，就能见到善人；见到善人，就能产生智慧；产生智慧，就能行六波罗蜜；能行六波罗蜜，就能得到无上智慧。这样的持戒叫作持戒波罗蜜。

再次，菩萨持戒内心舒适而顺理、清净而无污染。这不是因为惧怕堕入地狱、饿鬼、畜生三恶道中，也不是为了往生天处，但求顺理清净，用戒律来熏习自己的心，使心舒适顺理，这就是持戒波罗蜜。

再次，菩萨以对众生悲悯之心来持戒，能达到果德圆通，这叫持戒波罗蜜。

再次，菩萨持戒能生六波罗蜜，这就叫作持戒波罗蜜。

再次，菩萨持戒不是出于怖畏的原因，也不是心性暗昧不明事理，也不是对事理犹豫不决和昏迷不了，也不是为了自己寂灭的缘故。持戒只是为了众生、为了得到果德圆通、为了得到一切佛的教法的缘故，像这个相状叫作持戒波罗蜜。

再次，如果菩萨认为罪与不罪是空的，这时候叫作持戒波罗蜜。

有人问：如果舍恶行善是为持戒，为什么说罪与不罪是空的呢？

回答说：这不是说从不正确的见解或粗心说是空

的。如果深入到各种事物的相状中，行空三昧，以慧眼观照，罪就是空的，不可得罪既无，所以不罪也是空的。

再次，众生是空的，所以杀害之罪也是空的。罪是空的，所以戒也是空的。为什么呢？因为有杀害之罪就有戒；如果没有杀害之罪，也就没有戒了。

有人问：今众生现有，为什么说众生是空的呢？

回答说：肉眼所见，这是非所见；如果用慧眼观照，众生就是空的。如上面布施中说过，没有施者，没有受者，没有财物，这里也是一样。

再次，如果有众生，这众生是指五众的和合呢，还是离开五众别有众生？如果是五众，五众有五，众生是一，这样的话，五不可当作一，一可当作五。譬如市场上交换东西，价值五匹的东西，想用价值一匹的东西去换取它，那是换取不到的。为什么呢？因为一不能当作五。因此晓知五众不得当作一众生。

再次，五众生灭，没有恒常的相状。众生迁流变化的法则是从先世来至后世，受罪受福，处于三界之中。如果五众是众生，譬如草木自生自灭，像这样就没有罪恶和束缚，也没有解脱。因此晓知五众不是众生。如果离五众别有众生，如先前说的神不变易，遍于一切之中，已破斥了。

再次，离开五众，就没有众生；没有众生，我见之心就无从产生。如果离开五众别有众生，这叫堕入恒常不变之中。如果堕入恒常不变之中，这就是无生无死。为什么呢？生的名称是先前没有，现在有；死的名称是已经产生，就没了。如果众生恒常不变，众生应当遍满于五道之中。众生先已恒常不变，居于五道之中，为什么今又来生呢？如果没有生，就没有死。

有人问：确实有众生，为什么说没有呢？五众因缘和合才有众生法，譬如五个手指头因缘和合才生拳法。

回答说：这话不对！如果五众因缘和合才有众生法，那么除却五众就另有众生法，然而不可得。眼睛的功能是看东西，耳朵的功能是听声音，鼻子的功能是嗅香味，舌头的功能是尝味道，身体的功能是知感触，思想的功能是晓知事物空无自性；离开这六件事，再没有什么众生。佛教以外的道徒，许多人持颠倒的错误的见解，说眼睛能看东西就是众生，乃至思想能晓知事物就是众生，又能记忆、感受苦乐就是众生。但作出这种见解，却不晓知众生的实质。譬如有一长老大德比丘，有人说是阿罗汉，施主给他送来很多供养品，后来他生病死了。弟子们怕失去供养，因此夜里偷偷地把他抬出去埋葬了，并且在他平时睡觉的地方安放了棉被和枕头，让人觉得好像师父还在睡觉的样子。有人来探望师父的病情，没有见到，问师父在什么地方？弟子们都说：

"你没有看到床上的棉被、枕头吗？"愚笨的人没有仔细观察，以为师父生病睡着哩！把送来的大量供养品放着，就走了，像这样已不止一次了。又有聪明的人来看师父，也没有见到，就问师父在什么地方。弟子们也这样回答，聪明人说："我不是问棉被、枕头、床垫，我是要见师父本人。"他把棉被掀开，竟空空无人。除了六事相外，再没有有自性有主体的人。知者、见者也还是这样。

再次，如果众生由于五众因缘和合才有，五众无常，众生也应当无常。为什么呢？因为二者因果都相似。如果众生无常，就无来生。

再次，如果像你所说，众生本来就恒常居于五道之中，像这样的话，众生应生五众，五众不应生众生。今五众因缘和合才有了众生的假名字，无智的人根据假名字去求实际，因此众生是不真实的。如果没有众生，也就没有杀害之罪，没有杀害之罪，也就没有持戒。

再次，此五众深入观照，色、受、想、行、识分别都是空的，如梦中所见的梦境，如镜中的映像。如杀害梦中所见的众生及镜中的众生映像，没有杀害之罪。杀害五阴空相的众生假名，也还是如此。

再次，如果人们不乐于罪，贪着于无罪，这个人见到破戒的罪人，就显出轻蔑和傲慢的样子；见到持戒的善人，就表示喜爱和尊敬，这样的持戒就是起动罪的因缘。因此说，由于罪与不罪都是空的，所以应当具足持戒波罗蜜。

有人问：为什么叫羼提呢？

回答说：羼提，中国话叫忍辱。忍辱有二种：生忍，法忍。菩萨对众生能忍辱，就可得到广大的福德；安住于无生的法理之中，就可取得无限的智慧。福德和智慧这二件事具足，所以所得如所愿。譬如人们有了两眼和双足，要想到哪里就到哪里。菩萨如果碰上有人用恶毒的言语来谩骂诅咒，或用刀子棍子相加害，思想晓知罪福所生的果报是因缘的和合，各种事物内外毕竟空寂，没有体性，没有自性，以佛教的"三法印"来印证一切事物，所以虽然有力量能用来报复，但是不生报复的恶心，不起恶毒的口业，这时候，感受、想象、思想便在心中产生，这叫忍。有了安住于内心的信受认可的智慧，因此对事物决断的理智也就牢固了。譬如绘画的色彩，有了胶，就能牢固地粘住。

有人问：为什么叫生忍呢？

回答说：有二种众生向菩萨走来，一种是来向菩萨恭敬供养；一种是想来怒骂、动手伤害菩萨。这时候，菩萨的心信受认可两种众生：不爱恭敬供养自己的众生，也不愤慨加恶于自己的众生。这叫生忍。

为什么叫法忍呢？

信受认可那些恭敬供养的众生和那些瞋恼淫欲的人，这叫生忍。信受认可他们供养恭敬法和瞋恼淫欲法，这叫法忍。

再次，所谓法忍，就是对内不执着眼、耳、鼻、舌、身、意六情，对外不纳受色、声、香、味、触、法六尘，能对这二者不作分别。为什么呢？六情的相状如同六尘，六尘的相状如同六情，二种相状都不可得，都是一个假相，都是因缘和合生，其实都是空。一切事物的实相恒常清净，没有过失，没有污染，如万有的实相，空空平等，没有边际，因缘生法没有自性，证悟一切事物只有一个如如平等的空理，而没有彼此的分别。因此，空理虽一，但现象非一。这样来观察各种现象，信心不疑，决不退转，这叫法忍。

再次，一切法有二种：一是众生，二是诸法。菩萨于众生中忍，如先所解说。现在解说法中忍。法有二种：心法（心理现象）和非心法（非心理的现象）。非心法中，有内外的分别，外有寒热风雨等，内有饥渴老病死等，如此等种种叫作非心法。心法中也有二种：一是愤怒、怨恨、忧愁、疑虑等；二是淫欲、自高自大、蔑视他人等，这二者叫作心法。菩萨对于这心法和非心法能信从认可，心不起动，这叫法忍。

原典

问曰：云何名精进相？

答曰：于事必能起发、无难、志意坚强、心无疲惓、所作究竟①，以此五事为精进相。

复次，如佛所说，精进相者，身心不息故。……于善法中，初夜、中夜、后夜诵经坐禅求诸法实相，不为诸结使所覆，身心不懈，是名精进相。是精进，名心数法勤行不住相②，随心③行，共心生，或有觉有观，或无觉有观，或无觉无观，如阿毗昙法④广说。于一切善法中勤修不懈，是名精进相；于五根中名精进根；根增长名精进力；心能开悟名精进觉⑤；能到佛道涅槃城⑥，是名正精进⑦；四念处⑧中能勤系心，是精进分⑨；四正勤⑩是精进门；四如意足⑪中，欲精进即是精进；六波罗蜜中，名精进波罗蜜。

问曰：汝先赞精进，今说精进相，是名何精进？

答曰：是一切善法精进中相。

问曰：今说摩诃般若波罗蜜论议中，应说精进波罗蜜，何以故说一切善法中精进？

答曰：初发心菩萨于一切善法中精进，渐渐次第得精进波罗蜜。

问曰：一切善法中精进多，今说精进波罗蜜，已入一切善法精进中。

答曰：为佛道精进名为波罗蜜。诸余善法中精进，但名精进，不名波罗蜜。

(节录《释初品中毗梨耶波罗蜜义第二十七》卷十六，页一七四)

问曰：菩萨法以度一切众生为事，何以故闲坐林泽⑫，静默山间，独善其身，弃舍众生？

答曰：菩萨身虽远离众生，心常不舍，静处求定，得实智慧，以度一切。

复次，菩萨行布施、持戒、忍辱，是三事名为福德门。于无量世⑬中，……世世利益众生，令得快乐。此乐无常，还复受苦。菩萨因此发大悲心，欲以常乐涅槃⑭利益众生。此常乐涅槃，从实智慧生，实智慧从一心禅定⑮生。……以是故菩萨虽离众生，远在静处求得禅定。以禅定清净故，智慧亦净。譬如油炷净故其明亦净。以是故，欲得净智慧⑯者，行此禅定。

复次，若求世间近事，不能专心则事业不成，何况甚深佛道而不用禅定？禅定名摄诸乱心⑰，……若欲制之，非禅不定。……复次，禅定难得，行者一心专求不废，乃当得之。

问曰：行何方便得禅波罗蜜？

答曰：却五事（五尘⑱）、除五法（五盖⑲）、行五行[20]。

云何却五事当呵责五欲？哀哉！众生常为五欲所恼而犹求之不已！此五欲者得之转剧，如火炙疥；五欲无益，如狗咬骨；五欲增诤，如鸟竞肉；五欲烧人，如逆风执炬；五欲害人，如践恶蛇；五欲无实，如梦所得；五欲不久，如假借须臾。世人愚惑贪着五欲，至死不舍，为之后世[21]受无量苦。五欲者，名为妙色、声、香、味、触。欲求禅定，皆应弃之。

复次，贪欲之人[22]去道甚远。所以者何？欲为种种恼乱住处，若心着贪欲、无由近道。……种种因缘[23]灭除欲盖。瞋恚盖[24]者，失诸善法之本，堕诸恶道之因，诸乐之怨家[25]，善心之大贼[26]，种种恶口之府藏[27]。……种种因缘，除瞋恚盖。睡眠盖者，能破今世三事：欲乐[28]、利乐[29]、福德[30]，能破今世后世究竟乐[31]，与死无异，唯有气息。……种种因缘，呵睡眠盖。掉悔盖[32]者，掉之为法破出家心，如人摄心犹不能住，何况掉散！……种种因缘，呵掉悔盖。疑盖[33]者，以疑覆心故，于诸法[34]中不得定心。定心无故，于佛法中空无所得。……种种因缘故应舍疑盖。弃是五盖，譬如负债得脱，重病得差[35]。……行者亦如是，除却五盖，其心安隐[36]，清净快乐。

若能呵五欲除五盖，行五法：欲、精进、念、巧慧、一心。行此五法，得五支[37]成就初禅[38]。欲，名欲于欲界[39]中出欲，得初禅；精进，名离家持戒，初夜、后夜专精不懈，节食摄心，不令驰散；念，名念初禅乐，知欲界不净狂惑可贱，初禅为尊重可贵；巧慧，名观察筹量欲界乐、初禅乐，轻重得失；一心，名常系心缘中不令分散。复次，专求初禅，放舍欲乐。……呵五欲，除五盖，行五法，得至初禅。

初禅相有觉、有观、喜、乐、一心[40]。有觉有观者，得初禅中未曾所得善法功德故，心大惊悟，常为欲火所烧。得初禅时如入清凉池[41]，又如贫人卒得宝藏。行者思维分别欲界过罪，知初禅利益功德甚多，心大欢喜，是名有觉有观。

行者知是觉观虽是善法，而娆乱定心，心欲离故，呵是觉观，……觉观灭，内清净，系心一处，无觉无观，定生喜乐，入二禅[42]。

既得二禅，得二禅中未曾所得，无比喜乐。……行者观喜之过亦如觉观，随所喜处多喜多忧。……是故当舍离此喜。故行舍念智、受身乐，是乐圣人能得能舍，一心在乐入第三禅[43]。舍者舍喜，心不复悔。念智者既得三禅中乐，不令于乐生患。受身乐者，是三禅乐遍身皆受，圣人能得能舍者。此乐世间第一能生心着，凡夫少能舍者，以是故佛说行慈果报遍净地中第一。行者观乐之失，亦如观喜，知心不动处最为第一；若有动处，是则有苦。

行者以第三禅乐动故求不动处，以断苦乐。先灭忧喜，故不苦不乐，舍念清净，入第四禅㊹。是四禅中无苦无乐，但有不动智慧，以是故说第四禅舍念清净。第三禅乐动故说苦，是故第四禅中说断苦乐。

菩萨观一切法，若乱若定皆是不二相㊺，余人除乱求定，何以故？以乱法中起瞋想，于定法中生着想，……取乱相能生瞋等烦恼，取定相能生着。菩萨不取乱相，亦不取禅定相，乱定相一故，是名禅波罗蜜。

如初禅相，离欲除盖、摄心一处，是菩萨利根智慧观故，于五盖无所舍，于禅定相无所取，诸法相空故。

云何于五盖无所舍？

贪欲盖非内、非外、亦不两中间。何以故？若内法有，不应待外生；若外法有、于我亦无患；若两中间有，两间则无处。亦不从先世来。何以故？一切法无来故，……亦不至后世；不从诸方来，亦不常自有；不一分中，非遍身中；二㊻亦不从五尘来，亦不从五情㊼出；无所从生，无所从灭。

是贪欲若先生若后生若一时生，是事不然！何以故？若先有生，后有贪欲，是中不应贪欲生，未有贪欲故；若后有生，先有贪欲，则生无所生；若一时生，则无生者[48]无生处，生者生处无分别故。

复次，是贪欲、贪欲者不一不异。何以故？离贪欲，贪欲者不可得[49]；离贪欲者，贪欲不可得；是但从和合因缘生，和合因缘生法即是自性空[50]，如是贪欲、贪欲者异不可得；若一，贪欲、贪欲者则无分别。如是等种种因缘贪欲生不可得。若法无生，是法亦无灭；不生不灭故，则无定无乱。如是观贪欲盖，则与禅为一。余盖亦如是。若得诸法实相观五盖则无所有[51]，是时便知五盖实相即是禅实相，禅实相即是五盖。菩萨如是能知五欲及五盖、禅定及支[52]一相，无所依入禅定，是为禅波罗蜜。

（节录《释初品中禅波罗蜜第二十八》卷十七，页一八〇——一八九）

注释

① **所作究竟**：将事情办到底，作出最后的结果。

② **心数法勤行不住相**：心数法，又名心所有法，因法数多，故名心数法。它受心王支配，如客尘。不住，不停止的意思。

③ **心**：相对于心所有法，此心为心王，为精神作用的主体。

④ **阿毗昙法**：又名阿毗昙磨法，意为大法、无比法、对法。指的都是解经中的智慧，即三藏中的论藏智慧是也。

⑤ **心能开悟名精进觉**：开悟，意为开智悟理。精进觉，又叫精进觉支，为七觉支之一；觉有觉了、觉察之意。精进觉，以勇猛之心离邪行行真法。

⑥ **佛道涅槃城**：喻通向涅槃城是佛的正道。意谓佛的智慧就是对涅槃相的圆满把握。

⑦ **正精进**：又作正方便。发愿已生之恶法令断，未生之恶法令不生，未生之善法令生，已生之善法令增长，即谓能求方便精进。

⑧ **四念处**：即四种念观之处。谓众生对五蕴起颠倒想，于色多起净倒，于受多起乐倒，于想多起我倒，于心多起常倒。为使众生修此四观以除四倒，故名四念处。一观身不净，二观受是苦，三观心无常，四观法无我。

⑨ **精进分**：意谓精进的职分。分，职分、名分等义。

⑩ **四正勤**：为三十七科道品中，次于四念处所修之行品。正则不邪，勤则不怠，故名四正勤。一已生恶令永断而勤精进；二未生恶令不生而勤精进；三未生善令得生而勤精进；四已生善令增长而勤精进。

⑪ **四如意足**：为三十七科道品中，次四正勤所修之行品。又名四神足。是四种之禅定。四正勤中修正精

进，精进智慧增多，定力弱小，今得四种之定以摄心，则定慧均等，所愿皆取，故名如意足。如意，即如意而得。足，所依之义。一欲如意足：谓凡修习一切法，若能乐欲，所愿皆得；二念心如意足：专注彼境，一心正住，这叫念，谓若能一心，所愿皆得；三精进如意足：惟专观理，使无间杂，故曰精进。谓凡修习一切诸法，若能精进，所愿皆得；四思维如意足：思维彼理，心不驰散，叫思维。谓凡所修，若能思维，所愿皆得。

⑫ **林泽**：林，树林。泽，水草聚集的地方。

⑬ **无量世**：无量，无法计量。世，时之异名，迁流之义。

⑭ **常乐涅槃**：此指涅槃之体，恒常不变而无生灭，随缘化用常不绝，名之为常。二涅槃之体，寂灭永安，运用适心，名之为乐。

⑮ **禅定**：禅，意译静虑、思维修等。谓心注一境、正审思虑。定，谓心注一境而不散乱。二者的主要分别是，一心考物为禅；一境静念为定；故禅狭，定宽。禅定种类繁多。后来二者连接为禅定。

⑯ **净智慧**：即清净的智慧。谓此智慧照了诸法皆空，即得内心寂静，因寂静而见真实之理。

⑰ **摄诸乱心**：摄各种散乱之心于一心。

⑱ **五尘**：色、声、香、味、触。若不退却五尘，禅

定难修。此处为夹注,译文取其义,而去其夹注形式。

⑲ **五盖**:贪欲盖、瞋恚盖、睡眠盖、掉悔盖、疑盖。若不除掉五盖,清净心被盖覆,善法不生,禅定难得。此处为夹注,译文取其义,而去其夹注形式。

⑳ **五行**:指欲、精进、念、巧慧、一心。如果说却五尘、除五盖是欲得禅波罗蜜的不可或缺的消极措施,那么行此五法则是积极的举措。

㉑ **后世**:死后未来之世。

㉒ **贪欲之人**:一说"贪欲盖者"(大正藏本,页一八三,校注㉟)。译文从此说。贪欲盖,盖,即盖覆之义,盖覆心性而不生善法。谓执着五欲之境,以盖心性。

㉓ **种种因缘**:原有具体内容,因偈文长,从略,故以省略号表示之。以下类同。

㉔ **瞋恚盖**:于违情之境,心怀忿怒以盖心性。

㉕ **诸乐之怨家**:一说"法乐之怨家"(据大正藏本,页一八四,校注⑤)。法乐,就是修行佛法所带来的快乐。译文从此说。瞋恚与乐正是二相反对,与法乐更是水火不相容,故称怨家。是一譬喻。

㉖ **善心之大贼**:瞋恚伤害善心,故称大贼。譬喻之词。

㉗ **种种恶口之府藏**:恶口,恶毒的言语。府藏,仓库。也是譬喻。

㉘ **欲乐**：五欲之乐。

㉙ **利乐**：指利益与安乐。按利与乐为一体之异名，谓后世之益为利，现世之益为乐。

㉚ **福德**：指过去世及现在世所行之一切善行，及由于一切善行所得之福利。

㉛ **究竟乐**：涅槃之妙乐。

㉜ **掉悔盖**：心情烦躁忧恼，盖覆心性。

㉝ **疑盖**：于法犹豫不决，以盖心性。

㉞ **诸法**：万法。

㉟ **差**：通"瘥"。病除。

㊱ **隐**：通"稳"。稳定。

㊲ **五支**：初禅有五支，即觉、观、喜、乐、一心等。支者，支持，以十功德法（空、明、定、智、善心、柔软、喜、乐、解脱、境界相应）支持禅，故名为支。

㊳ **初禅**：分二步：（一）初禅前行的特征：粗住（安坐端身摄心，故气息调和，心路澄净安稳，其心在缘，不驰散）、细住（心心怗怗胜前）、欲界定（其后心地豁然开朗，我身爽爽空净，虽空净犹见身心之相，未有定内之功德）、未到定（此后心泯然一转，不见欲界定中之身首等，犹如虚空）。此时，身障犹在，未入初禅。（二）已进入初禅的特点：具有八触（从未到定进入初禅时，自觉自心之微动或感微痒，即发动痒轻重冷

暖涩滑。为色界之四大极微与欲界之四大极微转换而发之触相，即进入初禅之相。此时有十功德）、十功德（见上注）。

㊴ **欲界**：三界之一。有淫欲与食欲之有情住所。上自六欲天，中自人界之四大洲，下至无间地狱，谓之欲界。

㊵ **喜、乐、一心**：眼、耳、鼻、舌、身五识无分别而悦豫叫乐，意识分别而悦豫叫喜。一心，唯一之信心，不为他心所夺。

㊶ **清凉池**：以喻涅槃之无恼热。

㊷ **二禅**：弃觉观，入二禅。初禅中，已了结色界四大转换，所以二禅以上已无八触十功德。二禅有四支：内净支（意为心信）、喜支、乐支（意为轻安乐，非乐受）、一心支（意为新定支）。

㊸ **第三禅**：呵弃第二禅之喜受而得三禅。此禅有五支：舍支（是行舍，非舍受）、念支（三禅乐极胜，为不染着故要正念）、慧支（同上）、乐支（意识之乐）、一心支（亦叫定支。寂然在定）。

㊹ **第四禅**：呵弃三禅之乐受。四禅有四支：不苦不乐支（舍受）、舍支（舍三禅之乐受，也不忧悔）、念支（念下地之过，自己之功德长养之）、一心支（如钟如清水）。

㊺ **若乱若定皆是不二相**：若乱若定，此处的乱、定，是指观法的形相，或乱相或定相。不二相，意谓如如平等而无彼此分别的一相，即无相。

㊻ 二，一说无“二”字（据大正藏本，页一八九，校注⑨）。译文从此说。

㊼ **五情**：指眼、耳、鼻、舌、身，能生情识，故称五情。

㊽ **生者**：指生之主体。

㊾ **不可得**：空的异名。

㊿ **自性空**：指因缘所生法没有自性，因而是空的。

(51) **无所有**：即无所得，是空的异名。

(52) **支**：意为支持禅的精神力。初、二、三、四禅中各有数目不等的支。

译文

有人问：为什么叫精进相呢？

回答说：做事必能奋发向上，不怕困难，意志坚强，心不懈怠，贯彻始终，以此五事为精进的相状。

再次，如佛所说，所谓精进的相状，就是因为身心不停息。……修行的人在修行善法中，上半夜、半夜、后半夜诵经坐禅，探求万有实相的道理，不被各种烦恼所颠倒，身心不懈怠，这叫精进的相状。这精进，名心所有法勤行不住相，随心王而运行，与心王一起发生作用：有的初心入禅，分别禅味；有的将要进入二禅时，觉知之心已失，分别禅味之念还在；有的进入二禅时，觉知之心和分别禅味之念全都消失，像阿毗昙对法中有详细的解说。在一切善法中勤修不懈，这叫精进相。在信、进、念、定、慧五根中叫精进根；根增长叫精进力；心能开智悟理叫精进觉；能到达佛道进入涅槃之境，这叫正精进；四念处中能尽力系着心，是精进分；四正勤，是精进门；四如意足中，欲乐于精进，就是精进；六波罗蜜中，叫精进波罗蜜。

有人问：你先已称赞了精进，现在解说精进相，到底这叫什么精进？

回答说：是一切善法精进中的相状。

又问：现在说的大般若波罗蜜论议中，应当说精进波罗蜜，为什么说一切善法中的精进呢？

回答说：初立誓愿度众生的菩萨，在一切善法中精进，逐渐依次修得精进波罗蜜。

又问：一切善法中精进多，现在说的精进波罗蜜已经纳入一切善法精进中了。

回答说：为佛之所得的无上菩提而精进，叫作波罗蜜。其他善法中的精进，只叫精进，不叫波罗蜜。

有人问：菩萨法以度一切众生为其职责，为什么菩萨安坐在山林野泽之间，默然无声，独善其身，弃舍众生呢？

回答说：菩萨身虽然远离众生，可是心里并没有弃舍他们，只是在僻静之处企求禅定，修得佛理智慧，以引度众生到彼岸。

再次，菩萨行布施、持戒、忍辱，这三件事叫作福德门。这福德，在无量世中，……世世利益众生，让他们得到快乐。这种快乐，迁流不息，变化不定，回过头来，还得受苦。菩萨因此发出广大悲悯之心，想要用涅槃之常乐，随缘化用，利益众生。这涅槃常乐，是从菩提智慧产生的，而菩提智慧又从一心禅定产生。……因此，菩萨虽离众生，但在僻静的远处求得禅定。因为禅定清净，没有杂念，没有垢染，所以智慧也清净，能照了一切事物，而见真实之理。譬如油灯的火炷干净，灯光也就清亮。因此，想要得到清净智慧的人，必须行这禅定。

再次，如果探求处理人世间身旁的事务不能专心，事业就不能成功，何况十分深妙的无上菩提而不用禅定能行吗？禅定名叫摄诸散乱之心于一心，……如果想要制止散乱之心，非禅定不可。……又此禅定难以求得，修行者只有一心专注，终不废弃，然后才能得到它。

有人问：使用什么方便能得到禅波罗蜜呢？

回答说：除却色、声、香、味、触五尘这五件事，除掉贪欲盖、瞋恚盖、睡眠盖、掉悔盖、疑盖这五种法，行欲、精进、念、巧慧、一心这五种行，就是得到禅波罗蜜的方法、便用。

为什么除却五尘应当呵弃五欲呢？可悲啊！众生常为五欲所烦恼，而还不停地去追求它！所谓五欲，得到了它，欲心反而变得更加剧烈，好比微火熏疥疮，越熏越痒；五欲没有好处，好比狗啃骨头，越啃越无味；五欲增加相互的争夺，好比乌鸟竞抢块肉，闹得不可开交；五欲烧灼人心，好比手执火把，逆风而行，烧向自身；五欲害人，好比脚踩毒蛇，受到伤害；五欲因缘而生，空而无实，好比梦中所得，一觉醒来，空空如也；五欲因缘而集，不能久长，好比借助于身，刹那即灭。世间的人愚昧疑惑，贪着五欲，到死抱住不放，因此死后受着数不尽的苦难。……所谓五欲，假名为微妙的色、声、香、味、触。想要求得禅定，全都应该弃舍。

再次，所谓贪欲盖，就是执着五欲之外境，盖覆心性，离开佛道十分遥远。为什么呢？欲，是种种烦恼依止的处所，如果心着贪欲，就无从接近佛道。……种种因缘灭除贪欲，让人的心性得到清净。所谓瞋恚盖，就是对违情之外境，恼怒憎忿，盖覆了心性，失去了善法的根本，是堕入地狱、饿鬼、畜生三恶道的原因，是法乐的怨家，是善心的大贼，是种种恶毒言语的藏府。……种种因缘灭除恼怒憎忿，让人的心性得到平静。所谓睡眠盖，就是心昏身重，盖覆了心性，它能败坏现世三件事：一是五欲之乐；二是形质之利乐；三是福德；也能败坏现世和后世的涅槃之妙乐。它与死人没有什么二样，只有气息在吸动。……种种因缘，呵弃心昏身重的盖覆，让人的心性得到清醒。所谓掉悔盖，就是心情烦躁，事后忧恼，以盖心性。作为出家法，烦躁就破坏了出家之心，如人们有意收摄心，尚且收摄不住，何况心烦躁不安呢！……种种因缘，呵弃烦躁忧恼的盖覆，让人的心性得到安定。所谓疑盖，就是对于法犹豫不决，以盖覆心性。由于犹豫不决，心性受到了蒙盖。因此在万法中，心就不能专注；心不专注，在修行佛法中，毫无收获。……由于种种因缘，所以应当舍弃犹豫不决的盖覆，让心性专注，有所决定。舍弃了这五盖，好比债务还清，重病得除。……修行者也是这样，除却了五盖，他的心也就平安而稳定，清净而快乐。

如果能呵弃五欲，除却五盖，就能行以下的五法：欲、精进、念、巧慧、一心。行此五法，得五支，成就初禅。"欲"，名为想要从欲界中离开欲，取得初禅；"精进"，名为离家持戒，上半夜、后半夜专心一志，决不懈怠，节制食量，收摄住心，不让它向往别的事而分散了它；"念"，名为思念初禅的喜悦，晓知欲界不洁净，狂妄昏惑，大可轻视，初禅成为尊重和可贵的了；"巧慧"，名为观察、谋划、考量欲界乐与初禅乐的轻重得失；"一心"，名为常围绕着心，紧紧地束缚住它，不让分散。再次，专求初禅，放弃五欲之乐。……呵弃五欲，除却五盖，习行五法，得到初禅。

初禅的相状特征是有觉、有观、喜、乐、一心。有觉有观者，是得到了初禅前行未曾得到的善法功德，所以心中大惊，觉悟到往常为欲火所烧。入得初禅时好比进入清凉池，又好比穷人最终找到存放珍宝的库藏，十分欣喜。修行者思想分别欲界种种过失和罪恶，晓知初禅利益功德甚多，心中很欢喜，这叫有觉有观。

修行者晓知这种觉观虽是善法，可是扰乱禅定的心性，心想离开觉观，因此呵弃这种觉观。……觉观消除，内心清净，一心系于定处。无觉无观，定生喜乐，于是进入二禅。

既进得二禅，得到二禅前行中未曾所得的一切，无比喜乐。……修行者达观喜的过失，也像达观觉观的过失一样，随着所喜之处，有许多喜也就有许多忧……因此应当舍离这种喜。所以修习舍念智、受身乐。此乐如佛菩萨等圣人能得能舍，一心在乐，进入第三禅。所谓舍，就是舍弃喜，心不后悔。所谓念智，就是既得三禅中乐，不让由于乐而产生忧虑。所谓受身乐，就是比三禅乐全身都能感受到，像佛菩萨等圣人能得也能舍。这种乐世间第一能生心着，凡夫俗子少有能舍弃的。所以，佛说行慈果报遍净地中第一。修行者观乐的过失，也像观喜的过失一样，晓知心不动处最为第一。如果心有所动，这就是有苦。

修行者因第三禅之乐而动摇了禅定心，所以求不动之处，以断苦乐。首先灭除了忧喜，所以不苦不乐，舍弃喜乐之念而得清净，进入第四禅。在这四禅中无苦无乐，只有不动的智慧。所以说第四禅舍弃喜乐之念而得清净。第三禅因乐而动，所以说苦，因此第四禅中说断苦乐。

菩萨达观诸法，或乱相或定相，都是如如平等而没有彼此分别的一相，即无相。其余的人就不然，总想消除乱相求得定相。为什么呢？因在散乱的事物中会引起瞋恚的思绪，在固定事物中会产生执着的意想。……取乱相，会引起瞋恚等烦恼；取定相，会生着而不离。菩萨不取乱相，也不取禅定相，因为乱相和禅定相都是彼此没有分别的一如如实相，这叫禅波罗蜜。

例如初禅的相状特征是，离五欲，除五盖，摄心于一处。因菩萨根性锐利智慧达观，对五盖无所舍弃，对禅定相也无所取着，因为一切事物本无自性，是空的。

为什么对五盖无所舍弃呢？

贪欲盖不在身内眼、耳、鼻、舌、身五根中，也不在身外色、声、香、味、触五尘中，也不在这二者之间。为什么呢？如果身内的五根具有贪欲盖，就不应当依靠身外的五尘才产生；如果身外的五尘具有贪欲盖，对于我也就没有什么祸患；如果在五根与五尘之间有贪欲盖，可是却找不到二者之间的处所。贪欲盖也不从前世来。为什么呢？因为一切事物无所从来，……也不至后世。贪欲盖不从东南西北方来，也不是恒常自己就有；它既不存在于身体的某一部分中，也不在全身中；也不从色、声、香、味、触等五尘中来，也不从眼、耳、鼻、舌、身等五情中出；从来无所生，从来无所灭。

这贪欲或先生或后生或一时生，事情不是这样！为什么呢？如果先有生，后有贪欲，先所生中就不应该有贪欲生，因为还没有贪欲；如果后有生、先有贪欲，贪欲就无处可生；如果同时生，就没有生贪欲的主体，也没有生贪欲的处所，因为生的主体和生的处所没有分别。

再次，此贪欲和贪人不是一，也不是异。为什么呢？离开贪欲，贪人就是空的；离开贪人，贪欲也是空的，这只是从因缘和合生。因缘和合生的事物没有自性，因而是空的。这样，贪欲和贪人之异是空的。如果是一，贪欲和贪人就没有分别。如是等种种因缘，贪欲的生起就是空的。如果事物不生，此事物也不灭。因为不生不灭，就没有定，没有乱。这样，达观贪欲盖，贪欲盖就和禅同一了。其他四盖也是如此。如果认识到一切事物的真如实相，并以此来达观五盖，五盖就是空的。这时候，便晓知五盖的实相就是禅的实相，禅的实相就是五盖。菩萨如此能晓知五欲及五盖、禅定及支，是同一空相，无所依止而入禅定。这就是禅波罗蜜。

4　般若波罗蜜

内容提要

般若波罗蜜的经典性定义——《赞般若波罗蜜偈》——三种法门：蜫勒门·阿毗昙门·空门——无相慧即般若——一相与无相·有相与无相·实相与般若——般若与五波罗蜜——有所因与无所因·有所得与无所得。

原典

问曰：云何名般若波罗蜜[①]？

答曰：诸菩萨从初发心，求一切种智[②]，于其中间知诸法实相慧[③]，是般若波罗蜜。

问曰：若尔者不应名为波罗蜜，何以故？未到智慧边故。

答曰：佛所得智慧是实波罗蜜。因是波罗蜜故，菩萨所行亦名波罗蜜。因中说果故，是般若波罗蜜在佛心中变名为一切种智。菩萨行智慧求度彼岸故，名波罗蜜。佛已度彼岸故，名一切种智。

问曰：佛一切诸烦恼及习已断，智慧眼④净，应如实得诸法实相。诸法实相即是般若波罗蜜。菩萨未尽诸漏，慧眼未净，云何能得诸法实相？

答曰：此义后品中当广说，今但略说。如人入海，有始入者，有尽其源底者，深浅虽异，俱名为入。佛菩萨亦如是，佛则穷尽其底，菩萨未断诸烦恼习，势力少故不能深入，如后品中说。譬喻如人于暗室然灯⑤，照诸器物，皆悉分了，更有大灯益复明审，则知后灯所破之暗，与前灯合住。前灯虽与暗共住，而亦能照物。若前灯无暗，则后灯无所增益。诸佛菩萨智慧亦如是，菩萨智慧虽与烦恼习合而能得诸法实相，亦如前灯亦能照物。佛智慧尽诸烦恼习，亦得诸法实相，如后灯倍复明了。

问曰：云何是诸法实相？

答曰：众人各各说诸法实相，自以为实。此中实相者，不可破坏，常住不异，无能作者。如后品中，佛语须菩提⑥，若菩萨观一切法，非常非无常⑦，非苦非乐[8]，非我非无我[9]，非有非无[10]等，亦不作是观，是名菩萨行般若波罗蜜。是义舍一切观，灭一切言语，离诸心行[11]，从本已来不生不灭如涅槃相。一切诸法相亦如是，是名诸法实相。如《赞般若波罗蜜偈》说：

　　般若波罗蜜，实法不颠倒，
　　念想观已除，言语法亦灭；
　　无量众罪除，清净心常一，
　　如是尊妙人，则能见般若。[12]
　　如虚空无染，无戏无文字，
　　若能如是观，是即为见佛。[13]
　　若如法观佛，般若及涅槃，
　　是三则一相，其实无有异。[14]
　　诸佛及菩萨，能利益一切，
　　般若为之母，能出生养育；
　　佛为众生父，般若能生佛，
　　是则为一切，众生之祖母。[15]
　　般若是一法，佛说种种名，
　　随诸众生力，为之立异字。[16]
　　若人得般若，议论心皆灭，
　　譬如日出时，朝露一时失；
　　般若之威德，能动二种人，

无智者恐怖，有智者欢喜。⑰
若人得般若，则为般若主，
般若中不着，何况于余法！
般若无所来，亦复无所去，
智者一切处，求之不能得。⑱
若不见般若，是则为被缚，
若人见般若，是亦名被缚，
若人见般若，是则得解脱，
若不见般若，是亦得解脱，
是事为希有，甚深有大名，
譬如幻化物，见而不可见。⑲
诸佛及菩萨，声闻辟支佛，
解脱涅槃道，皆从般若得；
言说为世俗，怜愍一切故，
假名说诸法，虽说而不说。⑳
般若波罗蜜，譬如大火焰，
四边不可取，无取亦不取；
一切取已舍，是名不可取，
不可取而取，是即名为取。㉑
般若无坏相，过一切言语，
适无所依止，谁能赞其德？
般若虽叵赞，我今能得赞，

虽未脱死地,则为已得出。[22]

(节录《释初品中般若波罗蜜第二十九》卷十八,页一九○——一九一)

注释

① **般若波罗蜜**:具名般若波罗蜜多。六度之一。六度中,以般若为最第一。般若,意译慧或智慧。波罗蜜名到彼岸。

② **一切种智**:即佛智。佛智圆明,通达总相、别相,化道断惑一切种之法。

③ **诸法实相慧**:观照一切事物无相为其实相之理的智慧。

④ **智慧眼**:又叫慧眼,五眼之一。慧能观照,故名眼。谓照见真空无相之理的智慧。

⑤ **然灯**:然,通"燃"字。即点灯。

⑥ **须菩提**:梵文 Subhūti 的音译,意译善现、善业,又称空生。为佛十大弟子之一,有解空第一之誉。佛使此人说般若之空理。

⑦ **非常非无常**:谓外道认为身有异故非常,我不异故非无常。如果这样,离身亦无有我,此亦成过。

⑧ **非苦非乐**:此就众生而言。苦,众生有生死和

身心逼迫之苦。乐，主要指众生身心的适悦。但苦乐无常，只有法乐是永恒的。

⑨ **非我非无我**：就人我、法我而言，谈有无体性自性的问题。

⑩ **非有非无**：认为我与五蕴非有非无，是一戏论。

⑪ **心行**：心中念念迁流，即心理活动。

⑫ **般若波罗蜜等句**：这段偈文指出般若是实法，唯佛能见。"实法不颠倒"，谓般若是实法，不倒见事理。"念想观已除"，谓在般若中，人们的记忆、想象、观察等活动一概荡然无存。"言语法亦灭"，谓语言、名字、概念等已除灭。"无量众罪除"，谓在般若的光照下，各种罪恶，包括三毒等，一概灭除。"清净心常一"，谓不疑不垢的清净心常一不二。"如是尊妙人，则能见般若"，指如德行至尊、智慧无比的佛能照见般若。

⑬ **如虚空无染等句**：这段偈文指出正确地观察般若，就是见佛。谓般若如虚空，一尘不染，般若是实法，不是文字戏论。这样来看待般若，就是见佛。

⑭ **若如法观佛等句**：这段偈文指出佛、般若及涅槃三者名异实同，是"一相"。所谓一相，就是一真法界之相，从本以来离虚妄相，离言说相，离名字相，离一切诸法之相。

⑮ **诸佛及菩萨等句**：这段偈文以譬喻的形式，着

重强调般若在大乘佛教中无比重要的地位；而且指出般若、佛、众生三者的关系，好比般若是母亲，佛是儿子，众生是孙子。"般若为之母"，意喻般若为诸佛母，父母之中，母功最大，是所以佛以般若为母；又般若遍观诸法，分别实相，无事不达，无事不成，功德最大，名之为母。"佛为众生父"，谓佛是觉者，不但自觉，而且觉他，度众生，所以喻佛为众生之父。"众生之祖母"，谓般若能生佛，佛为众生父，般若就为众生的祖母。

⑯**般若是一法等句**：这段偈文指出般若有各种各样的名称。佛为方便说，给般若起了各种名称，例如菩提、实际、实相、法性、涅槃、如、如如、真如等等。由于众生理解力的不同，也给般若起了不同的名字，例如实相般若、观照般若、方便般若等等。照龙树的说法，法无穷，般若之名也无穷。

⑰**若人得般若等句**：这段偈文是说般若的作用。因为般若照彻诸法相之理，理明，则议论心息，好比太阳一出，朝露顿失，这是一种作用。还有一种作用：由于般若的威力，震动了二种人，一种人由于愚惑，逆境时，苦闷仿徨，怒气冲天；顺境时，尽天作乐，昏昏度日，跳不出生死之流，而般若揭示了事物真如实相之理，他们又接受不了，因而恐惧；而有智慧的人，一见般若真理的指点，犹如拨乌云而见天日，当然十分欢喜。

⑱ **若人得般若等句**：这段偈文指出般若可得而不可着，因为它无所来无所去，无处可求。

⑲ **若不见般若等句**：这段偈文指出见般若的好处，而般若又十分深妙，好比幻化物，见而不可见。还有更深层的意思：见与不见，同为法性真空。

⑳ **诸佛及菩萨等句**：这段偈文指出，佛等行道人之得道，都从般若而悟得。而般若是不可说的，假名说诸法而说，所以说"虽说而不说"。

㉑ **般若波罗蜜等句**：这段偈文是指般若是不可取之取。

㉒ **般若无坏相等句**：此段偈文是赞般若之奇妙，虽语言不能道，无所依止，但是它永恒地存在着。

译文

有人问：为什么叫般若波罗蜜呢？

回答说：诸菩萨发誓愿，度众生到彼岸，一直在寻求佛智。在这寻求佛智中，晓知一切事物无相为其实相之理的智慧，就是般若波罗蜜。

有人问：像这样，不应该叫作波罗蜜。为什么呢？因为还没有达到智慧的边际。

回答说：佛所得的智慧是真正的波罗蜜。因这真正的波罗蜜，菩萨所行的波罗蜜也就叫波罗蜜了。从原因中来说结果，所以这般若波罗蜜在佛的心中改名为一切种智，通常叫佛智。菩萨行智慧、祈求度众生到彼岸，所以叫波罗蜜。佛已经到达彼岸，所以叫一切种智，也就是佛智。

有人问：佛所有的烦恼以及烦恼的习气已经断除，智慧眼清净，无垢无染，应当如实得到一切事物真如实相之理。一切事物真如实相之理，就是般若波罗蜜。可是菩萨各种烦恼没有完全断除，慧眼也不净，如何能得一切事物真如实相之理呢？

回答说：这个道理后品中要大大加以解说，现在只简略地解说一下。好比人下海，有刚刚开始下去的，也有下到海底的，深浅虽然不同，都叫作下海。佛和菩萨也是这样。佛是下到了海底，菩萨没有断除各种烦恼的习气，力量稀薄，所以不能深入下去，如后品中所解说的。譬如人在暗室中点灯，灯光照到器皿物件上，看上去全都能分辨，如果加上光线强烈的大灯，看得更加仔细清楚。这就知道，后灯所破除的黑暗，与前灯一起停留在暗室里。前灯虽与黑暗一起停留在暗室里，而也能照物。如果前灯破除了暗室里所有的黑暗，后灯就没有必要增加。诸佛菩萨的智慧也是这样。菩萨的智慧虽然与烦恼习气聚合，而能得一切事物真如实相之理，也好比光亮微弱的前灯也能照物。佛的智慧中全无各种烦恼习气，也得一切事物的真如实相之理，好比光亮强烈的后灯照物，让人更加看得明了。

有人问：为什么说是诸法实相？

回答说：僧人各说各的诸法实相，自以为是真正的诸法实相。这里所谓实相，是不可破坏的，常住不变的，是不能造作的。如后品中，佛对须菩提说，如果菩萨观察一切事物，不是恒常不变、也不是迁流不息，不是受逼迫、也不是舒适，不是有自性、也不是无自性，不是有、也不是无等等；也不作这样的观察，这叫菩萨行般若波罗蜜。这个道理是舍弃一切观察，灭除一切言语，停止一切心理活动，从本以来不生不灭，好比寂然的涅槃相。一切事物的相状也是这样。正像《赞般若波罗蜜偈》所说：

般若波罗蜜，是不颠倒真理的真实法，
刹那观想已消除，言语道法也消灭；
数不尽的过失废除了，清净心恒常居一，
这样尊贵妙好的人，就能照见般若。
般若如虚空清净无染，没有戏论没有文字，
如果这样来观待，这就是见佛了。
如果一如实法观察佛、般若与涅槃，

这三件就是一个样，其实没有差异。
佛和菩萨们，能给一切带来利益。
而般若作为他们的母亲，能出生养育他们，
佛是众生的父亲，而般若可产生佛啊！
这就是为一切，般若是众生的祖母。
般若又是一种法，佛对它的解释有种种名，
伴随众生的理解力，为般若起了不同的名字。
如果人们悟得般若，议论之心全都消灭。
好比太阳一出来，早晨的露水一时消失；
般若之威德，能震动二种人，
愚昧者深感恐怖，有智者欢喜雀跃。
如果人们悟得般若，他就成了般若的主宰，
但又不执着于般若，何况对于其余的事物！
般若无所从来，亦又无所归去，
有智者欲从一切处，寻求般若不能得。
如果不照见般若，这就成为烦恼，
如果人们照见般若，这也叫作烦恼；
如果人们照见般若，这就得到解脱，
如果不照见般若，这也是得到解脱；
这件事为稀奇少有，十分深妙而有大名，
好比魔幻般变化的东西，显现了一下而隐没不可见。

诸佛及菩萨，声闻辟支佛，
解脱道涅槃道，统统从般若而获得；
为了世俗作解说，因为怜愍一切众生。
假名解说一切事物，虽作了解说，
然而没有解说，因为事物不可说。
般若波罗蜜，好比大火焰，
四边不可取着，无所取着也不取着，
一切取着全都舍弃，这叫不可取着，
不可取着而取着，这就叫作取着。
般若具有不可破坏的特征、超越言语道，
往无所依靠、滞留，谁能称颂它的美德呢？
般若虽不可称颂，我今能得以称颂它，
虽未摆脱生死地，就因为已经跳出生死地。

原典

问曰：何以独称般若波罗蜜为摩诃，而不称五波罗蜜？

答曰：摩诃，秦言大；般若言慧；波罗蜜言到彼岸。以其能到智慧大海彼岸，到诸[①]一切智慧边，穷尽其极故，名到彼岸。一切世间中，十方三世诸佛[②]第一大，次有菩萨、辟支佛、声闻，是四大人皆从般若波罗蜜中生,是故名大。复次,能与众生大果报,无量无尽常不变异,所谓涅槃,余五波罗蜜不能尔。布施等离般若波罗蜜,但能与世间果报,是故不得名大。

诸佛法无量有若大海,随众生意故种种说法,或说有或说无,或说常或说无常,或说苦或说乐,或说我或说无我③,或说勤行三业④摄诸善法,或说一切诸法无作相⑤。如是等种种异说,无智闻之谓为乖错,智者入三种法门⑥。观一切佛语,皆是实法不相违背。

何等是三门?一者蜫勒门⑦,二者阿毗昙门⑧,三者空门⑨。

问曰:云何名蜫勒?云何名阿毗昙?云何名空门?

答曰:蜫勒有三百二十万言,佛在世时,大迦旃延⑩之所造。佛灭度后,人寿转减,忆识力少,不能广诵,诸得道人撰为三十八万四千言。若人入蜫勒门论议则无穷,其中有随相门⑪、对治门⑫等种种诸门。

随相门者,如佛说偈:

诸恶莫作,诸善奉行;
自净其意,是诸佛教。

是中心数法尽应说,今但说自净其意,则知诸心数法已说。何以故？同相同缘故。如佛说四念处，是中不离四正勤、四如意足、五根、五力[13]。何以故？四念处中，四种精进则是四正勤，四种定是为四如意足，五种善法是为五根、五力，佛虽不说余门，但说四念处，当知已说余门。如佛于四谛[14]中或说一谛或二或三[15]。如马星比丘[16]为舍利弗说偈：

诸法从缘生，是法缘及尽[17]；
我师大圣王，是义如是说。

此偈但说三谛，当知道谛已在中不相离故，譬如一人犯事举家受罪。如是等名为随相门。

对治门者，如佛但说四颠倒[18]：常颠倒、乐颠倒、我颠倒、净颠倒，是中虽不说四念处，当知已有四念处义，譬如说药已知其病，说病则知其药。若说四念处则知已说四倒，四倒则是邪相。若说四倒则已说诸结。所以者何？说其根本则知枝条皆得。如佛说一切世间有三毒，说三毒，当知已说三分八正道[19]。若说三毒，当知已说一切诸烦恼毒。十五种爱[20]是贪欲毒，十五种瞋[21]是瞋恚毒，十五种无明[22]是愚痴毒。诸邪见、憍慢、疑属无明。如是一切结使皆入三毒。以何灭之？三分八正道。若说三分八正道，当知已说一切三十七品[23]。如是等种种相，名为对治门。

如是等诸法名为蜫勒门。

云何名阿毗昙门？

或佛自说诸法义，或佛自说诸法名。诸弟子种种集述解其义。如佛说，若有比丘于诸有为法不能正忆念，欲得世间第一法[24]无有是处。若不得世间第一法，欲入正位[25]中无有是处。若不入正位，欲得须陀洹、斯陀含、阿那含、阿罗汉[26]无有是处。有比丘于诸有为法正忆念，得世间第一法，斯有是处。若得世间第一法入正位，入正位得须陀洹、斯陀含、阿那含、阿罗汉，必有是处。

如佛直说[27]，世间第一法不说相义，何界系何因何缘何果报？从世间第一法，种种声闻所行法乃至无余涅槃[28]，一一分别相义，如是等[29]是名阿毗昙门。

空门者，生空、法空[30]。

如《频婆娑罗王迎经》[31]中，佛告大王："色生时但空生，色灭时但空灭，诸行生时但空生、灭时但空灭，是中无吾我，无人无神。无人从今世至后世，除因缘和合名字等众生，凡夫愚人逐名求实。"如是等经中佛说生空。

法空者，如《佛说大空经》中，十二因缘无明乃至老死，若有人言是老死，若言谁老死皆是邪见。生、有、取、爱、受、触、六入、名色、识、行、无明亦如是。若有人言身即是神，若言身异于神，是二虽异，同为邪见。佛言："身即是神，如是邪见，非我弟子；身异于神亦是邪见，非我弟子。"是经中佛说法空。若说谁老死，当知是虚妄，是名生空；若说是老死，当知是虚妄，是名法空。乃至无明亦如是。

复次，《佛说梵网经》[32]中六十二见[33]。若有人言，神常世间亦常，是为邪见；若言神无常世间无常，是亦邪见；神及世间常亦无常，神及世间非常亦非非常，皆是邪见。以是故知诸法皆空，是为实。

问曰：若言神常，应是邪见，何以故？神性无故。若言世间常，亦应是邪见，何以故？世间实皆无常，颠倒故言有常。若言神无常，亦应是邪见，何以故？神性无故，不应言无常。若言世间无常，不应是邪见。何以故？一切有为法性实皆无常。

答曰：若一切法实皆无常，佛云何说世间无常是名邪见？是故可知非实是无常。

问曰：佛处处说观有为法无常、苦、空、无我，令人得道，云何言无常堕邪见？

答曰：佛处处说无常，处处说不灭。如摩诃男释王[34]来至佛所，白佛言："是迦毗罗[35]人众殷多，我或值奔车逸马狂象斗人时，便失念佛心。是时自念，我今若死，当生何处？"佛告摩诃男："汝勿怖勿畏！汝是时不生恶趣必至善处。譬如树常东向曲，若有斫者必当东倒。善人亦如是，若身坏死时，善心意识长夜以信、戒、闻、施、慧熏心故，必得利益上生天上。"若一切法念念生灭无常，佛云何言诸功德熏心故必得上生？以是故知非无常性。

问曰：若无常不实，佛何以说无常？

答曰：佛随众生所应而说法，破常颠倒故说无常。以人不知不信后世故，说心去后世上生天上，罪福业因缘百千万劫不失，是对治悉檀，非第一义悉檀[36]。诸法实相非常非无常，佛亦处处说诸法空，诸法空中亦无无常。以是故说世间无常是邪见，是故名为法空。

摩诃衍空门者，一切诸法性常自空，不以智慧方便观故空。如佛为须菩提说色，色自空，受想行识识自空，十二入[37]、十八界[38]、十二因缘、三十七品、十力[39]、四无所畏[40]、十八不共法[41]、大慈大悲、萨婆若乃至阿耨多罗三藐三菩提皆自空。

问曰：若一切诸法性常自空真空[42]无所有者，云何不堕邪见？邪见名无罪、无福、无今世后世，与此无异。

答曰：无罪无福人，不言无今世，但言无后世，如草木之类自生自灭，或人生或人杀，止于现在，更无后世生，而不知观身内外所有自相皆空，以是为异。复次，邪见人多行众恶，断诸善事，观空人善法尚不欲作，何况作恶！

问曰：邪见有二种：有破因破果；有破果不破因。如汝所说破果不破因。破果破因者，言无因无缘无罪无福，则是破因；无今世后世罪福报，是则破果。观空人言皆空，则罪福因果皆无，与此有何等异？

答曰：邪见人于诸法断灭令空，摩诃衍人知诸法真空不破不坏。

问曰：是邪见三种：一者破罪福报不破罪福，破因缘果报不破因缘，破后世不破今世；二者破罪福报亦破罪福，破因缘果报亦破因缘，破后世亦破今世，不破一切法；三者破一切法，皆令无所有。观空人亦言真空[43]无所有，与第三邪见[44]有何等异？

答曰：邪见破诸法令空，观空人知诸法真空不破不坏。

复次，邪见人言诸法皆空无所有，取诸法空相、戏论，观空人知诸法空，不取相、不戏论。

复次，邪见人虽口说一切空，然于爱处生爱，瞋处生瞋，慢处生慢，痴处生痴，自诳其身。如佛弟子实知空，心不动，一切结使生处不复生。譬如虚空[45]，烟火不能染，大雨不能湿，如是观空，种种烦恼不复着其心。

复次,邪见人言无所有,不从爱因缘出,真空名从爱因缘生,是为异。四无量心诸清净法,以所缘不实故,犹尚不与真空智慧等,何况此邪见!

复次,是见名为邪见,真空见名为正见。行邪见人今世为弊恶人,后世当入地狱;行真空智慧人今世致誉后世得作佛,譬如水火之异,亦如甘露㊻、毒药,天食须陀以比臭粪。

复次,真空中有空空三昧,邪见空虽有空而无空空三昧。

复次,观真空人,先有无量布施、持戒、禅定,其心柔软,诸结使薄,然后得真空;邪见中无此事,但欲以忆想分别邪心取空。譬如田舍人,初不识盐,见贵人以盐着种种肉菜中而食,问言:"何以故尔?"语言:"此盐能令诸物味美故。"此人便念,此盐能令诸物美自味必多,便空抄盐满口食之,咸苦伤口,而问言:"汝何以言盐能作美?"贵人言:"痴人,此当筹量多少,和之令美,云何纯食盐?"无智人闻空解脱门,不行诸功德,但欲得空,是为邪见,断诸善根。

如是等义名为空门。

若人入此三门,则知佛法义不相违背,能知是事即是般若波罗蜜力,于一切法无所挂碍。若不得般若波罗蜜法,入阿毗昙门则堕有中,若入空门则堕无中,若入蜫勒门则堕有无中。

（节录《释般若相义第三十》卷十八，
页一九一——一九四）

注释

① 诸，一说无"诸"字（据大正藏本，页一九一，校注⑥）。译文从此说。

② **十方三世诸佛**：十方，东西南北、四维、上下。三世诸佛，意谓过去、现在、未来三世出现的诸佛；这比特指的三世佛（迦叶佛、释迦牟尼佛、弥勒佛）外延要广得多，有所谓三世三千佛之说。

③ **或说我或说无我**：此处说的"我"，包括"人我"和"法我"。小乘主张，人无我，人由五蕴和合而成，因而是不真实的，无主体。大乘则更进一步认为，不但人无我，而且法无我，即五蕴之法也是由因缘和合而成，因而是不真实的，无自性。

④ **三业**：意为身口意三处的作用，如身之所行，口之所说，意之所思。

⑤ **一切诸法无作相**：万有无因缘之造作。

⑥ **法门**：意为入佛道的通门。

⑦ **蜫勒门**：一说"蜫"为"蜫"之误（据《三论

玄义》卷十、《天台净名疏》卷七等）。虾勒，意译箧藏，迦旃延作，明亦有亦空之理。早失传。《智论》保留了若干资料。

⑧ **阿毗昙门**：阿毗昙，梵文音译，意译无比法，即发智六足等之小乘论。以之为宗通入涅槃，谓之阿毗昙门。

⑨ **空门**：归纳空义的法门。

⑩ **大迦旃延**：即摩诃迦旃延，新译迦多衍那，意译剪剃种，以姓为名，佛十大弟子之一，以论议第一称著。

⑪ **随相门**：随相，又曰小相。生住异灭各具一相。以此为宗，通入涅槃，谓随相门。

⑫ **对治门**：对治，谓断烦恼。有四种：一厌患对治，谓众生厌患欲界生死苦集，起大加行，修圣道，对治苦集；二断对治，众生知烦恼能招生死苦，于是修无间道，断惑业；三持对治，谓从无间道后，起解脱道，则能摄持所断烦恼，不令再起；四远分对治，谓从解脱道后，起胜进道，令所断之惑永久远离。以断烦恼为宗，通入涅槃，谓之对治门。

⑬ **四正勤、四如意足、五根、五力**：四正勤、四如意足，见《释毗梨耶波罗蜜义》注。五根：指信等五根，即一信根，信三宝四谛；二精进根，又名勤根，勇猛修善法；三念根，忆念正法；四定根，使心止于一境

而不散乱；五慧根，思维真理。此五法是生其他一切善法之本，故名为五根。五力：谓信、精进、念、定、慧等五根增长，有治五障的势力：一信力，信根增长，能破诸邪信者；二精进力，精进根增长，能破身之懈怠者；三念力，念根增长，能破诸邪念者；四定力，定根增长，能破诸乱想者；五慧力，慧根增长，能破三界诸惑者。又本书卷十九载："五根增长，不为烦恼所坏，是名为力。"

⑭ **四谛**：即苦集灭道四谛，又叫四圣谛、四真谛。为圣者所见之真理。

⑮ **或说一谛或二或三**：一谛，对于二谛、三谛而言，谓究竟无二之实义，与所谓一实谛同。二，指二谛，即俗谛与真谛。三，指三谛，即俗谛、真谛与中谛（即排除有无二边的中道谛）。

⑯ **马星比丘**：或译马胜比丘。其人相貌堂堂，举止端方，引人注目。舍利弗失师迷于所归，卒见马星比丘，向其问道，有下面的四句偈。

⑰ **诸法从缘生，是法缘及尽**：诸法从缘生，这一命题有三层意思：一、诸法是存在的——俗谛；二、诸法虽是存在的，但从因缘而生，不是真存在，而是假存在——真谛；三、诸法虽是假存在，但是有名字——假谛（中道谛）。这一命题从某一方面来说揭示了佛教

最基本的问题。是法缘及尽：一个"缘"字可以推比其他，把没有说出来而无法说尽的道谛都概括进去了。所以龙树在下文中说："此偈但说三谛，当知道谛已在中不相离。"

⑱ **四颠倒**：此指凡夫之四颠倒：一、常颠倒，于世间无常之法而起常见；二、乐颠倒，于世间诸苦而起乐见；三、我颠倒，于世间无我法而起我见；四、净颠倒，于世间不净法而起净见。

⑲ **八正道**：又译八圣道。意谓通向涅槃的正确方法。一、正见，对四谛等的正确见解；二、正思维，对四谛等的正确思维；三、正语，修口业，不作非佛理之语；四、正业，住于清净之身业；五、正命，符合佛教教规的正当生活；六、正精进，勤修涅槃道法；七、正念，明记佛教四谛等的真理；八、正定，修习佛教禅定，观四谛之理。

⑳ **十五种爱**：主要是指由五蕴生起的对五尘的种种贪爱。具体指哪十五种，不详。

㉑ **十五种瞋**：迷于愤怒的心，对违情的外境，必起种种愤怒。所说的十五种，无文献根据，难以确指。

㉒ **十五种无明**：一、根本无明；二、枝末无明；三、共无明；四、不共无明；五、相应无明；六、不相应无明；七、迷理无明；八、迷事无明；九、独头

无明；十、俱行无明；十一、覆业无明；十二、发业无明；十三、种子子时无明；十四、行业果无明；十五、惑无明。

㉓ **三十七品**：又名三十七道品。为到涅槃道路之资粮，有三十七种，如四念处、四正勤、四如意足、五根、五力、七觉支、八正道。

㉔ **世间第一法**：为世间有漏智之最极，世俗法中之第一。

㉕ **正位**：指小乘之涅槃。

㉖ **须陀洹、斯陀含、阿那含、阿罗汉**：指小乘佛教修行所达到的四种果位，其中阿罗汉为最高果位。须陀洹，指通过理解，体悟到四谛真理而断除三界的见惑所达到的最初修行果位。斯陀含，指通过理解，体悟到四谛真理而断除自己与生俱来的烦恼所达到的果位。阿那含，指经修行而完全断除了欲界的惑见所达到的果位。阿罗汉，指已断三界之见思二惑，不再生死轮回，达到了无生的境界。

㉗ **直说**：指佛直说法义的长行经文，即十二部经中的修多罗。

㉘ **无余涅槃**：谓见思二惑与所受五蕴之身，俱得灭尽，无有遗余。

㉙ 如是等，一说无此三字（据大正藏本，页

一九二，校注⑱）。译文从此说。

㉚ **法空**：因缘所生法无实体，无自性，故空。

㉛ **《频婆娑罗王迎经》**：经名。盖为赵宋法贤所译之一卷本《频婆娑罗王经》和《中阿含·频婆娑逻王迎佛经》，同本异译。

㉜ **《佛说梵网经》**：大乘经经名，本与《华严经》同部，全译之，则一百二十卷六十一品，鸠摩罗什只译出其中《菩萨心地戒品第十一》，流传于世。

㉝ **六十二见**：指古代印度外道所执之六十二邪见。

㉞ **摩诃男释王**：为甘露饭王之子。于其弟阿那律入佛门出家后，即治理国事，重佛之教法，常布施汤药、衣食等予僧众。

㉟ **迦毗罗**：迦毗罗婆苏都之略称，古印度城市名。

㊱ **是对治悉檀，非第一义悉檀**：悉檀，意谓遍施。对治悉檀，谓如众生贪欲多的，教观不净；瞋恚多的，教修慈心；愚痴多的，教观因缘，为对此等诸病，说此法药，遍施众生。第一义悉檀，第一义即理，谓佛知众生善根已熟，即为说法，全其得悟圣道。

㊲ **十二入**：新译十二处，指六根（眼、耳、鼻、舌、身、意）、六境（色、声、香、味、触、法）的十二法。

㊳ **十八界**：包括认识功能的六根作用于认识对象

的六境，以及由此而生起的六识（眼识、耳识、鼻识、舌识、身识、意识）。

㊴ **十力**：谓佛具有十种智力。即一、知觉处非处智力，处，意为道理，谓知事物道理与非理的智力；二、知三世业报智力；三、知诸禅解脱三昧智力；四、知众生上下根智力；五、知种种解智力；六、知种种界智力；七、知一切至处道智力，谓知转生人天和达到涅槃等因果的智力；八、知天眼无碍智力，谓以天眼见知众生之生死及善恶业缘的智力；九、知宿命无漏智力；十、知永断习气智力，谓知永断烦恼惑业不再流转生死的智力。

㊵ **四无所畏**：亦称四无畏。有二种，一、佛四无所畏：（一）正等觉无所畏，对已修证佛位的自信；（二）漏永尽无畏，对已断绝一切烦恼的自信；（三）说障法无畏，对已说明障碍修道的愚暗法的自信；（四）说出道无畏，对已超离苦难而达到解脱的自信。二、菩萨四无所畏：（一）能持无所畏，对能诵记解说佛法的自信；（二）知根无所畏，对了解众生的根机深浅并应机说法的自信；（三）决疑无所畏，对解决众生疑难的自信；（四）答报无所畏，对圆满回答听者询问的自信。

㊶ **十八不共法**：限于佛的十八种功德法而不共同于其他二乘菩萨，故称不共法：（一）身无失，佛功德

具足,烦恼皆尽;(二)口无失,无量智慧辩才,说法随宜而能得证;(三)念无失,佛修甚深之禅定,心不散乱,于诸无所着,得第一义之安稳;(四)无异想,平等度众生,心无拣择;(五)无不定心,坐卧行住,不离胜定;(六)无不知已舍,佛于一切法悉皆照知方舍,无有一法不了知而舍者;(七)欲无减,谓欲度众生之心无减;(八)精进无减,谓度众生,身心不懈;(九)念无减,佛于三世诸佛之法,一切智慧相应满足,无有退转;(十)慧无减,佛智慧无边,随慧而说,亦无有尽;(十一)解脱无减,佛远离一切执着,具有二种解脱,一是有为解脱,无漏智慧,相应解脱,二是无为解脱,一切烦恼,净尽无余;(十二)解脱知见无减,佛于一切解脱中知见明了,分别无碍;(十三)一切身业随智慧行,佛身胜相,调伏众生,随智说法,令得解悟;(十四)一切口业随智慧行,佛以清妙之语,随智而转,化导利益众生;(十五)一切意业随智慧行,佛以清净意业,随智而转,入众生心而为说法,除灭无明;(十六)智慧知过去世无碍,佛以智慧照过去世所有一切,若众生法若非众生法,悉能遍知无碍;(十七)智慧知未来世无碍;(十八)智慧知现在世无碍。

㊷真空,一说无此二字(据大正藏本,页一九三,校注⑪)。译文从此说。

㊸ **真空**：此指提问者以小乘对真空的看法加于大乘，所以下文提出“与第三邪见有何等异”的问难。小乘的真空观是，真空就是涅槃；非伪故真，离相故空。大乘则认为，对于非有之有为妙有，谓非空之空为真空；是大乘至极之真空。

㊹ 第三邪见，一说“第三邪见人”（据大正藏本，页一九三，校注 ⑬）。译文从此说。

㊺ **虚空**：虚与空，无之别称。虚无形质，空无障碍，故名虚空。

㊻ **甘露**：梵文 Amṛta，音译阿蜜哩多，意译甘露，异名天酒、美露。味甘如蜜，天人所食。《光明文句》卷五：“甘露是诸天不死之药。”《玄应音义》卷二十二：“苏陀味旧经中作须陀饮，此云天甘露食也。”

译文

有人问：为什么只颂扬般若波罗蜜为大，而不颂扬布施、持戒、忍辱、精进、禅定等波罗蜜为大呢？

回答说：摩诃，中国话叫大；般若叫智慧；波罗蜜叫到彼岸。由于波罗蜜能到达智慧大海的彼岸，到达一切智慧的边岸，穷尽智慧的极限，所以叫到彼岸。在一切世间中，十方三世出现的诸佛为第一大，其次是菩萨、辟支佛和声闻,这四大人都从般若波罗蜜中悟道而生,所以叫大。又般若波罗蜜能给众生带来无量无尽、常不变异的大果报,所谓涅槃,其余布施、持戒、忍辱、精进、禅定等波罗蜜不可能办到。离开般若波罗蜜的布施、持戒、忍辱、精进、禅定,只能给与世间果报,所以不能叫大。

　　佛的各种说法很多,有如大海无法计量。随着众生的意愿,所以有种种说法:有时说有,有时说无;有时说恒常不变,有时说迁流不息;有时说苦,有时说乐;有时说人我无主体,有时说不但人我无主体,而且事物也无自性;有时说勤行身口意三业,摄纳诸善法;有时说一切事物无所造作。像这样一些不同的说法,无知的人听到,说这是悖离常情的错误。而智者将这些不同的说法归纳到三种法门。达观佛所说的一切讲话,都是实实在在的说法,一点都不相互违背。

　　是怎样的三门呢?一是蜫勒门,二是阿毗昙门,三是空门。

　　有人问:为什么叫蜫勒?为什么叫阿毗昙?为什么叫空门?

　　回答说:《蜫勒》有三百二十万字,是大迦栴延的著作,那时佛还在世。佛灭度后,人们的寿命逐渐减少,记忆力也差了,不能大量地将它背诵出来,那些得道的人将已背诵出来的部分编撰为三十八万四千字。如果人们进入蜫勒门，就会有无穷的议论，其中有随相门、对治门等种种通门。

所谓随相门，如佛偈所说：

> 各种违理的事不做，各种顺理的事遵行；
> 自己清净心意，这是诸佛的教诲。

在这个偈中本来应该把全部心理活动说出来，而没有说出来，现在只说"自净其意"，就知道已经把全部心理活动说出来了。为什么呢？因为没有说出来的所有心理活动和已经说出来的"自净其意"的心理活动是属于同样的性质和同样的因缘关系。如佛解说四念处，其中没有脱离四正勤、四如意足、五根和五力。为什么呢？四念处中，四种精进就是四正勤，四种定是叫四如意足，五种善法是叫五根、五力，佛虽不说其余法门，只要说到四念处，推知已经说到其余法门。又如佛在苦、集、灭、道四谛中，有时说究竟无二之一实谛；有时说是真、俗二谛；有时说是真、俗、中三谛。又如马星比丘为舍利弗说偈：

> 诸法由因缘和合生，是法因缘及灭尽；

我师大圣王，这个道理就是这样说的。

此偈只说三谛，推知佛道的真理已在其中了，因为二者不相离，好比一人犯法，全家受罪。像这一类叫作随相门。

所谓对治门，如佛说四颠倒：常颠倒、乐颠倒、我颠倒、净颠倒，这中间虽没有说四念处，推知已包含了四念处的意义，好比说到所服的药，就已知生的是什么病；说到所生的病，就知道服的是什么药。如果说四念处，就知道已经说四颠倒。四颠倒就是虚妄不实的相状。如果说四颠倒，就知道已经说过各种烦恼。为什么呢？因为说到它的根本之处，就知道细节已全都掌握了。如佛说一切世间有贪、瞋、痴三毒，在说三毒时，推知已经说过三分八正道。如果说三毒，推知已说过各种烦恼之毒害。十五种爱是贪欲的毒害，十五种瞋是瞋恚的毒害，十五种无明是愚痴的毒害。各种不正确的见解、骄傲自大、蔑视他人、犹豫不决都属于无明一类。像这样的一切烦恼通通归入三毒。用什么办法消灭它们呢？三分八正道！如果说三分八正道，推知已经说过一切三十七道品。像这样一类种种相状，叫作对治门。

像这样一类种种现象叫作蜫勒门。

为什么叫阿毗昙门呢？

有时佛自己说诸法的义理，有时说诸法的名称。弟子们将佛平时的说法编集起来，加以复述，并且解释其含义。如佛所说，如果有比丘对于各种有为法不能有正确的明记，想要得到世间第一法，是没有这样的事。如果得不到世间第一法，想要证入涅槃，是没有这样的事。如果不能证入涅槃，想要得到须陀洹、斯陀含、阿那含、阿罗汉等果位，是没有这样的事。许多比丘对于各种有为法能有正确的明记，得到世间第一法，是有这样的事。如果得到世间第一法证入涅槃，证入涅槃得到须陀洹、斯陀含、阿那含、阿罗汉等果位，一定有这样的事。

　　如佛在长行经文中，只说法义，指出世间第一法是不说相义的，什么样的界系？什么样的因？什么样的缘？什么样的果报？所有的相义都是不说的。可是，自从有了世间第一法以后，种种声闻所行法乃至无余涅槃，逐一分别相义。这叫阿毗昙门。

　　所谓空门，就是生空、法空。

　　如《频婆娑罗王迎经》中，佛告诉频婆娑罗王："色生时，徒有空生，色灭时徒有空灭，诸行生时徒有空生，诸行灭时徒有空灭，此中没有有实体的吾我，没有有自性的人，也没有神。没有人从今世到来世，除了因缘和合假名等众生。可是凡夫愚人追随假名而求实生。"像这类经书中,佛说人我为五蕴假和合,无实体,因而是空的,这叫人我空,也叫生空。

所谓法空,如《佛说大空经》中记载十二因缘从无明乃至老死。如果有人说是老死,或者说谁老死,那都是不正确的见解。生、有、取、爱、受、触、六入、名色、识、行、无明也是这样。如果有人说身就是神,或者说身有异于神,这二种说法虽然不同,同样是不正确的见解。于是佛说:"身就是神,像这样不正确的见解,不是我的弟子;身有异于神,也是不正确的见解,也不是我的弟子。"在这部经中,佛说事物空,也就是法空。如果说谁老死,应当知道这种说法就是虚假狂惑,这叫人我空,也就是生空;如果说是老死,应当知道这种说法就是虚假狂惑,这叫事物空,也就是法空。甚至无明也是这样。

再次,《佛说梵网经》中记载六十二见。如果有人说,神是常住不变的,生死的世间也是常住不变的,这种说法是不正确的见解;如果说神是迁流不止的,生死的世间是迁流不止的,这种说法也是不正确的见解;如果说神和生死的世间既是常住不变的,也是迁流不止的,神和生死的世间既不是常住不变的,也不是非迁流不止的,这些说法都是不正确的见解。因此知道一切事物都是空的,也就是诸法皆空,这就是实际。

有人问：如果说神是常住不变的，应该说这是不正确的见解。为什么呢？因为没有神性。如果说生死的世间是常住不变的，这也应该说是不正确的见解。为什么呢？生死的世间确实都是迁流不止的，因为颠倒了实际，说是有常不变。如果说神是无常性的，迁流不止的，也应该说是不正确的见解。为什么呢？因为没有神性，不应说迁流不止。如果说生死的世间迁流不息，不应该说是不正确的见解。为什么呢？一切有所造作的事物的本性实在都是迁流不息的。

回答说：如果一切事物确实都是常住不变的，佛为什么说生死的世间迁流不息是不正确的见解呢？因此可以知道不真实的才是无常的，迁流不息的。

有人问：佛处处说观察有所造作的事物，是无常的，是迁流不息的，是有生死之苦的，是空的，是没有自性的，好让人进得佛道，为什么说无常会堕入不正确的见解呢？

回答说：佛处处说事物是无常的，迁流不息的，又处处说事物是不灭的。如摩诃男释王来到佛的处所向佛禀告："迦毗罗城人口众多而且富裕，我有时碰上车马横冲直撞，发狂的大象与人相斗，心便散乱，忘却念佛。这时候，自己心里在想：我现在如果死了，应生在什么地方呢？"佛告诉摩诃男："你不要恐惧害怕，你

经典·4 般若波罗蜜 169

这时候不会生在地狱饿鬼畜生处，你必定生在人界天上或诸佛净土处。好比树木常常向东边弯曲，如果有砍伐，一定向东边倒去。行善的人也是这样，如果身坏灭而死，这时候善心意识流转，以平时对佛教的信心、持戒、声闻、布施、智慧熏染了心，所以一定能得到利益，上生天上。"如果一切事物刹那念念生灭无常，佛为什么说诸功德熏染了心，所以一定能上生天上？因此知道不是没有恒常之性的。

有人问：如果迁流不息的无常是不真实的，佛为什么说无常呢？

回答说：佛是随着众生的要求而说法的，破除众生颠倒的常见，所以说无常。由于凡人不晓知、不相信来生，所以佛说心离开了坏灭之身，来世上生天上；罪业和福业的因缘在百千万劫的时间之流中是不会消失的。这是针对众生的愚痴，进行的说教，以消除他们的妄见，而不是从佛法之理的角度，对他们说法，让他们觉悟佛道。一切事物的真如实相非常非无常，佛也处处说一切事物无自性，所以是空，在这之中，也没有无常。所以说生死的世间无常，迁流不息，是不正确的见解。因此叫作法空。

所谓大乘空门，一切事物的本性恒常没有自性，所以是空的，不是以智慧和其他方法手段去观照所以才是空的。如佛为须菩提说五蕴之色,色本自空,受想行识以及色受想行识之识自空,十二入、十八界、十二因缘、三十七品、十力、四无所畏、十八不共法、大慈大悲、萨婆若,乃至阿耨多罗三藐三菩提皆自空。

有人问:如果一切事物没有自性,恒常自空,无所有,为什么不堕入不正确的见解呢?不正确的见解名为没有罪、没有福、没有今世、没有来世,与此无异。

回答说:没有罪福的人不说没有今世,只说没有来生,好比草木之类自生自灭。他们之中,有的活着,有的被人杀害,他们只有现在,再没有来生,而不知观照身内身外所有的自相共相都无自性,都是空的,所以是不同的。又,持不正确见解的人,大多行为多恶,禁绝善事;而观照一切事物空相的人,顺理益己的善事尚且不想做,何况去做恶事!

有人问:不正确的见解有二种:有的破斥原因也破斥结果;有的破斥结果不破斥原因。像你所说的是破斥结果不破斥原因。所谓破斥结果也破斥原因,说没有因,没有缘,没有罪,没有福,乃是破斥原因;说没有现世来生的罪福报应,这是破斥结果。观照一切事物空相的人说一切都空,那么罪福的原因和结果都没有了。这与不正确的见解有怎样的不同呢?

回答说:不正确见解的人在于断灭一切事物,让它成为空无，而大乘人晓知一切事物真空，不可破除，不可坏灭。

有人问：这类不正确的见解有三种：一是破斥罪福报应、不破斥罪福本身，破斥因缘果报、不破斥因缘本身，破斥来生、不破斥现世；二是破斥罪福报应也破斥罪福本身，破斥因缘果报也破斥因缘本身，破斥来生也破斥现世，不破斥一切事物；三是破斥一切事物，都让它空无所有。观照一切事物空相的人也说真空无所有，这与持第三种不正确见解的人有怎样的差异呢？

回答说：持不正确见解的人，破斥一切事物，让它成为空无，而观照一切事物空相的人，晓知一切事物真空，不可破除，不可坏灭。

再次，持不正确见解的人说一切事物都空无所有，执着一切事物的空相，进行无所用处的名字概念的戏论，而观照一切事物空相的人晓知一切事物真空实相，但不执着空相不放，也不作无益的名字概念的戏论。

再次，持不正确见解的人，虽口头上说一切空，然而在可爱之处心生贪爱，可瞋之处心生愤怒，可慢之处心生傲慢，可痴之处心生迷惑，自己欺骗自己。像佛的弟子，真实晓知一切事物为因缘生，无自性，因而是空的，内心不动，一切烦恼所生之处不再生烦恼。好比虚空，烟火不能污染它，大雨不能淋湿它，如是观空，种种烦恼不再系着于他们的心。

再次，持不正确见解的人说无所有，不是从喜爱因缘法得出的；而真空的名称是从喜爱因缘法而生的，这就是二者的差异。慈悲喜舍的四无量心以及各种无垢无染的清净法，由于所攀附的外境不真实，尚且不能与真空的智慧相比，何况这不正确的见解呢！

再次，这种见解叫作不正确的见解；而真空见才叫作正确的见解。执行不正确见解的人，现世作坏人，来生当入地狱；而行真空智慧的人，现世招致好名声，来生得作佛，二者好比水与火之差异，也正像甘露、毒药，以天人所食的甘露不死药去比臭大粪，是无法相比的！

再次，真如实相的真空中的空三昧也是空的；而不正确见解之空虽有空之名，而空三昧并不空。

再次，观照事物真空的人，先有无量布施、持戒、禅定，他们的心柔和而顺道，各种烦恼少，然后修得真空之理；而在不正确的见解中没有这种事，只想要以妄想分别的不正之心取得空。好比种田人，起初不认得食盐，看到贵人拿盐放入各种肉菜中来吃，就发问："为什么放盐呢？"回答说："因为这盐能使食物味道鲜美。"此人心中便想，这盐能使食物鲜美，盐本身味道一定很好，就空手拿上一大把盐放入口中吃起来，又咸又苦，损伤了口腔，于是就问："你为什么说盐能作美味调料？"贵人说："傻瓜，这要考虑计量多少，和合其他主料，味道才鲜美，为何单纯吃盐？"无智的人听到空解脱门而不行各种功德，只想得空，这是不正确的见解，断灭了善根。

像这一类意义叫作空门。

如果人们进得阿毗昙门、空门、蜫勒门，就晓知佛的说法的含义不是相互违背的。能晓知这事理，就是般若波罗蜜力的作用，在一切事物中无所障碍。如果不学得般若波罗蜜的方法，进入阿毗昙门就堕入实有中；如果入空门，就堕入空无中；如果入蜫勒门，就堕入有无中。

原典

复次，菩萨摩诃萨行般若波罗蜜，虽知诸法一相，亦能知一切法种种相；虽知诸法种种相，亦能知一切法一相。菩萨如是智慧名为般若波罗蜜。问曰：菩萨摩诃萨云何知一切法种种相？云何知一切法一相？答曰：菩萨观诸法相，所谓有相[①]，因是有，诸法中有心生，如是等一切有。问曰：无法中云何有心生？答曰：若言无，是事即是有法[②]。

复次，菩萨观一切法一相，所谓无相③，如牛中无羊相，羊中无牛相。如是等诸法中各各无他相。如先言因有故有心生。是法异于有，异故应无。若有法④是牛，羊亦应是牛，何以故？有法不异故。若异则无，如是等一切皆无。

复次，菩萨观一切法一因⑤，是一法⑥诸法中一心⑦生，诸法各各有一相，合众一故名为二，名为三。一为实，二三为虚。

复次，菩萨观诸法有所因故有⑧，如人身⑨无常。何以故？生灭⑩相故。一切法皆如是，有所因故有。

复次，一切诸⑪法无所因故有，如人身无常生灭故，因生灭故知无常。此因复应有因，如是则无穷，若无穷则无因。若是因更无因是无常，因亦非因，如是等一切无因。

复次，菩萨观一切法有相，无有法无相者。如地坚重相、水冷湿相、火热照相、风轻动相、虚空容受相，分别觉知是为识相，有此有彼是为方相⑫，有久有近是为时相，浊恶心恼众生是为罪相，净善心愍众生是为福相，着诸法是为缚相，不着诸法是为解脱相，现前⑬知一切法无碍是为佛相，如是等一切各有相。

复次，菩萨观一切法皆无相，是诸相从因缘和合生，无自性故无。如地，色香味触四法和合故名地，不但色故名地，亦不但香但味但触故名为地。何以故？若但色是地，余三则不应是地，地则无香味触。香味触亦如是。复次，是四法云何为一法？一法云何为四法？以是故不得以四为地，亦不得离四为地。

问曰：我不以四为地，但因四法故地法生，此地在四法中住。

答曰：若从四法生地，地与四法异，如父母生子，子则异父母。若尔者，今眼见色、鼻知香、舌知味、身知触，地若异此四法者，应更有异根[14]异识知[15]。若更无异根异识知则无有地。

问曰：若上说地相有失，应如阿毗昙说地相，地名四大造色，但地种[16]是坚相，地是可见色。

答曰：若地但是色，先已说失。又地为坚相，但眼见色如水中月、镜中像、草木影，则无坚相，坚则[17]身根触知故。复此，若眼见色是地坚相，是地种眼见色，亦是水火湿热相，是水火种。若尔者，风、风种亦应分别而不分别，如说何等是风、风种，何等风种、风。若是一物不应作二种，答若是不异者，地及地种不应异。

问曰：是四大各各不相离，地中有四种，水、火、风各有四种，但地中地多故，以地为名，水、火、风亦尔。

答曰：不然！何以故？若火中有四大应都是热，无不热火故。若三大在火中，不热则不名为火；若热则舍自性，皆名为火；若谓细故不可知，则与无无异；若有粗可得，则知有细；若无粗亦无细。如是种种因缘地相不可得。若地相不可得，一切法相亦不可得。是故一切法皆一相。

问曰：不应言无相。何以故？于诸法无相即是相。若无无相，则不可[18]破一切法相。何以故？无无相故。若有是无相，则不应言一切法无相。

答曰：以无相破诸法相。若有无相相则堕诸法相中，若不入诸法相中，则不应难无相，皆破诸法相亦自灭相[19]，譬如前火木燃诸薪已亦复自然。是故圣人行无相，无相三昧破无相故。

复次，菩萨观一切法不合、不散、无色、无形、无对、无示、无说、一相，所谓无相。如是等诸法一相，云何观种种相？一切法摄入二法[20]中，所谓名色，色无色[21]、可见不可见、有对无对、有漏无漏、有为无为等二百二法门，如《千难品》中说。

种种无量异相法，生灭增减得失垢净悉能知之。菩萨摩诃萨知是诸法已，能令诸法入自性空而于诸法无所著，过声闻、辟支佛地，入菩萨位中。入菩萨位中已，以大悲怜愍故，以方便力分别诸法种种名字，度众生令得三乘。譬如工巧之人，以药力故，能令银变为金，金变为银。

问曰：若诸法性真空[22]，云何分别诸法种种名字？何以不但说真空性？

答曰：菩萨摩诃萨不说空是可得可着，若可得可着，不应说诸法种种异相。不可得空者无所挂碍，若有挂碍是为可得，非不可得空。若菩萨摩诃萨知不可得空，还能分别诸法，怜愍度脱众生，是为般若波罗蜜力。取要言之，诸法实相，是般若波罗蜜。

问曰：一切世俗经书及九十六种出家经中皆说有诸法实相，又声闻法三藏中亦有诸法实相，何以不名为般若波罗蜜，而此经中诸法实相独名般若波罗蜜？

答曰：世俗经书中，为安国全家身命寿乐故非实；外道出家堕邪见法中，心爱着故是亦非实；声闻法中虽有四谛，以无常、苦、空、无我观诸法实相，以智慧不具足不利，不能为一切众生，不为得佛法故，虽有实智慧，不名般若波罗蜜。如说佛入出诸三昧，舍利弗等乃至不闻其名，何况能知！何以故？诸阿罗汉、辟支佛初发心时，无大愿无大慈大悲，不求一切诸功德，不供养一切三世十方佛，不审谛求知诸法实相，但欲求脱老病死苦故。诸菩萨从初发心弘大誓愿有大慈悲，求一切诸功德，供养一切三世十方诸佛，有大利智求诸法实相；除种种诸观，所谓净观不净观、常观无常观、乐观苦观、空观实观、我观无我观，舍如是等妄见心力诸观。

但观外缘中实相：非净非不净、非常非非常、非乐非苦、非空非实、非我非无我。如是等诸观不着不得世俗法故，非第一义㉓周遍清净不破不坏。诸圣人行处，是名般若波罗蜜。

问曰：已知般若体相㉔是无相无得法，行者云何能得是法？

答曰：佛以方便说法，行者如所说行则得，譬如绝崖险道假梯能上，又如深水因船得渡。初发心菩萨，若从佛闻、若从弟子闻、若于经中闻，一切法毕竟空，无有决定性可取可着，第一实法灭诸戏论，涅槃相是最安隐。我欲度脱一切众生，云何独取涅槃？我今福德、智慧、神通力未具足故，不能引导众生。当具足是诸因缘，行布施等五波罗蜜。财施因缘故得大富，法施因缘故得大智慧，能以此二施引导贫穷众生，令入三乘道。以持戒因缘故，生人天尊贵，自脱三恶道，亦令众生免三恶道。以忍辱因缘故，障瞋恚毒，得身色端政威德第一，见者欢喜敬信心伏，况复说法！以精进因缘故，能破今世后世福德道法懈怠，得金刚身不动心，以是身心破凡夫憍慢，舍得涅槃。以禅定因缘故，破散乱心离五欲罪，乐能为众生说离欲法，禅是般若波罗蜜依止处，依是禅，般若波罗蜜自然而生，如经中说，比丘一心专定能观诸法实相。

复次，知欲界中多以悭贪罪业闭诸善门。行檀波罗蜜时，破是二事开诸善门，欲令常开故，行十善道。尸罗波罗蜜未得禅定智慧，未离欲故，破尸罗波罗蜜，以是故行忍辱。知上三事能开福门，又知是福德果报无常，天人中受乐还复堕苦。厌是无常福德故，求实相般若波罗蜜。是云何当得？必以一心乃当可得，如贯龙王宝珠，一心观察能不触龙，则得价直阎浮提㉕。一心禅定，除却五欲五盖，欲得心乐大用精进，是故次忍辱，说精进波罗蜜。如经中说，行者端身直坐系念在前，专精求定，正使肌骨枯朽终不懈退，是故精进修禅。若有财而施不足为难，畏堕恶道恐失好名，持戒忍辱亦不为难，以是故上三度中不说精进。今为般若波罗蜜实相从心求定，是事难故应须精进。如是行能得般若波罗蜜。

问曰：要行五波罗蜜，然后得般若波罗蜜，亦有行一二波罗蜜得般若波罗蜜耶？

答曰：诸波罗蜜有二种：一者一波罗蜜中相应随行，具诸波罗蜜；二者随时别行波罗蜜，多者受名。譬如四大共合，虽不相离，以多者为名。相应随行者，一波罗蜜中具五波罗蜜，是不离五波罗蜜，得般若波罗蜜。随时得名者，或因一因二㉖得般若波罗蜜。若人发阿耨多罗三藐三菩提心布施，是时求布施相，不一不异、非常非无常、非有非无等，如破布施中说，因布施实相解。一切法亦如是，是名因布施得般若波罗蜜。或有持戒不恼众生心无有悔，若取相生着则起诤竞。是人虽先不瞋众生，于法有惜爱心故而瞋众生。是故若欲不恼众生，当行诸法平等。若分别是罪是无罪，则非行尸罗波罗蜜。何以故？憎罪爱不罪，心则自高，还堕恼众生道中。是故菩萨观罪者不罪者心无憎爱，如是观者，是为但行尸罗波罗蜜，得般若波罗蜜。菩萨作是念：若不得法忍，则不能常忍，一切众生未有逼迫能忍，苦来切已则不能忍，譬如囚畏杖楚而就死苦。以是因缘故，当生法忍：无有打者骂者亦无受者，但从先世颠倒果报因缘故，名为受。是时不分别是忍事忍。法㉗者深入毕竟空故，是名法忍。得是法忍，常不复瞋恼众生，法忍相应慧，是般若波罗蜜。精进常在一切善法中，能成就一切善法，若智慧筹量分别诸法，通达法性，是时精进助成智慧；又知精进实相离身心如实不动，如是精进能生般若波罗蜜。余精进如幻如梦，虚诳非实，是故不说。若深心摄念，能如实见诸法实相。诸法实相者，不可以见闻念知能得。何以故？六情六尘皆是虚诳因缘果报，是中所知所见皆亦虚诳，是虚诳知都不可信；所可信者，唯有诸佛于阿僧祇劫所得实相智慧，以是智慧依禅定一心观诸法实相，是名禅定中生般若波罗蜜。或有离五波罗蜜，但闻读诵思维筹量，通达诸法实相，是方便智中生般若波罗蜜。或从二或三四波罗蜜生般若波罗蜜。如闻说一谛而成道果，或闻二三四谛而得道果。如佛语比丘："汝若能断贪欲，我保汝得阿那含道。"若断贪欲，当知恚痴亦断。六波罗蜜中亦如是，为破多悭贪故，说布施法，当知余恶亦破。为破杂恶故具为说六[28]，是故或一一行，或合行，普为一切人故，说六波罗蜜，非为一人。

复次，若菩萨不行一切法，不得一切法故得般若波罗蜜。所以者何？诸行皆虚妄不实，或近有过，或远有过。如不善法近有过罪，善法久后变异时，道者能生忧苦，是远有过罪。譬如美食恶食俱有杂毒，食恶食即时不悦，食美食即时甘悦，久后俱夺命故，二不应食。善恶诸行亦复如是。

问曰：若尔者，佛何以说三行：梵行、天行、圣行[29]？

答曰：行无行故名为圣行。何以故？一切圣行中，不离三解脱门[30]故。梵行、天行中因取众生相故生，虽行时无过，后皆有失，又即今求实皆是虚妄。若贤圣以无着心行此二行则无咎。若能如是行无行法皆无所得，颠倒虚妄烦恼毕竟不生。如虚空清净故，得诸法实相，以无所得为得。如无所得般若中说，色等法，非以空故空，从本已来常自空。色等法，不以智慧不及故无所得，从本已来常自无所得。是故不应问行几波罗蜜得般若波罗蜜。诸佛怜愍众生随俗故,说行非第一义[31]。

问曰:若无所得无所行。行者何以求之?

答曰:无所得有二种:一者世间欲有所求不如意是无所得;二者诸法实相中受[32]决定相不可得故,名无所得。非无有福德智慧增益善根。如凡夫人分别世间法[33]故有所得,诸善功德亦如是,随世间心故说有所得。诸佛心中则无所得。

(节录《释般若相义第三十》卷十八,
页一九四——一九七)

注释

① **有相**:对于无相而言。有造作之相,有虚假之相。

② 法,一说无"法"字(据大正藏本,页一九四,校注⑨)。译文从此说。

③ **无相**:谓真理之绝众相。

④ **有法**:谓事物体用非无。

⑤ **一因**:谓相同或共同的原因。

⑥ **一法**:指事物的法则。

⑦ **一心**:谓万有之实体真如。

⑧ **有**:存在的意思。

⑨ **人身**:谓人的五蕴之身。

⑩ **生灭**：有为法，依因缘和合而有，谓之生；依因缘离散而无，谓之灭。有生必有灭，这是有为法。有灭不必有生，这是无为法。从中道观之，有为法之生灭是假生假灭，而非实生实灭。

⑪ 诸，一说无"诸"字（据大正藏本，页一九四，校注⑪）。译文从此说。

⑫ **方相**：结界定位方正，故名方相。

⑬ **现前**：现于目前，即眼前。

⑭ **根**：有能生、增上等义。如眼之眼根，能生眼识。

⑮ **识知**：识，心之异名，有了别之义。心对于境而了别，名为识。识具有了知的作用，故名识知。

⑯ **地种**：地之大种。事物之坚性，叫地。此坚性周遍一切物质，而为能造之因，故说大种。

⑰ 坚则，一说"坚相"（据大正藏本，页一九四，校注⑫）。译文从此说。

⑱ 可，一说无"可"字（据大正藏本，页一九五，校注①）。

⑲ **灭相**：指有为法之灭相。谓有为法有现法灭而入于过去之相。

⑳ **二法**：凡明法门约于增数，以欲遍摄之。一一数中虽至无量而明摄行要无过于二法。意谓对立统一的二法。

㉑ **名色，色无色**：名色，五蕴的总名。受想行识四蕴为名，皆心识之法，无形体可见，以名而知之，故云名。色蕴，为极微所成有质碍之物体，故谓之色。意谓五蕴之色无色。

㉒ **真空**：指大乘非空之空。

㉓ **非第一义**：非究极真理之理。

㉔ **体相**：实质为体，依于实质而外现差别之支分为相。体为一，相为非一；体为绝对，相为相对；体为无限，相为有限。

㉕ **阎浮提**：新译赡部洲，当须弥山之南方，即吾人之住处。

㉖ 二，底本原为"一"。此据大正藏本，页一九六，校注⑪校改。

㉗ 法，一说"法忍"（据大正藏本，页一九六，校注⑮。译文从此说。

㉘ **六**：指布施、持戒、忍辱、精进、禅定、般若六波罗蜜。

㉙ **梵行、天行、圣行**：梵行，梵为清净之义，断淫欲之法，故称梵行。天行，天者第一义天，天然实相之理，菩萨依天然实相之理而成妙行，故曰天行。圣行，圣者正也，菩萨戒定慧所修之行。

㉚ **三解脱门**：指无漏定谓之三解脱门。解脱即涅

槃，无漏为能进入涅槃之门。

㉛ **第一义**：即无上甚深之妙理，其体湛寂，其性虚融，无名无相，绝议绝思。

㉜ 受，一说无此字（据大正藏本，页一九七，校注⑤）。译文从此说。

㉝ **世间法**：三界所有之有情非情自惑业因缘而生者，全都有漏无常，即四谛中苦集二谛。

译文

　　复次，菩萨行般若波罗蜜，虽知一切事物是没有差别的诸相，也能知一切事物的种种相；虽知一切事物种种相，也能知一切事物没有差别的诸相。菩萨这样的智慧叫作般若波罗蜜。有人问：菩萨为何知一切法的种种相呢？为何知一切法没有差别的诸相呢？回答说：菩萨观察一切法的相状，所谓有相，因为这个有，一切法中的有就在心中产生了，像这样一类一切的有。又问：在没有法中为何心中产生有呢？回答说：如果说没有，这事情本身就是有。

　　复次，菩萨观察一切事物没有差别的诸相，所谓无相，如牛中没有羊的相状，羊中没有牛的相状。像这样一类诸事物中各各没有其他事物的相状。如前回所说，因为有，所以"有"在心中产生。这里说的事物与"有"不同：不同，所以应当是无。如果事物有体有用是牛，羊应当是牛。为什么呢？因为羊也是有体有用的，与牛相同。如果不同，就没有牛羊的事物了。像这样一类，一切都是无。

复次，菩萨观察一切事物，都有共同的原因，这一法则，是在一切事物中，由实体的真如显现出来的。一切法各自有其无差别的诸相，一一和合，所以叫作二，叫作三。一是真如实相，二三是因缘和合的虚妄相。

复次，菩萨观察一切事物都有其原因，所以存在，一旦原因失却，事物就不复存在了，好比人身变化无常。为什么呢？因为这是因缘和合离散的生灭现象。一切事物都是这样，有原因所以存在。

复次，一切事物没有原因，所以存在，好比人身本来就是无常生灭的，因为生灭变化，所以晓知无常。生灭变化又应该有其原因，如是追究下去就没有穷尽；如果没有穷尽，就是没有原因。如果这是原因，再没有别的原因，这是无常，原因也成了非原因。像这样一类，一切都没有原因。

复次，菩萨观察一切事物都有其相状特征，没有事物是没有相状特征的，如地有坚实厚重的相状特征，水有寒冷湿润的相状特征，火有暖热照明的相状特征，风有轻荡飘动的相状特征,虚空有空间容受的相状特征;分别感觉、知晓事物,这是识的相状特征;有此有彼、立定界域,这是结界方正的相状特征;时久时近,这是时间的相状特征;心地不净丑恶、恼怒众生,这是罪的相状特征;心地清净善良、愍念众生,这是福的相状特征;执着一切事物不放,这是束缚的相状特征;不执着一切事物,这是无生死的相状特征;眼前了知一切事物自在通达无所障碍,这是佛的相状特征。像这样一类一切各有其相状特征。

复次,菩萨观察一切事物都没有相状特征。这各种相状特征都是从因缘和合而生起,都没有自性,所以都没有相状特征。如地,色、香、味、触这四种事物和合在一起所以叫地,不只色所以叫地,也不只香、不只味、不只触所以叫作地。为什么呢?如果只有色是地,其他香、味、触就不应是地,地就没有香、味、触了,香、味、触也是这样。又,这四种事物为什么变成一种事物呢?一种事物为什么变成四种事物呢?因此不能以四为地,也不能离开四为地。

有人问:我不以四为地,只是因为色、香、味、触,所以有地的事物生起。这地没有离开色、香、味、触,而是滞留于其中。

回答说:如果由色、香、味、触生起地,地与色、香、味、触就不同了，好比父母生出儿子，儿子就和父母不同了。如果是这样，今眼能见事物和颜色，鼻能闻香气，舌能辨味道，身能知感触，地如果与色、香、味、触不同，应当别有不同的根和不同的识的了知。如果别无不同的根和不同的识的了知，就没有地。

又问：如果上面所说的地的相状特征有错误的话，就应当像阿毗昙论议中所说的地的相状特征，地名是由地水火风造作的形色，但"地种"是坚相，而地是可见的形色。

回答说：如果地只是形色，先前已经说过这是错误的。又说地是坚相，但是眼所见到的形色好比水中的月亮、镜中的映像、草木的影子，就是没有坚相。因为坚相只有身根能感触知了。又，如果眼所见到的形色是地的坚相，那是"地种眼"所见到的形色。水湿相是"水种眼"所见到的形色，火热相是"火种眼"所见到的形色。如果是这样，风、风种也应当分别而又不分别，好比说什么样的是风、风种，什么样的是风种、风。如果是一个东西就不应该作二种分别：回答如果是一样的，地和地种就不应该不一样。

又问：这地水火风四大各自不相分离，地中有地水火风四种，水火风也各有四种。只是地中地的成分多，所以以地为名，水火风也是这样。

回答说：不对！为什么呢？如果火中有火地水风，应该都是热，因为没有不热的火。如果地水风三大在火中，不热就不叫作火；如果热，就舍弃了自性，都叫作火了；如果说因为成分少，感觉不到，那么，这与无没有什么二样；如果成分多，可以取得粗，就知道有细，如果没有粗，也就没有细。如此种种因缘，地的相状不可得，是空的；如果地的相状不可得，是空的，一切事物的相状也是不可得的，是空的。因此，一切事物都是一相，一相就是无相，就是真如空相。

有人问：不应该说无相。为什么呢？在一切事物中，无相就是相。如果没有无相，就不去破斥一切事物之相。为什么呢？因为没有无相。如果有这个无相，就不应该说一切事物无相。

回答说：以无相破斥一切事物之相。如果有无相之相，就堕入一切事物之相中；如果不纳入一切事物之相中，就不应非难无相。这两种情况都破斥一切事物之相，也是自灭相，好比带有火种的木块点燃了柴薪，木块也恢复了自身的燃烧。因此声闻、缘觉以上的见道人心行无相，因为无相之禅定破斥无相。

复次，菩萨观察一切事物，是不合不散的，是没有形色的，是绝对的，是不显示的，是不可言说的，是没有差别的诸相，所谓真如实相。像这样一类各种事物的无差别相为何能观察各种相状特征呢？一切事物收摄入既对立又统一的二法中，所谓五蕴之色无色，既可见又不可见，既是相对的又是绝对的，既是有烦恼的，又是没有烦恼的，既是有所造作的，又是自然的，等等二百二法门，如《千难品》中所说。

种种广大无量数异相的法则，是对事物的生灭增减得失垢净全能知之。菩萨晓知这各种事物之后，能使各种事物入于无自性中，而对一切事物无所沾着，超过声闻、辟支佛地，进入菩萨位。进入菩萨位以后，以广大悲心怜愍众生的缘故，以方便力的作用，分别一切事物的名字，引度众生，让他们得到声闻、缘觉、菩萨等果位，好比手艺高超的匠人，以化学药品作用的缘故，能使银变为金，金变为银。

有人问：如果一切事物的性质是非空之空的，为什么分别一切事物的种种名字呢？为什么不只说非空之空的性质呢？

回答说：菩萨不说空是可以得到，可以执着的。如果可以得到可以执着的，不应说一切事物的各种不同的相状特征。所谓不可得而空，是无所阻隔无所障碍的；如果有所阻隔有所障碍，这是可以取得的，不是不可得而空的。如果菩萨晓知不可得而空，还能分别一切法，怜愍度脱众生，这是般若波罗蜜的作用。取其大意来说，一切事物的真实相，是般若波罗蜜。

有人问：一切世俗经文典籍以及九十六种外道出家经本中，都说一切事物有其真实相，又声闻乘经律论三藏中也有一切事物的真实相，为什么不叫作般若波罗蜜，而佛说般若经中的一切事物的真实相单独叫般若波罗蜜呢？

回答说：世俗经文典籍中，为治理国家、保全家室身命、长寿安乐，所以不真实；佛教以外的修行人堕入不正确的见解中，而且内心爱着这种见解，所以这也是不真实的；声闻法中虽有苦集灭道四种真理，以无常、苦、空、无我观照一切事物的真实相，以智慧不具足、不锐利，不能为一切众生，不是为了取得佛法，虽然有真实的智慧，不叫般若波罗蜜。如说佛出入于一切三昧之中，舍利弗等甚至没有听说它的名字，何况能晓知！为什么呢？诸阿罗汉、辟支佛当初发愿时，就没有救拔众生、没有慈爱和怜悯众生之心，不求一切诸功德，不供养三世十方佛，不去详细考查真实的道理，以求晓知一切事物的真实相，只想要求得摆脱老病死苦的缘故。诸菩萨从初发心弘大誓愿、有大慈爱大悲悯之心，求一切诸功德，供养一切三世十方诸佛，有广大锐利的智慧，求得一切事物的真实相；断除种种观察，所谓关于事物的净与不净的观察、常与无常的观察、苦与乐的观察、空与实的观察、我与无我的观察；舍弃这样一类虚妄见解与心理活动的各种观察。只观察生起事物的外在原因中的真如实相：事物是非净非不净的，非常非非常的，非乐非苦的，非空非实的，非有自性我非无自性我的。像这样一类各种观察不沾着不取得世俗法，所以不是究极真理之理、普遍清净、不破不坏。诸佛菩萨等修行之处，这叫般若波罗蜜。

有人问：已知般若智慧的体相是真理绝相的空法，行者为什么能修得这般若波罗蜜呢？

回答说：佛以方便说法，行者如果以佛所说的去修行，就能有收获。譬如绝崖崄道借着悬梯就能上去；又好比深水的地方依靠船只得以渡过。初发誓愿度众生到彼岸的菩萨，或从佛所闻，或从弟子所闻，或在经书中所闻，一切事物毕竟空，没有善、恶、无记等三性可执取可沾着，第一真实法，灭除各种无用的名字概念等戏论，寂然的涅槃相是最安稳。我欲度脱一切众生，为什么只取涅槃？我今福德、智慧、神通力，未具备完足，所以不能引导众生。当具备完足这些因缘的时候，行布施、持戒、忍辱、精进、禅定五波罗蜜。财施因缘，所以得大富，法施因缘，所以得大智慧，能以这二施引导贫穷的众生，让他们进入声闻、缘觉、菩萨道中。由于持戒因缘，所以生于人界、天界的尊贵中，自己脱离地狱、饿鬼、畜生三恶道，也让众生免除地狱、饿鬼、畜生三恶道。由于忍辱因缘，所以阻障瞋恚的毒害，修得身相端正，最为威严和德泽，见到的人都欢喜，恭敬信从，内心折服，何况又说佛法呢！由于精进因缘，所以能破斥今世、后世福德道法懈怠，修得如金刚般不坏之身、寂然不动之心，以这身心破斥凡夫自以为高、轻视他人的态度，让他们取得寂然的涅槃。由于禅定因缘，所以破斥散乱之心，离弃由色、声、香、味、触五尘而引发的五种欲望的罪过，安稳寂然能为众生说舍离贪欲和淫欲之法；禅定是般若波罗蜜依止之处，依靠这禅定，般若波罗蜜自然而生；如经中所说，比丘一心专注于禅定，能观照一切事物的真如实相。

  复次，晓知欲界中多以吝啬贪婪的罪业，阻绝各种善法的通门。行布施波罗蜜时，破斥此吝啬贪婪二事，开放各种善法的通门，想要让此通门常开不闭，所以行不杀生、不偷盗、不邪淫、不妄语、不两舌、不恶口、不绮语、不贪欲、不瞋恚、不邪见这十种善道。持戒波罗蜜没有得到禅定智慧，没有舍离贪欲，所以破斥持戒波罗蜜，因此修行忍辱。晓知布施、持戒、忍辱三事能打开福利通门，又晓知这福利功德因果报应无常，天界、人界中享受快乐，还再堕入生死之苦中。厌弃这无常的福利功德，因而求取真实的般若波罗蜜。这如何能得到呢？必以一心专注，然后当可得到。如贯龙王颔下的宝珠，一心专注观察，能不触动龙，就能得到如阎浮提那样巨大的价值。一心专注禅定，除却对色、声、香、味、触五尘的贪欲，以及贪欲、瞋恚、睡眠、掉悔、疑法等五种对心性的覆盖，想要得到内心的快乐，大大需要精进，因此在忍辱之后，说精进波罗蜜。如经中所说，修行者端正身体，直坐于座，首先系念于一处而下作他想，专注精神，求得入定，即使肌肉骨头枯萎腐朽，自始至终不松懈不退却，因此精进修禅。如果有财物而布施不具足，感到为难惧怕堕入地狱等恶道中，恐失去好名声，而持戒忍辱也不是难事。因此在以上布施、持戒、忍辱等三度中不说精进。今为般若波罗蜜真如实相，从内心求取入定，这件事不容易，所以应当需要精进。这样的修行，能得般若波罗蜜。

有人问：要行布施、持戒、忍辱、精进、禅定五种波罗蜜，然后得到般若波罗蜜。也有行其中一二种波罗蜜得到般若波罗蜜吗？

回答说：诸波罗蜜有二种：一是一波罗蜜中相应地随宜而行，具备各种波罗蜜；二是随时分别行波罗蜜，行哪种波罗蜜多的，就接受哪种波罗蜜的名称。譬如地水火风四大一起和合，虽彼此不相离，以哪种因素多，就以哪种作为名称。所谓相应随行，一波罗蜜中具有五波罗蜜,这不离五波罗蜜,得般若波罗蜜。所谓随时得名,有的因一波罗蜜,有的因二波罗蜜得般若波罗蜜。如人发起正等正觉遍知之心行布施,这时候寻求布施的相状,不是同一的,也不是不同的,不是恒常,也不是无常,不是有,也不是无等等,如破斥布施中所说,根据布施的真实相状的解析。一切事物也是这样,这叫因布施得般若波罗蜜。或有持戒,不恼怒众生,心中没有悔恨,如果取着相状生发执着,就兴起争斗竞夺,此人虽先不瞋怒众生,由于对事物有憎爱心而瞋怒众生。因此,如果想要不恼怒众生,应当行持一切事物平等。如果分别这是罪这是非罪,就不是行持戒波罗蜜。为什么呢?憎恨罪,喜爱不罪,内心就自以为高明,依然堕入恼怒众生道之中。因此菩萨观察罪人与非罪人,心无憎与爱之分。这样来观察,这叫只行持戒波罗蜜,得般若波罗蜜。菩萨作这样的想法:如果对所观察的事物不能忍许,就不能保持经常的忍耐,一切众生没有受到逼迫还能忍耐,痛苦已极就不能容忍,好比囚犯惧怕鞭杖之痛楚而愿趋死苦。由于这个因缘,所以应当培育对事物的容忍态度:没有打骂的人,也没有接受打骂的人,只从先世颠倒了的果报因缘的缘故,这叫作忍受。这时候不分别这容忍本身和对事情的容忍。所谓法忍,就是深入毕竟空,所以这叫法忍。得到这法忍,常不再瞋恼众生,法忍与智慧相契合,是般若波罗蜜。精进常在一切善法中,能成就一切善法,如果智慧筹量分别一切事物,通达事物的体性,这时候精进协助成就智慧;又晓知精进的真实相,脱离人的身心,照本来的样子不作变动,这样的精进能产生般若波罗蜜。其余的精进如幻如梦,虚妄不实,所以不说。如果一心收摄各种念头,就能如实显示一切事物的真如本相。所谓一切事物的真如本相,不可以耳目见闻思想活动所能得到的。为什么呢?眼、耳、鼻、舌、身、意六根,色、声、香、味、触、法六尘都是虚诳不实的因缘果报,其中所知所见也都是虚妄不实的,这虚妄不实的知见都不可信。所可信的是,只有诸佛在无央数劫的长时节中所得的真如实相智慧;以此智慧,依靠禅定,一心观照一切事物的真如实相,这叫禅定中生般若波罗蜜。或有离五波罗蜜,只听闻读经背诵思维筹量,通达一切事物的真如实相,这是方便智中生般若波罗蜜。或从二或从三四波罗蜜生般若波罗蜜。如闻说一真实谛而成道果,或闻说真俗二谛、或闻说真假中三谛、或闻说苦集灭道四谛而得道果。如佛告诉比丘:"你如果能断除贪欲,我保证你获得阿那含道果。"如果断除了贪欲,推知瞋恚愚痴也断除了。六波罗蜜也是这样,为了破斥过多的吝啬和贪婪,所以说布施法,推知余恶也破斥了。为了破斥各种混杂的违理的恶行，所以全说了布施、持戒、忍辱、精进、禅定、般若六波罗蜜。因此，有的逐一习行，有的全都习行，普遍为了一切人，所以解说六波罗蜜，不是为了某一个人。

复次，如果菩萨不造作一切法，而又不得一切法，所以获得般若波罗蜜。为什么呢？各种造作都是虚妄不实，有的近期有过失，有的时间长了也有过失。如违理的不善法，近期就有过失罪；顺理的善法，时间长了，也会发生变异，这时候，执着的人就能生起忧愁之苦，时间一长也会有过失罪。好比美味的食品和劣质的食品都含杂着毒性，吃劣质食品，当时就不愉快，吃美味的食品，当时就甘甜悦心，时间一久都要夺取人的生命，所以这二种食品都不应该吃。顺理的善行与逆理的恶行也还是这样。

有人问：如果是这样，佛为什么说以下三行：梵行、天行、圣行呢？

回答说：行无所行所以叫作圣行。为什么呢？因为一切圣行中不离开无漏定。梵行、天行中因取着众生相，所以产生梵行、天行。虽行梵行、天行时没有过失，但到后来都有所改变；又，即便现在探求实际，都是虚妄不实。如果声闻人、辟支佛、菩萨等以无所执着之心行此梵行、天行就没有过错。如果能这样，行法与无行法都无所得，是空的，颠倒事理虚妄烦恼毕竟不生。像虚空清净，所以得一切事物的真如实相，以无所得为得。如无所得般若中所说，色等诸法，不是因为空所以空，从本已来就是空。色等诸法，不是因为智慧达不到所以无所得，是从本以来恒常无所得。所以不应问行几种波罗蜜得般若波罗蜜。诸佛怜愍众生，随着世俗，因此所说之行不是无上甚深之妙理。

有人问：如果无所得无所行，修行者为什么去探求它呢？

回答说：无所得有二种：一是世间想要有所求取而不如意，这是无所得；二是一切事物真如实相中决定的相状特征是不可得的，所以叫作无所得。不是因为没有福德智慧增益顺理的善根性而无所得。如凡夫分别世间法，所以有所得。各种顺理的善事和功德也是这样，随着世间法，所以说有所得。诸佛心中就无所得。

5　我法二空

内容提要

人我空与法我空——有我与无我——诸法有与诸法无——从对三十七品的分析说开

原典

有二种空义：观一切法空，所谓众生空、法空。众生空如上说。法空者诸法自相空，如佛告须菩提："色，色相空，受、想、行、识，识相空。"

问曰：众生空、法不空是可信，法自相空是不可信。何以故？若法自相空则无生无灭，无生无灭故无罪无福，无罪无福故，何用学道？

答曰：有法空故有罪福，若无法空不应有罪福。

何以故？若诸法实有，自性①则无可坏，性相②不从因缘生，若从因缘生便是作法。若法性③是作法则可破。若言法性可作可破，是事不然！性名不作法，不待因缘有。诸法自性有，自性有则无生者，性先有故。若无生则无灭，生灭无故无罪福，无罪福故何用学道？若众生有真性④者，则无能害无能利，自性定故。如是等人则不知恩义破业果报。法空中亦无法空相。汝得法空心着故而生是难。是法空诸佛以怜愍心，为断爱结，除邪见故说。

复次，诸法实相能灭诸苦，是诸圣人真实行处。若是法空有性者，说一切法空时，云何亦自空？若无法空性，汝何所难？以是二空能观诸法空，心得离诸法，知世间虚诳如幻，如是观空⑤。若取是诸法空相，从是因缘生憍慢等诸结使，言我能知诸法实相，是时应学无相门⑥，以灭取空相故。若于无相中生戏论，欲分别有所作、着是无相，是时复自思维：我为谬错，诸法空无相中，云何得相取相作戏论？是时应随空无相行身、口、意，不应有所作，应观无作相灭三毒，不应起身、口、意业，不应求三界中生身。如是思维时，还入无作解脱门。是三解脱门，摩诃衍中是一法，以行因缘故，说有三种：观诸法空是名空；于空中不可取相，是时空转名无相；无相中不应有所作为三界生，是时无相转名无作。

（节录《释初品中三三昧义第三十二》卷二十，页二〇七）

佛处处说有我、处处说无我者⑦，若人解佛法义，知假名⑧者说言有我。若人不解佛法义，不知假名者说无我。

复次，佛为众生欲堕断灭见⑨者，说言有我受后世罪福。若人欲堕常见者，为说言无无作我者受者，离是五众假名，更无一法自在者。

问曰：若尔者，何等为贵？

答曰：无我是实。如法印中说，一切作法无常，一切法无我，寂灭是安隐，涅槃法印名为诸法实相。若人善根未熟智慧不利，佛不为说是深无我法，若为说众生即堕断灭见中。

问曰：若尔者，如迦叶⑩问中佛说，我是一边，无我是一边，离此二边名为中道⑪。今云何言无我⑫是实、有我为方便说？

答曰：说无我有二种：一者取无我相、着无我；二者破我，不取无我，亦不着无我，自然舍离。如先说无我则是边，后说无我是中道。复次，佛说有我无我，有二因缘：一者用世俗说故有我，二者用第一实相说故无我。如是等说有我无我无咎。

佛处处说诸法有，处处说诸法无者。

问曰：不应别说有无，有即是有我，无即是无我，何以更说？

答曰：不然！佛法有二种空：一者众生空，二者法空。说无我示众生空；说无有法示法空。说有我示知假名相不着我⑬者；说有我于五众中着我相者。为破是着我故说，但有五众，无常、苦、空、无我、寂灭涅槃是名有。

复次，有二种断见：一者无后世受罪福苦乐者，为说有我，从今世至后世受罪福果报；一者一切法皆空无着，是邪见；为是众生故，说有一切法，所谓有为无为法。

复次，不大利根众生，为说无我；利根深智众生，说诸法本末空。何以故？若无我则舍诸法。如说：

若了知无我，有如是人者，
闻有法不喜，无法亦不忧。

说我者，一切法所依止处；若说无我者，一切法无所依止。

复次，佛法二种说：若了了说则言一切诸法空；若方便说则言无我。是二种说法皆入般若波罗蜜相中。以是故佛经中说趣涅槃道皆同，一向无有异道。

复次，有我有法，多为在家者说，有父母罪福大小业报。所以者何？在家人多不求涅槃故着于后世果报。为出家人多说无我无法，所以者何？出家人多向涅槃故。求涅槃者不受一切法故，自然灭是涅槃。

复次，有人信等诸根[14]未成就故，先求有所得[15]然后能舍；为是人故佛说诸善法，舍诸恶法。有人信等诸根成就故，于诸法不求有所得，但求远离生死道，为是人故佛说诸法空无所有。此二皆实，如无名指[16]亦长亦短，观中指则短，观小指则长，长短皆实。有说无说亦如是，说有或时是世俗或时是第一义；说无或时是世俗或时是第一义。佛说是有我无我皆是实。

问曰：若是二事皆实，佛何以故多赞叹空而毁訾有？

答曰：空无所有是十方诸佛一切贤圣法藏[17]。如《般若波罗蜜·嘱累品》中说，般若波罗蜜是三世十方[18]诸佛法藏。般若波罗蜜即是无所有空。佛或时说有法，为教化众生故。久远皆当入无所有法藏中。

问曰：若尔者，云何般若波罗蜜言若观五众空无所有非是道？

答曰：是般若波罗蜜中说有无皆无。如《长爪梵志经》[19]中说三种邪见：一者一切有，二者一切无，三者半有半无。佛告长爪梵志：是一切有见[20]，为欲染为瞋恚愚痴所缚；一切无见[21]，为不染不瞋不痴故所不缚；半有半无，有者同上有缚，无者同上无缚。于三种见中，圣弟子作是念：若我受一切有见，则与二人共诤[22]，所谓一切无者、半有半无者；若我受一切无见，亦与二人共诤，所谓一切有者、半有半无者诤；若我受半有半无者，亦与二人共诤，所谓一切无者、一切有者。斗诤故相谤，相谤故致恼。见是诤谤恼故，舍是无见。余见亦不受，不受故即入道。若不着一切诸法空，心不起诤，但除结使，是名为实智。若取诸法空相，起诤，不灭诸结使，依止是智慧，是为非实智。如佛所说，为度众生，故有所说，无不是实。但众生于中有着不着，故有实不实。

如是种种因缘故，佛身、口、意业无有过失。是故说佛身、口、意先知，然后随智慧行。

问曰：初说身无失、口无失、念无失，今复说身、口、意业随智慧行，义有何差别？

答曰：先三种无失不说因缘，今说因缘随智慧行故不失。若先不筹量而起身、口、意业则有失。佛先以智慧起身、口、意业故无失。复次，佛成就三种净业[23]、三种寂静业[24]、三不护业[25]。有人疑言，佛何因缘成就如是业？以是故佛言，我一切身口意业先以智慧，然后随智慧行。

（节录《初品中十八不共法释论第四十一》
卷二十六，页二五三——二五四）

问曰：三十七品虽无处说独是声闻、辟支佛道非菩萨道，以义推之可知。菩萨久住生死，往来五道，不疾取涅槃。是三十七品但说涅槃法，不说波罗蜜，亦不说大悲，以是故知非菩萨道。

答曰：菩萨虽久住生死中，亦应知实道非实道、是世间是涅槃。知是已，立大愿："众生可愍，我当拔出着无为㉖处。"以是实法行诸波罗蜜，能到佛道。菩萨虽学虽知是法，未具足六波罗蜜故不取证。如佛说，譬如仰射空中，箭箭相柱㉗不令落地。菩萨摩诃萨亦如是，以般若波罗蜜箭，射三解脱门空中，复以方便箭㉘射般若箭，令不堕涅槃地。

复次，若如汝所说，菩萨久住生死中，应受种种身心苦恼，若不得实智㉙，云何能忍是事？以是故菩萨摩诃萨求是道品实智时，以般若波罗蜜力故，能转世间为道果㉚涅槃。何以故？三界世间，皆从和合生，和合生者无有自性，无自性故是则为空，空故不可取，不可取相是涅槃。以是故说菩萨摩诃萨不住法住般若波罗蜜中，不生㉛故应具足四念处。

复次，声闻、辟支佛法中，不说世间即是涅槃㉜。

何以故？智慧不深入诸法故，菩萨法中说世间即是涅槃㉝，智慧深入诸法故。如佛告须菩提：色即是空㉞空即是色㉟，受、想、行、识即是空㊱，空即是受、想、行、识；空即是涅槃㊲，涅槃即是空。《中论》中亦说：

涅槃不异世间，世间不异涅槃，
涅槃际世间际，一际㊳无有异故。

菩萨摩诃萨得是实相故，不厌世间，不乐涅槃。三十七品是实智之地。

（节录《释初品中三十七品义第三十一》卷十九，页一九七——一九八）

注释

① **自性**：诸法各自有不变不改之性，是名自性。
② **性相**：意谓事物的性质相状特征。
③ **法性**：又名实相真如、涅槃等，异名同体。性即体，是不可改变的，所以叫法性。小乘不谈法性，大乘则盛论之。各派具体说法不一。
④ **真性**：不妄叫真，不变叫性，是人本具之心体。
⑤ **观空**：观照诸法之空相。

⑥ **无相门**：这是无漏定之一，是通向涅槃的一个门户。涅槃是离五尘，以及男女相、有为之相等，所以称无相。

⑦ **佛处处说有我、处处说无我者**：佛智无碍，随缘而说，所以有时说有我，有时说无我。关于有我、无我的真妄问题，大乘空宗与大乘法性宗说法不同。空宗以有我为妄，以无我为真；性宗以无我为妄，以有我为真。此处的有我，是指有主体、有自性；无我，是指无主体、无自性。

⑧ **假名**：有二种解释：一是就名所释，诸本无名，以人假付名者，故一切之名虚假不实，不契实体；二是就法而释诸法为因缘和合而成，无真实之体，无差别，假名而有差别。

⑨ **断灭见**：即断见，执身心断灭之见。属于无见。

⑩ **迦叶**：佛十大弟子之一，有头陀行第一之誉的罗汉，谓摩诃迦叶，略称迦叶。

⑪ **中道**：离二边的不偏不倚的观点、方法等。小乘以八正道为中道，大乘中观派以八不为中道，瑜伽行派以三自性为中道等等。

⑫ **无我**：一、人无我，自主自在之我为我。凡夫不了五蕴假和合之义，固执实有自主自在之人体曰人我。今了假和合之义，达实无人体，曰人无我。此小乘

之观道。二、法无我，偏执法有实体、有实相，叫法我。今了因缘所生法，达实无自性，曰法无我。此大乘菩萨之观道。小乘唯悟人无我。菩萨二无我皆悟。

⑬ **我**：己身有一主宰而常住者。这个我是五蕴和合之假我，没有真实之我体。

⑭ **信等诸根**：指信、勤、念、定、慧之五根及其他一切之善根。

⑮ **有所得**：执着之心，分别之心。本论卷六十："有所得者，所谓以我心于诸法中取相故。"

⑯ **无名指**：中指与小指之间的指头。

⑰ **法藏**：又曰佛法藏，一名如来藏，是法性之理。法性含藏无量之性德，故曰法藏。又佛所说之教法，教法含藏多义，故名法藏。

⑱ **三世十方**：过去、现在、未来三世。东西南北、四维、上下十方。即囊括了相当于现代人所说的全部的时空。

⑲ **《长爪梵志经》**：盖为唐义净所译的《长爪梵志所问经》，一卷。

⑳ **有见**：执着于有之邪见。

㉑ **无见**：执着于无之见解。

㉒ **诤**：通"争"字，争斗。

㉓ **三种净业**：又名三福。一、孝养父母、奉事师

长、慈心不杀、修十善业；二、受持三皈，具足众行，不犯威仪；三、发菩提心、深信因果、读诵大乘经典。

㉔ **三种寂静业**：一、身寂静，舍家弃欲，息众缘务，闲居静处，远离愦闹，身之恶行，一切不作；二、心寂静，于贪瞋痴等悉皆远离，修习禅定而不散乱，意之诸恶行，一切不作；三、口寂静，默然无言。指佛身口意三业默然寂静。

㉕ **三不护业**："如来之三业，纯净离过，不须防护，名为三不护。"出自《大乘义章》卷十九。

㉖ **无为**：无生住异灭四相之造作曰无为，即真理之异名。

㉗ **柱**：支撑。与"拄"通。

㉘ **方便箭**：方便，谓达于权道之智。箭是譬喻。

㉙ **实智**：达于佛之实理之智。

㉚ **道果**：道为菩提，果为涅槃，涅槃由菩提之道而证，故曰果。

㉛ **不生**：即无生。谓菩萨既断见思惑尽，更不受三界生，故名不生。

㉜ **声闻、辟支佛法中，不说世间即是涅槃**：声闻、辟支佛法认为，只要个人超脱生死，即可进入涅槃境界，而没有对世间的种种事物实相进行分析把握，从而把世间与涅槃分为二截。

㉝ **菩萨法中说世间即是涅槃**：菩萨法认为，修道的最高目标固然是涅槃，但涅槃的究竟境界乃是对世间事物实相的认识，运用。世间一切现象是毕竟空的，以空为实相，这实相也就成为涅槃的内容，所以世间与涅槃是一回事，世间即是涅槃。

㉞ **色即是空**：有形之万物，为因缘所生，非本来实有，所以是空的。

㉟ **空即是色**：色之实性虽空，然因缘所会处有色相，是空无异于色，故云空即是色。

㊱ **受、想、行、识即是空**：受、想、行、识为五蕴中之四蕴，此四蕴皆为心法，故称非色之四蕴。谓此四蕴亦为因缘和合，非本实有，故空。

㊲ **空即是涅槃**：大乘佛教认为，讲涅槃，必须联系一切事物，显示一切事物的本来面目，所谓实相。一切事物的实相就是毕竟空。这样，毕竟空的实相也就成为涅槃的内容，所以空即是涅槃。涅槃即是空，也是这样。

㊳ **一际**：彼此二边无有分别。

译文

空的含义有二种：达观一切事物皆无实体，所谓众生空、法空。众生空，如上面所说，众生假和合，没有实体，所以是空的。所谓法空，一切事物有二种相，一是总相，生灭不住，本无今有，已有还无；二是别相，如水有湿相，火有热相，风有动相。这二种相皆无实体，这叫自相空。如佛告诉须菩提："物质和它的相状特征是因缘和合而生的，没有实体，没有自性，所以是空的，这叫色、色相空。受、想、行、识及其识相也是这样。"

有人问：众生空、事物不空是可信的，事物自相空是不可信的。为什么呢？如果事物自相空就没有生没有灭；没有生没有灭，所以没有罪没有福；由于没有罪没有福，学习佛道有什么作用呢？

回答说：有了事物的空，所以有罪与福的不同；如果没有事物的空，就不应该有罪与福的分别。为什么呢？如果一切事物是真实存在的，事物各自的性质就不可能受到破坏，因为事物的性质特征不是从因缘产生的；如果从因缘产生，就是造作的事物了。如果法性是可以造作的，就可以破坏。如果说法性可以造作可以破坏，这事情不是这样！性，名为不可造作之法，不须待因缘而有。一切事物的自性是自有的。自性是自有的，就没有产生它的东西，因为自性先就有了。如果没有生，就没有灭；生灭都没有，所以没有罪福；由于没有罪福，学习佛道有什么作用呢？如果众生有真实不变的心体，就不可能伤害他，也不可能利益他，因为各自不变不改之性已经确定了。像这样一类人就不知道德恩情义与破斥造作而产生的果报。因缘所生的事物，是没有实体的，此间也没有这种相状特征。你证得事物没有实体，因为心执着这一点，就产生提问中所提的可信不可信的疑难。诸佛以怜愍心，为了断除众生贪爱的烦恼和不正确的见解，所以说这事物是没有实体的。

复次，一切事物的真空实相能灭除各种痛苦，是佛菩萨等修道人真实修行的所在。如果这事物没有实体而有不变之性，说一切事物没有实体时，为何自己也成了没有实体的呢？如果事物有实体之性，你有什么可疑难的呢？因此，众生无实体和事物无实体能观照一切事物无实体，心必断离一切事物，晓知世间虚妄如幻不实，这样来观照一切事物的空相。如果着取这一切事物的空相，从此因缘生起憍慢等种种烦恼，说我能知晓一切事物真空实相，这时候，为了断除着取空相，所以应当学习无相门，以灭取空相。如果在无相中生起无益的名字概念的戏论，想加以分别，有所造作，执着这无相；这时候，又自己在思考：我是错了，在一切事物无实体无相中，如何得相取相、作无益的名字概念的戏论呢？这时候应当随着无实体无相习行身、口、意的作用，不应当有所造作，应当观照无作相，灭除贪、瞋、痴三毒，不应当生起身、口、意的造作，不应当求取欲界、色界、无色界中的生身。这样考虑的时候，返回来进入无作解脱门。这空、无相、无作三解脱门，在大乘中是一法，由于修行因缘，所以说有三种：观照一切事物无实体，这叫空；在无实体中不能取得相状特征，这时候，无实体转名为无相；在无相中，不应当为三界生起而有所造作，这时候，无相转名为无作。

所谓佛处处说有我，处处说无我；如果人们理解佛的说法的含义，晓知假名，解释说有我。如果人们不理解佛的说法的含义，不晓知假名，解释说无我。

又，佛因为众生想要堕入断见的人解释说，有我将受死后罪福的果报；如果人们想要堕入常见，佛为他们解释说，没有无造作的，没有主宰的自身，没有身后当受罪福的果报。断离这五蕴的假名，再没有一事物进退无碍的。

有人问：如果是这样，什么样才真实的呢？

回答说：没有实体的我是真实的。如法印中所说，一切有为的事物，迁流变化，不停不息；一切事物没有实体，没有自性；涅槃寂静是心安身稳，涅槃法印叫作一切事物的真如实相。如果人们顺理的根性尚未成熟，智慧又不锐利，佛不为他们说这深妙的无我法；如果为他们说无我法，众生立即堕入断灭之见中。

又问：如果是这样，如摩诃迦叶请教佛，佛说，我是一边，无我是一边，离这二边叫作中道。现在为何说无我是真实、有我是方便之说呢？

回答说：讲无我有二种：一是取无我相，执着无我；二是破斥我，不取无我，也不执着无我，自然舍离无我。如先所说，无我就是一边，后说无我是中道。又，佛说有我无我，有两种原因：一是用世俗的说法，所以有我；二是用深妙真空实相之理的说法，所以无我。像这样一些讲有我无我没有错误。

所谓佛处处说一切事物是有，处处说一切事物是无。

有人问：不应该分开来说有和无，有就是有我，无就是无我，为什么再说呢？

回答说：不对！佛的说法中有二种空：一是众生是没有实我的，是空的；二是事物是没有实体的，是空的。说无我，表示众生五蕴假合之身心是没有实体的，是空的；说没有事物，表示事物是没有实体的，是空的。说有我，表示晓知虚假的名称相状，不着于没有真实的我；说有我，在五蕴中着取于我之相状。为了破斥这一着取于我，所以说只有五蕴，迁流不息、身心受逼、没有主体和自性、寂静绝相之涅槃，这叫有。

复次，有二种断见：一种是没有身后将受罪福苦乐的果报的；为了帮助持这种见解的人，说有我身，从今世至身后将受罪福的果报；另一种是，一切事物皆无实体，都是空的，不可沾着，这是不正确的见解。为了帮助这类众生，所以说有一切事物，所谓有所造作的事物和无所造作的自然的事物。

复次，对于根器不利的众生，佛为他们说无我；对于利根器的、极有悟性的众生，佛为他们说一切事物从初相至末报终究都是没有实体的。为什么呢？如果五蕴假合之身心没有实我，就舍离一切法。如说：

　　如果认识五蕴假合之身没有自性，有这样的人的话，
　　听到有事物不喜悦，没有事物也不忧伤。

说有主宰的我，这是一切事物所依赖止住之居处；如果说没有实我，一切事物就无所依赖止住。

复次，佛的教法有二种说法：如果对事理明白地解释，就说一切事物究无实体；如果善巧方便地解释，就说没有主宰的没有自性的我，所谓无我。这两种说法都纳入般若波罗蜜中。因此佛经中说，趋向涅槃的道路都是相同的，从来没有不同的道路。

复次，有我有法，多为在家人说，有父母、罪福、

大小业报。为什么呢？在家人大多不求涅槃，所以执着于身后的果报。为出家人只说无我无法，为什么呢？因为出家人只向往涅槃。求涅槃的人不纳受一切事物，所以也就自然地消除了这个涅槃。

复次，许多人信等诸善根没有具足，所以首先寻求分别取相，然后舍弃；为了这样的人，所以佛说各种顺理益世的善法，舍弃各种逆理的恶法。许多人因为信等诸善根已具足了，对于一切事物不去寻求取相，只寻求远离生生死死之道；为了这样的人，所以佛说一切事物无实体，无所有。这二种说法都是真实的，如无名指，观察中指就短，观察小指就长，长与短都是真实的。关于有和无的说法也是这样。说有，有时是世俗的，有时是第一义谛的；说无，有时是世俗的，有时是第一义谛的。佛说的这个有我无我，都是真实的。

有人问：如果有与无这两件事都是真实的，佛为什么只赞赏宣扬空而诋毁、非议有呢？

回答说：究无实体、空无所有，是十方诸佛、一切菩萨等修道人的法藏。如《大般若波罗蜜多经·嘱累品》中所说，般若波罗蜜是三世十方诸佛的法藏。般若波罗蜜就是无所有的，是空无实体的。佛有时说有法，是为了教化众生。佛很早很早长时期以来就都处于空的法藏中。

又问：如果是这样，为什么般若波罗蜜说：如果观察五蕴无实体，空无所有，不是佛道呢？

回答说：这般若波罗蜜中说，有与无都没有。如《长爪梵志经》中说有三种不正确的见解：一是一切有，二是一切无，三是半有半无。佛告诉长爪梵志：这一切执着于有的不正确的见解，是因为贪欲所染着，为瞋恚、愚痴所束缚。一切执着于无的见解，是因为不染着、不瞋恚、不愚惑，所以无所束缚。执着于半有半无的见解：有，如同上面一样有束缚；无，如同上面一样没有束缚。在这三种见解中，佛菩萨的弟子们作这样的思念：如果我容受一切执着于有的不正确的见解，就参与了二人的相互争斗，所谓执着一切无的见解的人与执着半有半无的见解的人的争斗；如果我容受一切执着于无的见解，也是参与了二人的共同争斗，所谓执着一切有的见解的人与执着半有半无的见解的人争斗；如果我容受半有半无的见解，也参与了二人共同的争斗，所谓执着一切无的人与执着一切有的人的争斗。相互斗争，所以相互诽谤；相互诽谤，所以招致恼怒。见到这争斗、诽谤、恼怒，所以舍弃这执着于无的不正确的见解。其余不正确的见解也不容受，不容受所以就可进入佛道。如果不执着一切事物空无实体，心就不起争斗，只是消除烦恼，这叫作真实的智慧。如果执取一切事物皆无实体的空相，生起争斗，不断除各种烦恼，依赖止住于这种智慧，这是非真实的智慧。如佛所说，为了度脱众生，所以有所解说，没有不是真实的。只是众生在这中间有执着不执着，所以有真实不真实。

如此种种因缘，所以佛的身、口、意的作用没有过失。因此说，佛在身、口、意三业首先有了认识，然后随着智慧而行。

有人问：开始说身行没有过失，言语没有过失，念头没有过失，现在又说身、口、意的三业随着智慧而行，道理有什么差别呢？

回答说：前三种没有过失，因为不讲因缘，现在讲因缘随智慧而行所以没有过失。如果开始不筹谋考量而兴起身、口、意的作用，就有过失。佛开始以智慧兴起身、口、意的作用，所以没有过失。又，佛成就三种净业、三种寂静业、三不护业。有人迷惑不解地说：佛由于什么因缘而成就如是业呢？因此佛说，我一切身、口、意的作用先以智慧，然后随智慧而行。

有人问：三十七品，虽没有在什么地方说只是声闻、辟支佛道，不是菩萨道，但从道理上可以推知是舍离菩萨道的。菩萨久居生死之中，往来于地狱道、饿鬼道、畜生道、人道、天道之间，不速取涅槃。这三十七品只说涅槃法，不说到彼岸，也不说广大悲心，因此晓知不是菩萨道。

　　回答说：菩萨虽久居生死之中，也应当知晓真实的正道还是非真实的正道、是世间还是涅槃。了解了这一点之后，立誓救度众生："众生值得悲悯，我当救拔出他们，至于无为之处，即真理之处。"以这真实的道法行各种波罗蜜，能到达佛道。菩萨虽学虽知此法，没有具足这六波罗蜜，所以不能证得佛道。如佛所说，好比仰向天空射箭，箭箭相支撑，不让落地。菩萨也是这样，用般若波罗蜜箭，射三解脱门空中，再用方便箭射般若箭，不让堕入涅槃地。

　　复次，如果像你所说，菩萨久住生死中，应受种种身心苦恼，如果不能达到佛的实理的智慧，如何能忍受这种事呢？因此菩萨在探求这三十七道品实理的智慧时，由于般若波罗蜜的作用，所以能转世间为菩提涅槃。为什么呢？欲界、色界、无色界这三界世间，皆从和合生；和合所生，没有自性；没有自性，所以是为空；空，所以不可取；不可取就是涅槃相。因此，说菩萨不安住于事物，而安住于般若波罗蜜中；菩萨无生，所以应具足四念处。

　　复次，声闻、辟支佛法中，不说世间即是涅槃。为什么呢？因为智慧没有深入到一切事物之中。菩萨法中，说世间就是涅槃，因为智慧深入到一切事物事理之中。如佛告诉须菩提，色即是空，空即是色；受、想、行、识即是空，空即是受、想、行、识；空即是涅槃，涅槃即是空。《中论》中也说：

涅槃无异于世间，世间无异于涅槃，
涅槃为一边世间为一边，彼此二边没有分别。

菩萨得此实相，所以不厌弃世间，也不豫悦涅槃。三十七道品是实理智慧的居处。

6　三假释论

内容提要

从菩萨毕竟空说开——法假——受假——名假

原典

问曰：佛命须菩提为诸菩萨说般若，而须菩提言无菩萨，与佛相反，佛何以同之？

答曰：有二种说，一者着心说，二者不着心说。今须菩提以不着心说空，佛不诃之。

复次，须菩提常行空三昧[①]，知诸法空故。佛告须菩提：为诸菩萨说般若波罗蜜，而菩萨毕竟空。是故须菩提惊言：云何名菩萨？佛即述成：菩萨如是从发心已来乃至佛道，皆毕竟空故不可得。若如是教者，是即教菩萨般若波罗蜜。

复次，凡有二法：一者名字②，二者名字义。如火能照能烧是其义，照是造色，烧是火大，是二法和合名为火。若离是二法有火，更应有第三用，除烧除照更无第三业，以是故知二法和合假名为火。是火名不在二法内。何以故？是法二、火是一，一不为二、二不为一，义以名二法不相合，所以者何？若二法合说火时应烧口，若离索火应得水，如是等因缘知不在内。若火在二法外，闻火名不应二法中生火想。若在两中间则无依止处；一切有为法无有依止处。若在中间则不可知。以是故火不在三处，但有假名。菩萨亦如是，二法和合名菩萨：所谓名色③，色事④异，名事异。若定有菩萨，应更有第三事，而无有事则知假名。是菩萨、菩萨名亦如是，不在内、不在外、不在两中间。是中佛说譬喻：如五众和合故名为我，实我不可得。众生乃至知者、见者⑤，皆是五众因缘和合生假名法，是诸法实不生不灭，世间但用名字说菩萨、菩萨字。般若波罗蜜亦如是，皆是因缘和合假名法，是中佛更说譬喻。有人言，但五众和合有众生，而众生空但有五众法。佛言，众生空五众亦和合故，假名字有。十二处、十八界亦如是。

复次，菩萨有二种，一者坐禅，二者诵经。坐禅者，常观身骨等诸分和合故名为身。即以所观为譬喻言，头骨分和合故名为头，脚骨分和合故名为脚，头脚骨等和合故名为身，一一推寻皆无根本。所以者何？此是常习常观故以为譬喻。不坐禅者，以草木枝叶华实为喻。如过去诸佛亦但有名字，用是名字可说十譬喻，亦但有名字。菩萨义亦如是。十喻义如先说。菩萨应如是学三种波罗聂提⑥：五众等法是名法波罗聂提；五众因缘和合故名为众生，诸骨和合故名为头骨，如根茎枝叶和合故名为树，是名受波罗聂提；用是名字取二法相，说是二种，是为名字波罗聂提。

　　复次，众微尘⑦法和合故有粗法生，如微尘和合故有粗色⑧，是名法波罗聂提。从法有法故，是粗法和合有名字生，如能照能烧有火名字生。名色有故为人，名色是法，人是假名，是为受波罗聂提。取色取名故，名为受多名字边，更有名字，如梁椽瓦等名字边，更有屋名字生，如树枝树叶名字边有树名生，是为名字波罗聂提。行者先坏名字波罗聂提到受波罗聂提，次破受波罗聂提到法波罗聂提，破法波罗聂提到诸法实相中。诸法实相即是诸法及名字空般若波罗蜜。

　　菩萨行般若波罗蜜，观色法⑨名字，非常非无常，乃至有为无为性中，不见有菩萨菩萨字，如先说。一切法中不作忆想分别。菩萨住不坏法⑩中，行六波罗蜜乃至十八不共法，以诸法实相智慧，于诸法中求，不见一定法，所谓般若波罗蜜亦不见般若波罗蜜名字，又不见菩萨及菩萨名字。用是智慧故破无明⑪等诸烦恼。用是不见亦不见智慧故，破着般若波罗蜜、般若波罗蜜名字，菩萨、菩萨名字；诸法实相清净通达无碍。菩萨得如是智慧，若见若闻若念皆如幻化。若闻见念皆是虚诳，以是故不着色等。住是无碍智慧中，增益六波罗蜜入菩萨位，得如是等利益。是一章佛自教菩萨作如是观。

次后章，人谓佛多说法空，故反问须菩提："若诸法不空，颇有一法定是菩萨不？所谓色是菩萨不？乃至如⑫是菩萨不？"须菩提作是念：诸法和合故有菩萨，我云何言一法定是菩萨？以是故言："不也！世尊。"须菩提善得众生空故，佛言："善哉！善哉！"菩萨知众生空不可得故，应行般若波罗蜜。色是菩萨义，乃至无作毕竟空亦如是。须菩提入诸法深空中不疑故，能益诸菩萨故，佛赞言："善哉！善哉！"菩萨法应如是学：一切法不可得空般若波罗蜜。如须菩提说："我不见是法名⑬为菩萨。"佛言："非但菩萨独不可见，都无有法见法者。"法性⑭无量不可见故，是故诸法不见法性。诸法因缘和合生，无有自性毕竟空故。法性不见诸法色性⑮、不见法性⑯。法性不见色性，乃至识性⑰亦如是。五众性与法性同名，故名为性。十二处、十八界、有为法、无为法亦如是。略说因缘：离有为性不得说无为性，离无为性不得说有为性，是二法中摄一切法故。是菩萨虽不见一切法，亦不怖畏。何以故？有所见有所不见则有恐畏，若都无所见则无所畏，所谓五众乃至十八不共法。

　　问曰：若佛已说不恐畏因缘，须菩提何以故重问？答曰：须菩提若谓法都空无所有，恐堕邪见。所以者何？佛弟子得正见故名为行道人，云何言都不可见？佛知须菩提意故，说言一切心、心数法[18]不可得不可见故无畏。凡夫人欲入空中，见心、心数法可得，外法不可得故恐怖。菩萨以心、心数法虚妄不实，颠倒果报，不能示人实事，故不恐怖。以是异义故重问。

　　问曰：若尔者，何以复有第三问？答曰：心、心数法意识[19]中可见，意及意识是心、心数法根本。所以者何？意识中多分别故生恐怖，五识[20]时顷促，故无所分别。欲破怖畏根本，以是故重问无咎。

　　若菩萨能行如是般若波罗蜜，虽不见四种事：菩萨、菩萨字、般若波罗蜜、般若波罗蜜字，能三种因缘不畏，即是教菩萨般若波罗蜜。若但了菩萨般若波罗蜜相，是为行般若波罗蜜，不从十方求，亦无与者，亦非如金银宝物力求而得。

（节录《释三假品第七》卷四十一，
页三五八——三六〇）

注释

① **空三昧**：三三昧之一，是禅定的一种。谓一心专注，观主体我和对象法二空。

② **名字**：名者实名，字者假名，总为事物的名称。

③ **名色**：五蕴之总名。受想行识之四蕴为名，心识之法，无形体可见，但以名而知之。色蕴之一为色，极微组成，有质碍之物体，故谓色。

④ **事**：相对于理之称。显教认为，离因缘之无为法为理，因缘生起的有为法为事。

⑤ **知者、见者**：知者，于五蕴法中妄计我有五根能知五尘。见者，于五蕴法中妄计我有眼根，能见一切之色相。

⑥ **三种波罗聂提**：波罗聂提，梵文 Pranapti 的全音译，略译聂提，意译假，假设施。三种波罗聂提，就是法波罗聂提、受波罗聂提、名（名字）波罗聂提，即三假：法假、受假、名假。一、法假，色心等各自之法，自性本来虚假不实，故名法假；诸法因缘生，无实性，故此自性是假的。二、受假，受是总法含受别法而成一体，如含受四大而成草木，摄五蕴而成众生，即摄别为总，名叫受假，是积聚假。三、名假，是一切诸法之名；名是由法依想而假设施的，故曰名假。破此三假，

以达诸法实相之空理。

⑦ **微尘**：色体之极少为极微，七倍极微为微尘，即俗眼不可见之色。

⑧ **粗色**：肉眼可见之色。

⑨ **色法**：质碍之法，即物质。大乘法相、五根、五境、法处所摄色之十一法。

⑩ **不坏法**：即不住于固定的一法中。

⑪ **无明**：于事于理无所明了。

⑫ **如**：与实相同体异名。

⑬ **名**，一说"名字"（据大正藏本，页三六〇，校注⑮）。译文从此说。

⑭ **法性**：又名实相真如、涅槃等，异名同体。真如为万法之体，其性不改不变故曰法性。

⑮ **色性**：即色体。

⑯ **不见法性**，一说"色性不见法性"（据大正藏本，页三六〇，校注⑰）。译文从此说。

⑰ **识性**：识为心之异名，有了别之义。心对于境而了别，名为识。心对于外境了别之性，名为识性，或名识体。

⑱ **心、心数法**：心与心所有法。意指相应于心王而起全部心理活动。

⑲ **意识**：六识之一。依意根而起，了别法境之心王。

⑳ **五识**：指五根缘五境而生眼、耳、鼻、舌、身五识。

译文

有人问：佛令须菩提为诸菩萨解说般若，然而须菩提说没有菩萨，与佛相反，佛为什么同意他说法呢？

回答说：有二种说法，一是执着于心而说；二是不执着于心而说。现在须菩提以不执着于空之心说空，佛不呵责他。

复次，须菩提常行空三昧，晓知一切事物没有实体，是空的。佛告诉须菩提，为诸菩萨解说般若波罗蜜，然而菩萨毕竟是空的，是没有实体的。所以须菩提吃惊地说，为什么叫菩萨？佛立即解释为：菩萨就是这样从开始发弘愿度众生乃至修成佛道，都是毕竟空的，所以是不可得的，是空的。如果这样来教导，这就是教导菩萨般若波罗蜜了。

复次，事物大凡有二种法：一是名称，二是名称的含义。如火能照明能燃烧，这是它的含义。照明是眼根的作用，燃烧是火的温热的性质和调熟的作用遍及一切物质，这两种性能和合起来，叫作火。如果离开这两种性能有火，火更应有第三种作用。可是除了燃烧和照明，火再没有第三种作用，因此晓知照明和燃烧这两种功能和合起来假名为火。这火的名字不在照明和燃烧这两种功能中。为什么呢？这功能有二，火是一，一不成为二，二不成为一，含义用来名称照明和燃烧这两种功能，是不相合的。为什么呢？如果照明和燃烧这两种功能合起来，在说到火的时候，应当燃烧嘴巴；如果隔离火，应当得水；像这一类原因和条件，晓知火的功能不在火的含义内。如果火在照明和燃烧这两种功能之外，听到火的名字就不应当在照明和燃烧这两种功能中产生火的想法。如果火在照明和燃烧两者之间，火就没有依止之处，一切造作的事物都没有依止之处；如果火在内与外的中间，就不可知了。因此，火不在内、外、中三处，只有假名。菩萨也是这样，二法和合名菩萨：所谓受、想、行、识四蕴的名与色蕴的色相和合。色与事不同，名与事也不同。如果一定有菩萨，应当更有第三事，然而没有这种事，就知道菩萨是假名。这菩萨和菩萨的名字也是如此，不在内，不在外，不在内外两中间。这里，佛说了譬喻：如五蕴和合所以名为我，真实的我是不可得的，是空的。众生乃至知者见者，都是五蕴因缘和合而产生的假名法。这一切事物实际上是不生不灭的，是没有相状的，世间只用名称说菩萨和菩萨的假名。般若波罗蜜也是这样，都是因缘和合的假名法。

这里，佛再说譬喻：有人说，只是五蕴和合才有众生，然而众生没有实体，是空的，只有五蕴法。佛说，众生没有实体，是空的，五蕴也是和合的，所以假名字有。十二处、十八界也是这样。

复次，菩萨有二种：一是坐禅，二是诵经。坐禅的菩萨常常观察身体骨骼等各部分和合，所以叫作身。就拿所观察到的，作为譬喻来说，头骨各部分和合所以叫作头，脚骨各部分和合所以叫作脚，头骨脚骨等各部分和合所以叫作身，逐一推求寻找，都没有根本。为什么呢？这是就通常所熟悉和观察到的，所以拿它作譬喻。不坐禅的人，以草木枝叶花果作譬喻。如过去诸佛也只有名称，用这名称可以解说十种譬喻，也只有名称。菩萨的含义也是这样。十喻义如《初品》卷六中所说。菩萨应当这样学三假：五蕴等法是叫法假；五蕴因缘和合，所以叫作众生，诸骨和合所以叫作头骨，好比根茎枝叶和合所以叫作树，这叫受假；用受假的名字取着两种事物的形相，说此两种事物的形相，这叫名字假。

复次，众多俗眼不可见的微尘法的和合，所以有俗眼可见的粗法的产生，好比俗眼不可见的微尘和合，所以有俗眼可见的物体，这叫法假。按照事物的有体有用，所以这俗眼可见的事物的和合，就有了名称的产生，好比能照明能燃烧就有了火的名称的产生。有了受、想、行、识四蕴之名和色蕴之色，所以成为人。名和色是事物，人是假名，这是受假。取色、取受、想、行、识四蕴之名，所以叫作受多种名字边。更有名字，如梁椽瓦等名字边又有屋的名字的产生，如树枝树叶名字边有树的名字的产生，这叫名字假。修行者先坏名字假到受假，再破斥受假到法假，破斥法假到一切事物的真如实相中。一切事物的真如实相就是一切事物及其名字空般若波罗蜜。

菩萨行般若波罗蜜，观察物质和名称，非常非无常，乃至有所造作的和无所造作的事物的理体中，不见有菩萨和菩萨的假名，如先前所说。在一切事物中不作记忆分别。菩萨住于不固定的事物中，行六波罗蜜乃至十八不共法，以一切事物的真如实相的智慧，在一切事物中探求，不见一切事物是固定不变的，所谓般若波罗蜜也不见般若波罗蜜的名称，又不见菩萨和菩萨的名称。用这种智慧，所以破斥对事理无所明了等种种烦恼。用这种不显现，也不显现这种智慧，破斥执着般若波罗蜜和般若波罗蜜的名称、菩萨和菩萨的名称。一切事物的真如实相，离恶行的过失，离烦恼的垢染，通于事理而没有壅阻，涉入自在而没有障碍。菩萨得到这样的智慧，若见若闻若念都如幻如化。若所闻所见所念都是虚诳不实，由于这样的缘故，所以不执着物质现象等。安住在这自在无碍的智慧中,圆满六度,进入菩萨位,获得这样一类利益。在这一章里佛亲自教导菩萨作如此观察。

次后一章,人们评论佛多数时候说事物空,无实体,所以佛反问须菩提:"如果一切事物不空,有实体,颇有一事物一定是菩萨否?所谓五蕴之色是菩萨否?乃至一切事物实相之理是菩萨否?"须菩提作这样的默念:一切事物和合所以有菩萨,我为什么说一事物一定是菩萨呢?所以说:"不是的,世尊。"须菩提善于悟得众生是空的,是没有实体的,所以佛说:"善哉!善哉!"菩萨晓知众生无实体,是空的,所以应行般若波罗蜜。五蕴之色是菩萨的含义,乃至无所造作毕竟空也是这样。须菩提进入一切事物深奥的空理中,心中没有丝毫的疑惑,所以能利益诸菩萨。因此佛赞扬说:"善哉!善哉!"菩萨法应当这样学:一切事物不可得空般若波罗蜜。如须菩提说:"我不见这事物的名字为菩萨。"佛说:"不但菩萨独独不可见,而且事物的体用和见事物体用的人我,都是没有的。"因为事物的真如本性是广大而不显现的,所以一切事物是不显现实相真如的。一切事物都是由因缘和合而产生的,所以没有自性,是毕竟空的。实相真如不显现一切事物的色性,色性也不显现实相真如,实相真如不显现色性,乃至识性也是这样。五蕴之性和事物的实相真如同名，所以叫作性。十二处、十八界、有为法、无为法也是这样。简略地说一下因缘：离开有为法之性不可说无为法之性，离开无为法之性不可说有为法之性，因为在这有为的事物和无为的事物中容纳了一切事物，这菩萨虽不见一切事物，也不恐怖畏惧。为什么呢？有所见有所不见就有恐怖畏惧；如果都无所见，就无所畏惧，所谓五蕴乃至十八不共法。

有人问：如果佛已说不恐怖畏惧因缘，须菩提为什么再问呢？

回答说：须菩提如果说事物都是空的，是无所有的，恐怕堕入不正确的见解。为什么呢？佛的弟子悟得正确的见解，所以叫作行道人，为什么说都不可见呢？佛晓知须菩提的意思，所以解释说，一切心与心王相应所起的心理活动是空的，不可显现，所以不畏惧。凡夫俗子想要处于空中，见心与心王相应的心理活动可以得到，而心外的事物是空的，不可得的，所以心生恐怖。菩萨认为心与心王相应的心理活动虚妄不真实，颠倒了果报，不能示现给人真正的实事，所以不恐怖。由于这不同的道理，所以再问。

有人问：如果是这样，为什么又有第三次提问呢？

回答说：心与心王相应的心理活动在意识中可以

显现出来，思想和意识是心与心王相应的心理活动的根本。为什么呢？意识中大多分别外境，所以产生恐怖。眼耳鼻舌身五识是由五境作用于五根而顷刻间促成的，所以无所分别。想要破斥恐怖畏惧的根本，所以再提出询问，这没有什么错误。

如果菩萨能行这样的般若波罗蜜，虽不见下面四种事：菩萨、菩萨的假名、般若波罗蜜、般若波罗蜜的假名，能对上面所提的三种因缘没有畏惧，就是教导菩萨般若波罗蜜了。如果了达菩萨般若波罗蜜的实相，这是习行般若波罗蜜。般若波罗蜜不是从十方中求得的，也没有人能给予的，也不是像金银宝物用力而求得的。

7　中道思想的运用

内容提要

《释往生品》中的中道义——《释集散品》中的中道义——《释摩诃衍品》中的中道义——《释照明品》中的中道义——《释行相品》中的中道义

原典

佛法中诸法毕竟空①，而亦不断灭；生死虽相续，亦不是常；无量阿僧祇劫业因缘虽过去，亦能生果报而不灭。是为微妙难知。若诸法都空者，此品中不应说往生②，何有智者前后相违？若死生相实有，云何言诸法毕竟空？但为除诸法中爱着邪见颠倒故，说毕竟空，不为破后世故说。汝无天眼明③故疑后世，欲自陷罪恶。

遮是罪业因缘故，说种种往生。佛法不着有、不着无，有无亦不着，非有非无亦不着，不着亦不着，如是，人则不容难，譬如以刀斫空终无所伤。为众生故，随缘说法，自无所著，以是故《中论》中说：

一切诸法实，一切法虚妄；
诸法实亦虚，非实亦非虚。
涅槃际为真，世间际亦真，
涅槃世无别，小异不可得。④

是为毕竟空相。毕竟空不遮生死业因缘，是故说往生。
（节录《释往生品第四之上》卷三十八，页三三八）

问曰：上来广说般若波罗蜜，今须菩提何以作是言，菩萨摩诃萨应如是思维，何者是般若波罗蜜？

答曰：须菩提上来谦让门说，次不住门⑤说，今明般若波罗蜜体⑥。何等是般若波罗蜜？般若波罗蜜者，是一切诸法实相不可破不可坏，若有佛、若无佛常住诸法相、法位⑦，非佛、非辟支佛、非菩萨、非声闻、非天人所作，何况其余小众生！复次，常是一边，断灭⑧是一边，离是二边行中道⑨，是为般若波罗蜜。又复，常无常、苦乐、空实、我无我等亦如是。色法是一边，无色法是一边，可见法不可见法⑩，有对无对⑪、有为无为、有漏无漏⑫、世间出世间⑬等诸二法亦如是。

复次,无明是一边、无明尽是一边;乃至老死是一边,老死尽是一边;诸法有是一边,诸法无是一边,离是二边行中道,是为般若波罗蜜。

菩萨是一边,六波罗蜜是一边;佛是一边,菩提⑭是一边,离是二边行中道,是为般若波罗蜜。

略说内六情是一边,外六尘是一边,离是二边行中道,是名般若波罗蜜。此般若波罗蜜是一边,此非般若波罗蜜是一边,离是二边行中道,是名般若波罗蜜。

如是等二门⑮广说无量般若波罗蜜相。

复次,离有、离无、离非有非无,不堕愚痴,而能行善道,是为般若波罗蜜。如是等三门是般若波罗蜜相。

(节录《释集散品第九下》卷四十三,页三七〇)

——波罗蜜皆具足十八空者。六波罗蜜中说般若波罗蜜义不着诸法。所以者何?以十八空故。十八空论议⑯如初品中,佛告舍利弗:菩萨摩诃萨欲住十八空,当学般若波罗蜜。彼义应此中广说。

问曰:十八空内空等,后皆言非常非灭故,此义云何?

答曰:若人不习此空必堕两边,若常若灭。所以者何?若诸法实有则无灭义,堕常中,如人出一舍入一舍，眼虽不见，不名为无。诸法亦尔，从未来世入现在世，现在世入过去世，如是则不灭。行者以有为患，用空破有，心复贵空，着于空者则堕断灭。以是故，行是空以破有，亦不着空，离是二边以中道行[17]。是十八空以大悲心为度众生。是故，十八空后皆言非常非灭，是名摩诃衍。若异此者则是戏论狂人，于佛法中空无所得，如人于珍宝聚中取水精珠，眼见虽好，价无所直。

（节录《释摩诃衍品第十八》卷四十六，页三九六）

般若波罗蜜中说诸法实相。诸法实相中无戏论垢浊故，名毕竟清净。毕竟清净故，能遍照一切五种法藏，所谓过去、未来、为现在[18]、无为及不可说[19]。是故，舍利弗言：世尊[20]！般若波罗蜜能照一切法，毕竟净故。般若波罗蜜能守护菩萨，救诸苦恼，能满所愿。如梵天王[21]守护三千大千世界[22]故，众生皆礼。三界中三毒泥[23]所不污故，言不着三界。破一切爱等百八烦恼[24]、我见等六十二见[25]故，言破无明黑暗。诸法中智慧最上；一切智慧中，般若波罗蜜为上。以智慧为本，分别四念处等三十七品，是故言一切助道法[26]中最上。能断生、老、病、死等诸怖畏苦恼故言安隐。是般若波罗蜜中摄五眼[27]故，言能与光明。离有边无边等诸二边故，言能示正道。菩萨住金刚三昧[28]，断一切烦恼，微习令无遗余，得无碍解脱[29]故，言一切种智。

复次，知一切法总相、别相[30]，一切种智因缘[31]故，名一切种智。能生十方三世无量诸佛法故，言诸菩萨母。一切法中各各自相空故，言不生不灭。断常是诸见本[32]，诸见是诸结使本，诸结使是一切生死中苦本，是故言远离生死，能令众生信三宝等诸善法宝。得诸善法宝故，得世间出世间乐，能令众生得二种乐，故言无救者作护。是般若波罗蜜相，乃至十方诸佛所不能坏。所以者何？毕竟不可得故，何况余人！故言具足波罗蜜。是般若波罗蜜中无自性故，说诸法不转，生死中不还入涅槃。不生故不转，不灭故不还，故言能转三转十二行法轮[33]。三转十二行法轮义如先说。一切法有二分，若有若无[34]。是般若中有亦不应取，无亦不应取。离是有无即是诸法性，是故言能示诸法性。

如是等无量因缘赞叹般若。

（节录《释照明品第四十》卷六十二，页四九七）

问曰：菩萨用是毕竟空，学六波罗蜜乃至十八不共法，云何言无法可学？

答曰：此中佛自说诸法，不如凡夫所著，凡夫人心有无明邪见等结使，所闻、所见、所知皆异法相，乃至闻佛说法，于圣道中果报中皆着污染于道。舍利弗白佛言："若凡夫人所见皆是不实，今是诸法云何有？"佛言："诸法无所有，凡夫人于无所有处亦以为有。所以者何？是凡夫人离无明邪见不能有所观，以是故说着无所有故名为无明，譬如空拳以诳小儿，小儿着故谓以为有。"舍利弗问佛："何等法无所有着故名无明？"佛答："色乃至十八不共法。"是中无明爱故，忆想分别是明是无明，堕有边无边失智慧明；失智慧明故，不见、不知色毕竟空无所有相，自生忆想分别，而着乃至识众㉟、十二入、十八界、十二因缘；或闻善法，所谓六波罗蜜乃至十八不共法，亦如世间法忆想分别着，圣法㊱亦如是，以是故名堕。凡夫数㊲如小儿为人轻笑。如人以指示月，愚者但看指不看月，智者轻笑言："汝何不得示者意？指为知月因缘，而更看指不知月。"诸佛贤圣㊳为凡夫人说法，而凡夫着音声语言，不取圣人意，不得实义，不得实义故，还于实中生着。佛今说凡夫所失故，言不能过三界，亦不能离二乘；不得圣人意故，闻说诸法空而不信；不信故不行，不住六波罗蜜乃至十八不共法。以失如是功德故，名为凡夫小儿。是小儿着五众、十二入、十八界、三毒诸烦恼，乃至六波罗蜜、十八不共法、阿耨多罗三藐三菩提皆着，是故名为著者。舍利弗问："若菩萨如是行，是名不行般若波罗蜜，不行般若波罗蜜，不得萨婆若。"佛可舍利弗言："如是，如是。"即为说因缘，所谓新行菩萨无方便力，闻是般若波罗蜜，忆想分别，寻求欲取，作是念：我舍世间乐,复不能得般若波罗蜜,是为两失;专求欲得,或谓说空是般若波罗蜜,或说空亦空是般若波罗蜜,或说诸法如[39]实相是般若波罗蜜。如是用六十二见、九十八使[40]烦恼心,着是般若波罗蜜,乃至一切种智[41]亦如是。以是着心[42]学诸法,不能得萨婆若;与此相违者能行般若波罗蜜,亦能得萨婆若,所谓不见般若波罗蜜,不见行者,不见缘法、不见亦不见。舍利弗更问不见因缘。佛答:是菩萨入十八空故不见,非以无智故不见。

(节录《释行相品第十》卷四十三,页三七五)

注释

① **毕竟空**:《中观论疏》卷一末释毕竟空谓,众生性边亦如虚空,其中无生死往来,亦无解脱者。一切有为法(有所造作的事物)、无为法(无所造作的自然的事物,如虚空)毕竟为空。

② **往生**:离开世俗世界往弥陀如来之极乐净土,谓之往;化生于彼土莲花中,谓之生。这是净土的思想核心。

③ **天眼明**:阿罗汉所得三明之一。又作生死智证明、死生智明、天眼智。即于一切众生之死时生时、善色恶色、上色下色,皆悉了知,并了知众生依身、口、

意三业成就之善行、恶行，由正法或邪法因缘，命终之后生于善趣或恶趣。

④ **一切诸法实等句**：事物既是真实的，又是虚妄的；就是在真实中，既不是真实，也不是虚妄。《中论》就是反对执着一端，采取中道实相之理。小乘把涅槃和世间对立起来，认为摆脱个人生死，就可证入涅槃，所以求涅槃之心甚切，所谓速入涅槃。大乘则不同；认为涅槃和世间没有什么二样，都是真实的。涅槃，是对理体的把握；把握了理体就是涅槃，不是离开世间去寻求涅槃。涅槃是一种境界，这种境界就在人的精神中，没有什么脱离世间的所谓超世间的涅槃境界。这就是《中论》所说的"涅槃际为真，世间际亦真，涅槃世无别，小异不可得"的意思。

⑤ **不住门**：不滞留于一种通门。门有通之义。

⑥ **体**：千差万别的事物的所依根本者，是恒常不变的，这叫体，或本体。

⑦ **法相、法位**：法相，诸法一性殊相，殊别之相，由外可见，谓之法相。法位，真如之异名，真如为诸法安住之位。

⑧ **断灭**：拔除事物因果相续之理。

⑨ **中道**：中者不二之义，绝待之称，双非双照，不偏不倚。各家宗义有别，中道内涵不同。此指《中

论》的基本观点："因缘所生法，我说即是空，亦名为假名，亦是中道义。"

⑩ **可见法不可见法**：可见法，指可显现的事物；不可见法，指不可显现之理。

⑪ **有对无对**：有对，即有障碍；无对，即无障碍。

⑫ **有漏无漏**：漏，有漏失之义。有漏，即烦恼；无漏，即无烦恼。

⑬ **世间出世间**：世有三义，迁流、破坏、覆真；间，为中间。故世间有二义：堕于世中之事物，叫世间；世之事物，间隔而为界畔，叫世间，即与世界相同。出世间，相对于世间之称。一切生死之法为世间，涅槃之法为出世间，即苦集二谛为世间，灭道二谛为出世间。

⑭ **菩提**：觉悟、智慧等义。是证涅槃之一切智，是通三乘之菩提；又断所知障而知诸法之一切种智，是唯佛之菩提。

⑮ **二门**：二法通门。

⑯ **论议**：以问答的形式辨明法相。

⑰ **以中道行**：意为以行不偏不倚的中道实相之理。

⑱ 过去、未来、为现在，其中"为"字，一说无此字（据大正藏本，页四七九，校注⑨）。译文从此说。过去未来现在，是指过去世、未来世、现在世。

⑲ **不可说**：真理可证知，不可言说。

⑳ **世尊**：为世所尊贵，故曰世尊。对佛的尊称。

㉑ **梵天王**：色界之初禅天有梵众天、梵辅天、大梵天之三天，其中大梵天称梵天王，名为尸弃。

㉒ **三千大千世界**：指三种"千世界"的通称。第一种千世界叫小千世界，由一千个小世界构成；第二种千世界叫中千世界，由一千个小千世界构成，也就是说有一百万个小世界；第三种千世界叫大千世界，由一千个中千世界构成，也就是说有十亿个小世界。由于一个大千世界含有小千世界、中千世界、大千世界这样三种千世界，合称之谓三千大千世界，其实是一大千世界。

㉓ **三毒泥**：三毒即贪、瞋、痴。泥，有涂饰、粉盖、阻滞之义。谓用泥饰盖三毒受到阻滞，不能发生作用。

㉔ **百八烦恼**：佛家惯用一百八字，略作百八。用百八形容烦恼品类之多。

㉕ **我见等六十二见**：我见，意谓于五蕴等法中不了虚假，妄计有我。六十二见，已注，见前。

㉖ **助道法**：能资助于佛道的各种品类，或有助于止观，或有助于果德，或互相资助。

㉗ **五眼**：肉眼、天眼（诸天修禅定而得。远近前后内外昼夜，皆悉能见，因无色质障碍）、慧眼（二乘所具。观一切皆空，不见有众生相，灭一切异相，舍离

诸着、不受一切法)、法眼(菩萨度众生,遍观一切法,能知能行,谓因行此法,得证是道,知众生方便门,令修令证)、佛眼(唯佛所有。无事不见,无事不知,闻见互用,无所思维,一切皆见)。

㉘ **金刚三昧**:谓菩萨住是三昧,则智慧坚固,能破诸烦恼,好比金刚坚固不坏,能碎万物。

㉙ **无碍解脱**:意为无所障碍离缚自在。

㉚ **总相、别相**:一切因缘造作的事物,有总别二相。如无常无我之相,通于一切,故谓之总相。如地有坚相,火有热相等谓之别相。简言之,有为法的共同之相叫总相,非共同的殊相叫别相。

㉛ **一切种智因缘**:一切种智即佛智。佛智圆明,通达总相、别相化道断惑一切种之法者。因缘,即佛智包容一切智和道种智,犹如佛眼包容其余四眼。一切智,即声闻辟支佛之智,知一切法之总相。道种智,即菩萨之智,知种种差别之道法。

㉜ **断常是诸见本**:断常,指断见和常见。断见,为身心灭再不更生;常见为身心皆常住不灭。诸见,指诸邪见,即各种不正确的见解。谓断见和常见是各种不正确见解的根本。

㉝ **三转十二行法轮**:佛于鹿野苑对声闻乘说苦集灭道四谛,有示转、劝转、证转之三转。一、示转:

这是苦，这是集，这是灭，这是道；这是示以四谛之四相。二、劝转：苦当知，集当断，灭当证，道当修；这是劝转之修行。三、证转：苦我已知，集我已断，灭我已证，道我已修，这是佛以自身为证。对于这三转，上根人以示转，中根人以劝转，下根人以证转，而各悟道。以上就是三转十二行法轮的含义。

㉞ **若有若无**：此处的有、无，是指有法（如小乘的七十五法，大乘的百法）、无法（如龟毛兔角）。

㉟ **识众**：心对于境之了别叫识。识众，指六识等众识。

㊱ **圣法**：佛所说之法，契合正理，谓之圣法。

㊲ **凡夫数**：意为凡夫的道理。

㊳ 诸佛贤圣，一说"诸佛圣人"（据大正藏本，页三七五，校注⑩）。译文从此说。诸佛圣人，指诸佛菩萨。

㊴ **如**：如者如法之各各之相，如法之实相。然各各之事相非实有，其实皆空，以彼此之诸法皆空为实。法之实相即如。如者理之异名，此理真实，故云真如。

㊵ **九十八使**：使，意为驱役。谓此见思惑能驱役一切众生流转三界生死。见惑是意根对法尘起分别，凡有十种：一身见、二边见、三见取见、四戒禁取见、五邪见、六贪、七瞋、八痴、九慢、十疑。此十使，历三界四谛下增减不同，共成八十八使。又，欲界有贪、

瞋、痴、慢四种思惑，色界、无色界各有贪、痴、慢三种思惑，共为十使。八十八种见惑，加上十种思惑，称为九十八使。

㊶ **一切种智**：能以一种之智知一切诸佛之道法，又能知一切众生之因种。

㊷ **着心**：执着于事理之心。

译文

　　佛法中一切事物毕竟空，然而事物也不是断灭。生死虽相续，也不是恒常不变的；无量无数劫的造作的原因虽已过去，也能产生果报而不消除。这是很微妙的，难以晓知的。如果一切事物都空，在这品中就不应该说往生。为什么有智慧的人，说法前后相违背呢？如果死生之相状确实有，为什么说一切事物毕竟空呢？只是为了消除一切事物中喜爱执着不正确的见解和颠倒事理，所以说毕竟空，不是为了破斥后世的缘故而说的。你没有"天眼明"，所以怀疑后世，这是自己想要陷入罪恶之中。为了阻挡这罪恶造作的原因，所以说种种往生。佛法，不执着有，不执着无，有无也不执着，非有非无也不执着，不执着本身也不执着，这样，人们就不当有灾难，好比用刀斧砍虚空，到底无所损伤。为了众生，随着机缘而说法，自身无所执着。因此《中论》中说：

> 一切事物是真实的，一切事物是虚妄的，
> 一切事物真实也虚妄，不是真实也不是虚妄。
> 涅槃一边是真的，世间一边也是真的，
> 涅槃与世间没有差别，一点儿差异找不到。

这就是毕竟空的相状。毕竟空不阻挡生死造作的因缘，所以说往生。

有人问：上面一直广泛地解说般若波罗蜜，现在须菩提为什么提及这样的话：菩萨应当这样思考，什么是般若波罗蜜呢？

回答说：须菩提上面一直以谦让门，其次以不住门解说般若波罗蜜，现在要明确般若波罗蜜的本体。什么样的是般若波罗蜜呢？所谓般若波罗蜜，是一切事物的实相真如，不可摧破不可坏灭，有佛也好，无佛也好，恒常滞留在一切事物的殊相和法位中，不是佛、不是辟支佛、不是菩萨、不是声闻、不是天、不是人所能造作的，何况其余小众生！又，恒常是一个极端，断灭是一个极端，舍离这两个极端，行不偏不倚的中道，这就是般若波罗蜜。又，常与无常、苦与乐、空与实、我与无

我等等两个极端，也是这样。色法是一个极端，无色法是一个极端，可见法与不可见法、有对与无对、有为与无为、有漏与无漏、世间与出世间等等各类两种对立的极端现象，也是这样。

复次，无明是一极端、无明尽是一极端，乃至老死是一极端、老死尽是一极端，诸法有是一极端、诸法无是一极端，舍离这两个对立的极端，行不偏不倚的中道，这是般若波罗蜜。

菩萨是一极端、六波罗蜜是一极端，佛是一极端、菩提是一极端，舍离这两个极端而行不偏不倚的中道，这是般若波罗蜜。

简略地说，内六情是一极端，外六尘是一极端，舍离这两个极端，行不偏不倚的中道，这叫般若波罗蜜。这般若波罗蜜是一极端，这非般若波罗蜜是一极端，舍离这两个极端，行不偏不倚的中道，这叫般若波罗蜜。

像这一类二法之通门，扩展开说，有无可计量的般若波罗蜜殊相。

复次，舍离有、舍离无、舍离非有非无，不堕入愚痴之中，而能行顺理的善道，这是般若波罗蜜。像这一类三种现象的通门，是般若波罗蜜的殊相。

所谓逐一波罗蜜都具足十八空。在布施、持戒、忍辱、精进、禅定、般若六波罗蜜中，说般若波罗蜜之理不着于一切事物。为什么呢？十八空的缘故。如初品中关于十八空的论议，佛告舍利弗：菩萨想要安住十八空，应当学般若波罗蜜。十八空之理应在这里大大地解释。

有人问：十八空内空等，因后来都说是非常非灭的，这个道理怎样说呢？

回答说：如果人们不修习十八空，必然堕入两个极端：或是常，或是灭。为什么呢？如果一切事物是真实存在的，就没有寂灭之理，堕入恒常不变中，好比人们从一个房间出来进入另一个房间，外面的人，眼虽没有见到，不能叫作无。一切事物也是同样，从未来世入现在世，现在世入过去世，这样三世流转而不断灭。修行者以有为祸患，用空破斥有，心里还是重视空，执着于空就堕入断绝因果相续的邪见。因此，习行此空以破斥有，也不执着空，离弃这两个极端以习行不偏不倚的中道。这十八空是大悲心拔除一切众生之苦，帮助度脱一切众生。所以十八空之后都说非常非灭的道理，这叫大乘。如果不同于这种观点，就是以无意义之言论来诳惑世人，在佛法修习中空无所得，好比人在珍宝聚盆中取着水精珠，眼睛看来虽好，但没有价值。

在般若波罗蜜中，是说一切事物的真如实相的。在一切事物的真如实相中，是没有无义的名字概念等戏论，也没有污垢和浊物，所以叫毕竟清净。毕竟清净，所以能遍照一切五种法藏，就是所谓过去世、未来世、现在世、无所造作的真理以及不可言说的真理。因此，舍利弗说：世尊，般若波罗蜜能遍照一切事物，因为毕竟清净。般若波罗蜜能守护菩萨救拔众生种种痛苦和烦恼，能满足他们的心愿。如梵天王守护三千大千世界，所以众生都礼敬他。在欲界、色界和无色界等三界中，贪、瞋、痴等三毒泥所不能污染，所以说不执着三界。破斥一切贪爱等百八烦恼和我见等六十二邪见，所以说破斥愚昧和黑暗。一切事物中，智慧最上称第一；一切智慧中，般若波罗蜜居上。以智慧为根本，分别四念处等三十七道品，所以说一切能资助于佛道的各种品类中，智慧是最上第一的。能断除生、老、病、死等各种恐怖、畏惧、苦痛和烦恼，所以说安稳。在这般若波罗蜜中，摄纳肉眼、天眼、慧眼、法眼与佛眼，所以说能给众生光明。舍离有与无等种种两极端，所以能指示真正之道。菩萨安住金刚三昧，断除一切烦恼，极细微的习气也不让它遗留，得到无碍解脱，所以说一切种智。

复次，晓知一切事物的总相、别相和佛的一切种智同声闻辟支佛的一切智、菩萨的道种智相互之间的关系，所以叫一切种智。能生十方三世无量诸佛法，所以说是诸菩萨之母。一切法中各各自相是空的，是没有实体的，所以说是不生不灭的。断见和常见是各种不正确见解的根本，各种不正确见解是种种烦恼的根本，各种烦恼是一切生死中苦的根本，所以说远离生死，能让众生信奉佛法僧三宝等诸善法之宝。修得诸善法之宝，所以得到世间与出世间的悦乐，能让众生得到这两种悦乐，所以说毋须救拔的人作保护。这种般若波罗蜜的相状特征，乃至十方诸佛也是不能破坏的。为什么呢？毕竟是空的缘故。何况其余的人！所以说具足波罗蜜。在这般若波罗蜜中没有自性，所以说一切事物是不生起不转变的，在生死流转中不退还到寂灭境界。事物不生起，所以不转变；不断除，所以不退还，此说能转三转十二行法轮。三转十二行法轮的含义如先所说。一切法有两种分位，如有法如无法。在这般若智慧中，有法也不应该取着，无法也不应该取着。舍离这有法与无法，就是一切法的不变之性，所以说能示现一切法的不变之性。

像这样一类无量因缘赞扬般若智慧。

有人问：菩萨用这毕竟空，学六波罗蜜乃至十八不共法，为什么说无法可学呢？

回答说：这里佛自己解说一切法，不像凡夫执着于法。凡夫心中存有无明邪见等烦恼，所听到的、所见到的、所知晓的都与法的一性殊相不同，乃至听闻佛的说法，在正道中果报中都执着对佛道的污染。舍利弗禀告佛说："如果凡夫所见到的都是不真实的，现在这一切法为什么有？"佛说："一切法无所有，凡夫在无所有的地方也认为是有。为什么呢？这凡夫离开无明和邪见不能有所观照，因此说执着无所有，所以叫作无明，好比空手作拳以欺骗小孩，小孩执着空拳，所以说以为有。"舍利弗询问佛："什么样的法不可以有执着所以叫作无明呢？"佛回答说："色乃至十八不共法。"于中无明贪着，所以妄想分别这是明，这是无明，堕入有和无两个极端，失去了智慧的光明；失去了智慧的光明，所以眼不见、心不知五蕴之色毕竟空无所有相，自己生起妄想分别而执着，乃至识众十二入、十八界、十二因缘；有的人听见善法，所谓六波罗蜜乃至十八不共法，视同世间法，而生起妄想分别取着，对待佛的说法也是这样，所以叫作毁堕。凡夫的道理，好像小孩，为人们轻视、讥笑。好比人们以手指指月亮，愚笨的人只看手指，不看月亮，聪明的人轻视讥笑地说："你为什么不领会指示的人的意思呢？手指是见月亮的因缘，而一再看手指也是不见月亮的。"诸佛菩萨为凡夫说法，而凡夫执着声音语言，不取着佛菩萨说法的含意，没有领会真实的道理；没有领会真实的道理，所以返回来在音声语言的真实中生起执着。佛现在解释凡夫的过失。本来语言不能超越欲界、色界、无色界,也不能离开声闻乘、缘觉乘,由于没有领会佛菩萨的本意,听说一切法空而不信从,不信从所以不习行,不安住于六波罗蜜乃至十八不共法中。由于失去了这样的功德,所以叫作凡夫小儿。这小儿执着五蕴、十二入、十八界、三毒诸烦恼,乃至六波罗蜜、十八不共法、无上正等正觉遍知都执着不放,所以叫作执着的人。舍利弗问:"如果菩萨这样习行,这叫不行般若波罗蜜;不习行般若波罗蜜,不能修得一切智。"佛认可舍利弗所问,说:"是这样,是这样!"立即为舍利弗说缘由,所谓刚修行的菩萨没有善巧方便的能力,听见这般若波罗蜜,妄想分别,寻求想要取着,作这样的默念:我舍弃世间的快乐,再不能悟得般若波罗蜜,这是两失。只探求一方面想要有所获得,有时为说空是般若波罗蜜;有时说,空也是空,是般若波罗蜜;有时说一切法真如实相是般若波罗蜜。这样用六十二邪见、九十八使烦恼心,执着这般若波罗蜜,乃至一切种智也是这样。因此,执着于事理之心学一切法,不能得到一切智;与此相反的人能行般若波罗蜜,也能得到一切智,所谓不见般若波罗蜜,不见修行者,不见因缘法,不见也是不见的。舍利弗更问不见因缘。佛回答说:这菩萨入十八空所以不见,不是因为没有智慧所以不见。

8　般若与方便

内容提要

色不可尽，般若亦不可尽——痴实相即是般若——方便说三种十二因缘——菩萨方便说法——方便力度众生

原典

是时须菩提作是念：诸佛阿耨多罗三藐三菩提甚深，我当问佛所以甚深。佛说菩提少许分，但为破众生颠倒故不具足说。所以者何？无能受者故。若人取如相①，佛言如亦空，无生住灭②故。若法无生住灭，是法即无。法性实际③亦如是。若有取毕竟空者，亦言非也。何以故？若毕竟空是定相可取，是非毕竟空，是故言甚深。我当更问佛。须菩提作是念已：如佛自说，三

世诸佛用般若波罗蜜得道,般若故不尽,已不尽、今不尽、当不尽④,是故我今但问不尽义。佛答:如虚空不尽故,般若亦不尽;如虚空无有法但有名字,般若波罗蜜亦如是。般若波罗蜜若如虚空无所有故不可尽,云何菩萨能生是般若波罗蜜能生者?菩萨云何心中生能行能得?佛答,色无尽故般若波罗蜜应生。如色⑤初后中生不可得,色即生色不可得;离色生色不可得,生不可得、生生⑥不可得,如先破生中说。生不可得故色亦不可得,色不可得故色生不可得。二法不可得故,色如幻如梦,但诳人眼。若色有生必有尽。以无生⑦故亦无尽。色真相即是般若波罗蜜相。是故说色不可尽,般若波罗蜜亦不可尽。受想行识檀波罗蜜乃至一切种智亦如是。

复次,应生般若者,无明虚空不可尽故。若人但观毕竟空,多堕断灭边;若观有,多堕常边;离是二边故说十二因缘空。何以故?若法从因缘和合生,是法无有定性;若法无定性,即是毕竟空寂灭相;离二边故,假名为中道,是故说十二因缘。如虚空无法故不尽。痴亦从因缘和合生故无自相,无自相故毕竟空如虚空。

复次,因缘生故无实,如经中说因眼缘色生触念⑧,触念从痴生,触念不在眼中,不在色中,不在内,不在外,亦不在中间,亦不从十方三世来,是法定相不可得。何以故?一切法入如故。若得是无明定相,即是智慧，不名为痴，是故痴相智慧相无异。痴实相即是智慧，取着智慧相即是痴，是故痴实相毕竟清净，如虚空无生无灭。是故说得是观故回向⑨阿耨多罗三藐三菩提，即名般若波罗蜜。

问曰：若无无明亦无诸行⑩等，云何说十二因缘？

答曰：说十二因缘有三种：一者凡夫肉眼所见颠倒着我心，起诸烦恼业，往来生死中。

二者贤圣以法眼⑪分别诸法，老病死心厌，欲出世间，求老死因缘由生故。是生由诸烦恼业因缘。何以故？无烦恼人则不生，是故知烦恼为生因。烦恼因缘是无明，无明故应舍而取，应取而舍。何者应舍？老病诸苦因缘烦恼应舍，以少颠倒乐因缘故而取；持戒、禅定、智慧诸善根本是涅槃乐⑫因缘，是事应取而舍。是中无有知者、见者、作者⑬。何以故？是法无定相，但从虚诳因缘相续生。行者知是虚诳不实，则不生戏论，是但灭苦故，入于涅槃，不究尽求诸苦相。

三者诸菩萨摩诃萨大智人利根故，但求究尽十二因缘根本相，不以忧怖自没，求时不得定相。老法毕竟空，但从虚诳假名有。所以者何？分别诸法相者说老，是心不相应行。是相不可得，头白等是色相⑭非老相。二事不可得故无老相。复次，……老无定相，无定相故诸法和合假名为老。又如假轮轴辕辐⑮等为车，是假名非实。复次，有人言，说果报五众故相名为老，是亦不然。所以者何？一切有为法念念生灭不住，若不住则无故[16]，无故[17]则无老。一切有为法若有住则无无常，若无无常即是常，若常则无老，何况非常非无常毕竟空中而有老！复次，诸法毕竟空中，生相[18]不可得，何况有老！如是等种种因缘，求老法不可得；不可得故无相，如虚空不可尽，如老乃至无明亦如是。破无明如上说。

菩萨观诸法实相毕竟空，无所有无所得，亦不着是事故，于众生中而生大悲。众生愚痴故，于不实颠倒虚妄法中受诸苦恼。初、十二因缘但是凡夫人故，于是中不求是非；第二、十二因缘，二乘人及未得无生忍法菩萨所观；第三、十二因缘从得无生忍法[19]，乃至坐道场菩萨所观。是故说无明虚空[20]不可尽，乃至忧悲苦恼虚空不可尽故，菩萨行般若波罗蜜，如是深观因缘法。

（节录《释无尽方便品第六十七》卷八十，页六二一——六二二）

须菩提白佛言："世尊，若一切法性空，性空中无法及非法，亦无众生，菩萨云何住是空中求一切种智？"佛答："菩萨安立性空中故，能行是布施等诸法。"又问："性空破一切法，悉尽无余，云何菩萨住性空中能行布施等诸善法？"佛可须菩提意，而说因缘："菩萨知诸法实相，住是中能得阿耨多罗三藐三菩提。

诸法实相者即是性空。若一切法性不空，菩萨不应住是诸法性空中。得阿耨多罗三藐三菩提已，为众生说性空法，所谓色性空、受想行识性空，乃至为众生说一切种智，断烦恼习性空法。复次，须菩提，十八空，若性不空，是为坏空体。何以故？十八空能令一切法空，若自不空则为虚诳，又若不空者则堕常边着处，能生烦恼。性空无实住处，无所从来，去无所至，是名常住法相。常住法相是性空之异名，亦名诸法实相。是相中无生无灭、无增无减、无垢无净。菩萨住是中，见一切法性空，于阿耨多罗三藐三菩提不退、不疑、不悔。何以故？不见诸法能障碍者，以方便力故度众生。方便力者毕竟无法亦无众生而度众生。"

（节录《释实际品第八十》卷九十，页六九七）

问曰：上来已[21]处处说诸法性空，云何分别有善不善？须菩提何以从后已来，品品中义无异而作种种名问？

答曰：是事上已答。复次，众生从无始[22]生死已来着心深难解故，须菩提复作是重问。复次，是般若波罗蜜欲说是空义要故数问。复次，佛在世时众生利根易悟。佛灭度五百年后，像法[23]中众生爱着佛法，堕着法中，言若诸法皆空如梦如幻。何以故？有善不善。以是故，须菩提怜愍未来众生钝根不解，故重问："世尊，若诸法皆空，云何分别有善不善等？"此中佛自说因缘："凡夫颠倒心故，于法皆作颠倒异见，乃至不见一法是实。凡夫于梦中着梦；得梦见梦[24]者，亦着梦中所见事。是人若不信罪福，起三种不善业；若信罪福，起三种善业：善、不善、不动。善名欲界中善法[25]，喜乐果报，不善名忧悲苦恼果报，不动名生色无色界因缘业。菩萨知是三种业皆是虚诳不实，住二空中为众生说法：毕竟空破诸法，无始空破众生相。住中道为众生说法：所谓五众、十二入、十八界皆是空，如梦如幻乃至如化。是法中无梦，亦无见梦者。菩萨语众生：汝等于空法颠倒心故生诸着，如经中广说。是菩萨方便力故，于颠倒中拔出众生着破颠倒法中。譬如悭贪是颠倒，以布施破悭贪法；而众生着是布施故，为说布施果报无常实空，从布施拔出众生令持戒；持戒及持戒果报中拔出众生，语众生言，天福尽时无常苦恼，拔出众生令离欲、行禅定；而为说禅定及果报虚诳不实，能令人堕颠倒中。种种因缘为说布施、持戒、禅定无常过失，令住涅槃。得涅槃方便，所谓四念处乃至十八不共法，令众生住是法中。若布施、持戒、禅定是定实法，则不应令远离；如布施、持戒等破凡夫法，此则因颠倒而生，虽少时益众生，久则变异能生苦恼故，亦教令舍离。菩萨方便力故，先教众生舍罪，称赞持戒、布施福德；次复为说持戒、布施，亦未免无常苦恼；然后为说诸法空，但称赞实法,所谓无余涅槃㉖。"

是时,须菩提欢喜甚希有,菩萨能如是知是诸法实相,所谓毕竟空,而为众生说法,令至无余涅槃。

(节录《释四摄品第七十八》卷八十八,页六八一)

注释

① **如相**:意谓如事物之各各之相,如事物之实相。

② **无生住灭**:有所造作或因缘生起法,有生灭住。而"如",是理,无所造作,故无生灭住。

③ **法性实际**:事物之体性叫法性。诸事物体性真实之际极叫实际。

④ **已不尽、今不尽、当不尽**:即过去不可穷尽、现在不可穷尽、将来不可穷尽。

⑤ **色**:相当于物质概念。

⑥ **生生**:谓流转轮回无极。

⑦ **无生**:即无生灭变化的寂灭状态,是涅槃的异名。

⑧ 触念,一说"浊念"(据大正藏本,页六二二,校注②)。下同。文中,两种解释都说得通。备作参考。译文从校注本。

⑨ **回向**:以一切所修之善根,向于众生又向于佛道。

⑩ **诸行**:行为迁流之义,谓生自因缘,迁流三世

之有为法。其法数多，故曰诸行。

⑪ **法眼**：谓菩萨为度众生照见一切法门之智慧。

⑫ **涅槃乐**：离生死之苦而究竟安稳，谓之涅槃之乐。是修道最高境界的悦乐。

⑬ **知者、见者、作者**：知者，谓人身中有能知事物者，是神我之体。见者，谓确执人我是见者。作者，外道立神我，以我为作者，以有我而能用手足等作众事。总之，谓外道以神我为实体的知者、见者、作者。

⑭ **色相**：意为色身之相貌。

⑮ **轮轴辕辐**：轮，车轮。轴，车轴。辕，车前驾牲口的直木。辐，车轮中连接轴心和轮圈的直木条。

⑯、⑰ 无故，一说作"无相"（据大正藏本，页六二二，校注⑩）。译文从此说。无相，意为真理绝众相。

⑱ **生相**：使未起的有为法生于现在之法。

⑲ **无生忍法**：又名无生法忍。详见页一二二注㉔。

⑳ **无明虚空**：无明，意为对事理无所明了。虚空，意为虚无形质，空无障碍。此虚空有体有相，体者平等周遍，相者随于他物而彼此别异，故虚空不是空无。无明虚空，谓无明如同虚空。

㉑ 上来已，一说"从上已来"（据大正藏本，页六八一，校注⑫）。译文从此说。

㉒ **无始**：谓一切世间，若众生若法皆无有始。如

今生从前世因缘而有，前世亦从前世而有，如是辗转推究，故众生及法之元始不可得。

㉓ **像法**：像，似也。谓与佛灭度后五百年至一千年间所行之正法相似之佛法。

㉔ **见梦**：即圆梦。

㉕ **欲界中善法**：指五戒十善。

㉖ **无余涅槃**：谓身智皆灰灭之涅槃。

译文

这时候须菩提作这样的默念：诸佛无上正等正觉十分深妙，我当问佛十分深妙的原因。佛很少时候说菩提，只是为了破斥众生颠倒想，所以解说菩提也是不具足的。为什么呢？因为没有能接受的人。如果人们取着如相，佛说，"如"也是空的，因为"如"是没有生住灭的。如果事物没有生住灭，这个事物就是无。法性、实际也是这样。如果有取着毕竟空的，佛也说不对。为什么呢？如果毕竟空是常住不变的相状，可以取着，这就不是毕竟空，所以说十分深妙。我当再问佛，须菩提作这样的默念：如佛自己所说，三世诸佛用般若波罗蜜得道，因为般若是无尽的，过去无尽、现在无尽、将来无尽，所以我现在只问无尽的道理。佛回答：如虚空无尽，所以般若也无尽；如虚空没有事物，只有名称，般若波罗蜜也是这样。般若波罗蜜像虚空无所有，所以不可穷尽，为什么菩萨能生起这般若波罗蜜能生起的东西呢？菩萨为什么心中生起能行、能得呢？佛回答，物质是无尽的，所以般若波罗蜜应生。如物质开头、后来、中间之生不可得，是空的，物质就是生物质，是不可得的，是空的。离开物质而生物质是不可得的，是空的，生不可得，是空的，生生流转不可得，是空的，如先破生中说。生不可得，是空的，所以物质也是不可得的，是空的；物质不可得，是空的，所以物质的生起不可得，是空的。这两种法不可得，是空的，所以物质如幻如梦，只是欺骗人的眼目。如果物质有生起，必有穷尽；因为无生，所以也无穷尽。物质的真实的相状，就是般若波罗蜜的相状。因此说，物质不可穷尽，般若波罗蜜也不可穷尽。受想行识、布施波罗蜜乃至一切种智也是这样。

复次，所谓应该产生般若智慧，是因为不明了虚空不可穷尽。如果人们只观察毕竟空，大多堕入断灭因果相续之理的一边；如果观察实有，大多堕入恒常不变的一边。舍离这两边，所以说十二因缘是空的。为什么呢？如果事物从因缘和合而生起，这个事物就没有固定的体性；如果事物没有固定的体性，就是毕竟空寂灭的相状；舍离这两边，所以假名为中道。因此说十二因缘，像虚空，没有事物的，所以无穷尽。愚痴也是从因缘和合而生起，所以没有自己的相状；没有自己的相状，所以毕竟空好比虚空。

复次，因缘生起的事物，所以没有实体。如经文中说，由于眼睛攀缘物质，生起混乱的念头；混乱的念头从愚痴生起。混乱的念头不存在于眼睛中，不存在于物质中，不在身内，不在身外，也不在两者中间，也不从十方三世来。这种事物的固定相状是不可得的，是空的。为什么呢？因为一切事物证入真如实相中。如果悟得这无所明了的常住不变的相状，就是智慧，不叫作愚痴。所以愚痴的相状与智慧的相状没有不同，愚痴的实相就是智慧，取着智慧的相状就是愚痴。所以愚痴的实相毕竟清净，无过失，无污染，好比虚空无生无灭。因此说修得这种观察，所以向于无上正等正觉，就是叫般若波罗蜜。

有人问：如果没有无明，也没有诸行等，为什么说十二因缘呢？

回答说：解说十二因缘有三种：一是凡夫肉眼所见颠倒地执着有我之心，生起各种烦恼的作用，往来于生死流转轮回之中。

二是声闻、辟支佛、新发意菩萨等行道人用法眼分别一切事物，内心厌恶老病死，想要出离世间，探求老死的因缘是由于生的缘故。这个生是由于各种烦恼作用的因缘。为什么呢？没有烦恼的人就是没有生死变化，所以知道烦恼是生的原因。烦恼的因缘是无明；由于无明，应当舍弃的而取着，应当取着的而舍弃。什么东西应当舍弃呢？老病、诸苦因缘于烦恼，应当舍弃，由于缺少以苦为乐的颠倒因缘，所以取着。持戒、禅定、智慧诸善的根本，是涅槃乐的因缘，这样的事应当取着而舍弃。这里没有外道所说的以神我为实体的知者见者作者。为什么呢？这样的事物没有常住不变的相状，只是从虚诳不真实的因缘相续而生起。修行者晓知这是虚诳不真实，就不生起无所用处的名言概念等戏论，这只是灭除诸苦，所以入于涅槃而没有探求究竟各种苦相之理。

三是诸菩萨大智人根器锐利，所以只探求究竟的十二因缘根本相之理，不因忧愁恐怖而自死，探求时不能获得常住不变的相状。"老"这种事，毕竟是空的，只从虚诳不真实，假名为有。为什么呢？分别诸事物相状的人说老，这样的心，与修行是不相应的，老的相状是不可得的，是空的；白头发等是色身之相貌，不是老的相状、特征。这两件事不可得，是空的，所以没有老相。复次，……老没有常住不变之相。没有常住不变之相,所以各种事物因缘和合,假名为老。又如假轮轴辕辐等组成车,这是假名,不实在。复次,有人说,解说果报五众,所以相状叫作老,这也不对。为什么呢?一切因缘生起的事物刹那刹那生灭不住;如果不住,就是无相;无相就是无老。一切因缘生起的事物如果有所安住,就没有无常;如果没有无常,就是常;如果常,就是无老;何况在非常非无常的毕竟空中而有老!复次,一切事物在毕竟空中,生相不可得,何况有老!如此等种种因缘,探求老的现象是不可得的;不可得,所以无相,好比虚空不可穷尽。如老乃至无明也是这样。破斥无明,如上面所说。

菩萨观察一切事物实相毕竟空,无所有无所得,也不执着此事,所以对众生产生广大救苦之心。众生愚惑不解,所以在不实颠倒的虚妄事物中领受种种苦恼。初、十二因缘只是凡人的十二因缘,所以在这里不求是非;第二、十二因缘是声闻、辟支佛二乘人以及未得无生忍法菩萨所观察;第三、十二因缘从得无生忍法乃至坐道场菩萨所观察。因此说无明如同虚空,是不可穷尽的,乃至忧悲苦恼如同虚空,是不可穷尽的,所以菩萨行般若波罗蜜,如此深刻地观察因缘法。

须菩提禀告佛说:"世尊,如果一切事物自性空,自性空中没有事物和非事物,也没有众生,菩萨如何安住自性空中寻求一切种智呢?"佛回答说:"菩萨安立于自性空中,所以能行这布施等诸道法。"须菩提又问:"自性空破斥一切事物,全都穷尽,没有剩余,为何菩萨安住自性空中能行布施等诸善法呢?"佛认可须菩提的意思,而解说因缘:"菩萨晓知诸事物实相之空理,安住这里能证得正等正觉遍知。所谓诸法实相就是自性空。如果一切事物的体性是不空的,菩萨就不应当安住在这诸事物自性空中。证得正等正觉遍知之后,为众生解说自性空的事物,所谓色蕴自性空,受想行识蕴自性空,乃至为众生解说一切种智,断除烦恼习气、自性空事物。复次,须菩提,十八空,如果自性不空,这是破坏空体。为什么呢?十八空能使一切事物空;如果它自己不空,就是虚诳不真实;又如果不空的话,就堕入恒常一边,沾着一处,能生烦恼。自性空,没有实在的住处,没有来处,也没有去处,这叫事物无生灭变迁的相状。事物无生灭变迁的相状,是自性空的异名,也叫诸法实相。在诸法实相中,无生无灭、无增无减、无垢无净。菩萨在这里,照见一切事物自性空,对正等正觉遍知不退转、不疑惑、不后悔。为什么呢?不见诸事物有能阻碍它的,由于方便力的作用,所以度众生。所谓方便力的作用,就是毕竟无事物,也无众生而度众生。"

有人问：从上已来处处说一切事物没有实性，如何分别有善与不善呢？须菩提为什么从后已来，品品中道理没有不同而提出种种名称的询问呢？

回答说：这件事上面已经回答了。又，众生从无始生死以来，执着于心，深妙难解，所以须菩提又重新提出这个疑问。又，这般若波罗蜜，想要说清它的空的道理的要点，所以数次询问。又，佛在世时，众生根性锐利的容易觉悟。佛灭度五百年后，像法中众生爱着佛法，堕入执着佛的说法中，议论佛的说法，如诸法皆空如梦如幻。为什么呢？有善与不善。因此，须菩提怜愍未来众生根性迟钝，不能理解，所以再问："世尊，如果一切事物都是空的，没有实体，为什么分别有善与不善等等呢？"这里，佛自己解说因缘："凡夫颠倒心的缘故，对于事物都作了颠倒的不同的见解，乃至不见一事一物是真实的。凡夫在梦中，执着梦境，做梦和圆梦的人，也执着梦中所见到的事。这个人如果不相信罪福，渐起三种不善的作用；如果相信罪福，渐起三种善的作用。所谓善、不善、不动。善名欲界中善法喜乐的果报，不善名忧悲苦恼的果报，不动名生起色界无色界因缘的作用。菩萨晓知这三种作用都是虚诳不真实的，安住于下面的二空中，为众生说法：毕竟空破斥诸事物，无始空破斥众生相。安住于不偏不倚的中道实相中为众生说法，所谓五蕴、十二入、十八界都是空的，如幻如梦乃至如化。此法中没有梦，也没有圆梦的人。菩萨告诉众生：你们对于没有实体的事物，由于颠倒心，生起各种执着，像经中大量说到的。是菩萨由于方便力的作用，将执着于破颠倒法中的众生从颠倒中救拔出来。譬如，悭贪是颠倒，用布施来破斥悭贪法；而众生执着这布施，所以为他们解释布施果报变化无常，实在是空的，从布施中救拔出众生，让他们持戒；又从持戒及持戒果报中救拔出众生，告诉众生说，天福终了的时候是无常苦恼的，并且救拔出众生，让他们舍离五欲，修行禅定；而又为他们解说禅定以及果报虚诳不真实，会让人堕入颠倒中。种种因缘，为他们解说布施、持戒、禅定有无常的过失，让他们安住涅槃，悟得涅槃的方便，所谓四念处乃至十八不共法，让众生安住在此法中。如果布施、持戒、禅定是坚实之法，就不应当让它们远离；如果布施、持戒等是破斥凡夫法的，这就是由于颠倒而生起的，虽暂时有益于众生，日子久了就变得不同了，能生起苦恼，所以也要教导他们，让他们舍离。菩萨由于方便力的作用，先教众生舍罪，称赞持戒、布施的福报功德；其次又为他们解说持戒、布施，也不免无常苦恼；然后为他们解说诸法是空的，只是称赞真实法，所谓无余涅槃。"

　　这时候，须菩提很高兴，十分少有，菩萨能这样了知这诸法实相之理，所谓毕竟空，而为众生说法，让他们达到无余涅槃！

9　般若智慧答问

内容提要

佛答须菩提行般若、生般若、修般若诸问题——龙树自问自答涅槃无相、般若波罗蜜相诸问题

原典

听者闻种种赞般若功德，得善知一切事，而贵爱是般若波罗蜜方便欲得。须菩提知众人意，是故问佛："世尊，云何行般若？云何生？云何修？"有人言，行者在干慧地；生者得无生忍法；修者得无生忍法，后以禅波罗蜜熏修般若。佛答：五众是一切世间心所行结缚处。涅槃是寂灭相[①]。菩萨以般若波罗蜜利智慧力故，能破五众通达令空，即是涅槃寂灭相。从寂灭出，住六

情中，还念寂灭相，知世间诸法皆是空、虚诳、不坚实，是名般若。行般若无定相②故不可得说若有若无；言语道断故空如虚空，是故说如虚空生。又如虚空，虚空中无有法生，虚空亦不能有所生。所以者何？无法无形无触无作相故。般若波罗蜜亦如是。复有人言，有是虚空，但以常法无作故，不能生，是为定相。摩诃衍中虚空名无法，不得说常不得说无常，不得言有不得言无，非有非无亦不可得，灭诸戏论，无染无着，亦无文字③。般若波罗蜜亦如是，能观世间似如虚空，是名生般若波罗蜜。菩萨得般若已，入甚深禅定，以般若力故，观禅定及禅定缘皆破坏。何以故？般若波罗蜜舍一切法不着相故，是名修般若波罗蜜。

（节录《释三慧品第七十》卷八十三，页六四三）

问曰：佛自说涅槃法有三相，云何言无相？

答曰：是三相假名无实。何以故？破有为三相故，说无生无灭无住无异。无为更无别相。

复次，生相④先已种种因缘破生，毕竟不可得故，云何有无生？离有为相、无为相不可得，是故无为但有名字，无有自相⑤。

复次，佛法真实寂灭无戏论。若涅槃有相，即是有定相可取，便是戏论。戏论故而生诤讼。若诤讼、瞋恚尚不得生天人中，何况涅槃！是故如佛说，涅槃无相无量不可思议，灭诸戏论。此涅槃相即是般若波罗蜜，是故不应有心、心数法，如先品说。菩萨行般若，离心非心相⑥。若有非心相，应当难言：无心相云何行般若？今离此二边故不应难。

复次，先世无明颠倒邪见因缘故得是身，是身中心、心数法虽有善因缘生，故无自性虚诳不实。是善心果报受人天福乐，皆是无常故能生大苦，亦是虚诳不实，何况不善无记心！因虚诳故果亦虚诳。般若波罗蜜真故，心、心数法不行。

须菩提闻是心、心数法不行故，问佛："世尊，修般若波罗蜜得萨婆若不？"佛言："不。何以故？修名常行积集，皆应是心、心数法力，是故言修⑦，修尚不得，何况不修！修不修者，是般若无为法故不修，能观实相故言修，二俱有过故言不。"

（节录《释三慧品第七十》卷八十三，页六四三——六四四）

须菩提问："世尊，菩萨应学色等诸法，今何以言学一切法不可说⑧？"佛答："菩萨虽应学色等法，但应作不增不减⑨故学。"不增不减义如先说。此中佛自说得不增不减因缘："若菩萨学不生不灭⑩法，即是学不增不减。"

须菩提问："云何学不生不灭？"佛答："不起不

作诸行业若有若无故，有名三有：欲有、色有、无色有⑪；无名断灭边，离八圣道强欲求灭。以是二事，凡夫人起诸行业若善若不善。是菩萨知诸法实相，所谓不生不灭，是故不作三种业⑫、不起业相应诸法，是名无作解脱门。不生不灭是无相解脱门。"复问："世尊，何等方便故能不作不起诸行业？"佛答："若菩萨能观诸法自相空，所谓色、色相空，乃至阿耨多罗三藐三菩提、阿耨多罗三藐三菩提相空，菩萨尔时能作二事：一能不作不起诸行业，二能于一切法中行自相空。"复问："世尊，若色等法自相空，云何菩萨应般若波罗蜜中行？"佛答："不行是名菩萨般若中行。"此中自说因缘："般若波罗蜜体不可得，行者、行法、行处⑬不可得。法空故般若波罗蜜不可得，行处亦不可得。众生空故行者不可得。一切戏论不可得故，菩萨不行名为般若波罗蜜行。"

须菩提问："若不行是般若行者，初发心菩萨云何应行般若？"须菩提意：若不行为行者，初发心菩萨心则迷闷；若以行为行者，是则颠倒，是故问。佛答："初发心菩萨应学无所得法⑭，无所得法即是无行⑮学名。以方便力渐渐行，所谓布施时以无所得法故，应布施诸法实相毕竟空。毕竟空中无有⑯可得，若有若无。菩萨住如是智慧心中，应若多若少布施。布施物、与者、受者平等观㊀故，所谓皆不可得，乃至萨婆若亦如是。"

须菩提作是念：有所得故则是世间颠倒，无所得故即是涅槃。是故问佛："云何有所得？云何无所得？"佛略答："二相是有所得，无二相是无所得。二相者，眼一、色一，两一和合名为二。以眼故知是色，以色故知是眼，眼色是相待法㊁。"

问曰：若不见色时亦有眼，云何眼不离色？答曰：以曾见色故名为眼，今虽不观色，以本为名。是故一切有为法皆属因缘，因属果，果属缘，无有定自在者乃至意法㊂。菩萨、佛亦如是。凡夫无智各各分别，作善不善业，智者知是二法㊃皆虚诳属因缘，不以是二为二。

须菩提问："是二法即是有所得，不二法即是无所得。世尊，从有所得法中无所得，从无所得法中无所得，为缘诸法取相行道故，得是毕竟空无所得；为不作缘不取相不㊄行道故，得是毕竟空无所得。若有所得中无所得者，有所得即是颠倒，行颠倒云何得实？若无所得中得无所得者，无所得即是无所有，无所有云何能生无所有？"佛以二俱过故皆不听。有所得无所得二事皆能平等观。平等㊅即是毕竟空无所得。因无所得破有所得事既办，亦舍无所得。如是菩萨于有所得无所得平等般若中应学。若菩萨能如是学，是名真无所得者，无有

经典·9 般若智慧答问 277

过失。从一地[23]至一地义亦如是。

须菩提问:"世尊,若般若不可得,菩提不可得,菩萨不可得,云何菩萨学般若,分别诸法相,所谓恼相是色、苦乐相是受等?若菩萨行般若波罗蜜,色等法不可得,云何能具足檀波罗蜜等诸善法?云何能入菩萨位中?如经中广说。"佛语须菩提:"菩萨不以得色等诸法相故行般若。"复问:"为何等事故行般若?"佛答:"以无所得故行般若。何以故?一切法空、无相、无作、无起,般若波罗蜜、菩萨、菩提亦无相、无作、无起。菩萨为一切法实相故行般若,非以颠倒故。须菩提,菩萨应如是无作,般若中,行无作、无起故。"

(节录《释三惠品第七十》卷八十三,页六四四——六四五)

须菩提问:"虽以名相为众生说无有实事,将无虚妄耶?"佛答:"圣人[24]随世俗言说,于中无有名相着处。"佛此中自说因缘:"如凡夫说苦着名取相,诸佛及弟子,口说苦而心不着,若着,不名苦圣谛[25]。苦谛即是名相等,无有定实。凡夫着者亦是名相,无有定实,云何空名相中着空名相?若空名相中着名相者,空亦应着空,无相亦应着无相,无作亦应着无作,乃至无为性亦应着无为性。是法皆如。凡夫苦谛相但有名相,名相亦不住名相中。菩萨入是名相等诸法门中,住是名相般若中，应观一切法无有实。"

须菩提问："若一切法但有名相，菩萨为何等故发心？如经中说。"佛答："若一切法但有名相者，名相中名相亦空，是法皆毕竟空。入如、法性、实际中，是故菩萨能发阿耨多罗三藐三菩提，乃至能以三乘㉖度众生。若诸法有定实非名相者，即是无生灭，无生灭故无苦、无集、无尽、无道㉗，云何以三乘度众生？若诸法但是空名相无实者，亦无生灭，无生灭故无苦集尽道，亦云何可度？今菩萨知一切法名相等空，则离世间颠倒；亦知名相空，亦离名相空。如是离有离无处中道，能度众生。"佛意菩萨行是中道般若，得一切种智。

（节录《释三慧品第七十之余》卷八十四，页六四八）

须菩提意，若诸法实相㉘中，若道若涅槃无所有，若无所有何以分别是须陀洹乃至辟支佛习气未尽、佛习气尽？佛言，三乘圣人皆以无为法而有差别，虽因无为有差别，而有为法中可得说。须菩提欲定佛语，故问："世尊，实以无为法故有差别耶？"佛答："世俗法语言名相故可分别，第一法㉙中无分别。何以故？第一义㉚中一切语言道断，以一切心所行㉛断故。但以诸圣人结使断故，说有后际，后际者所谓无余涅槃。"须菩提问："世尊，诸法自相空故，前际不可得，何况后际？

何以故？因前际故有后际。"佛可其意。以众生不知诸法自相空故，说是前际是后际。自相空诸法中前后际不可得。何以故？若先有生则后有老死；若离老死有生，是则不死而生，是生无因无缘；若先老死后有生者，不生云何有老死？先后既不可得，一时亦不可得，以是故说自相空法中无有前后际。佛言："如是，须菩提，菩萨应以自相空法行般若，内外法㉜乃至佛法不着故。"

问曰：上来常说般若波罗蜜相，今何以更问？

答曰：不但问相，人常说般若波罗蜜。般若波罗蜜以何义故名般若？佛言以第一度㉝一切法到彼岸名般若波罗蜜。第一度者，声闻人以下智度，辟支佛以中智度，菩萨以上智度故名第一度。复次，烦恼有九种，上、中、下各有三品。智慧亦有九种：下下智慧㉞从钝根须陀洹来，乃至上下㉟是第一声闻舍利弗等；上中是大辟支佛㊱；上上㊲是菩萨。以上上智慧度故名第一度。声闻、辟支佛但总相㊳度，于别相少；菩萨一切法总相、别相㊴皆了了知故名第一度。复次，菩萨度时智慧遍满可知法中，二乘人可知法中不能遍满，是故名第一度。复次，第一度者，大乘福德智慧、六波罗蜜、三十七品具足满故安隐度，又十方诸佛大菩萨诸天皆来佐助安隐得度。

复次，佛说三乘人，以是般若波罗蜜度到彼岸，涅槃灭一切忧苦，以是义故名般若波罗蜜。

复次，是般若波罗蜜中，一切法内外大小思维筹量分别推求，乃至如微尘不得坚实，既到微尘，则不可分别，心、心数法乃至一念中亦不可分别。是般若波罗蜜中，心色二法破坏推求不得坚实，以是义故名般若波罗蜜。

复次，般若名慧，波罗蜜到彼岸[40]，彼岸名尽一切智慧边，智慧名不可破坏相，不可破坏相即是如、法性、实际[41]，以其实故不可破坏。是三事摄入般若中，故名为般若波罗蜜。

复次，般若波罗蜜无有法与法有合有散，毕竟空故是般若无色、无形、无对[42]，一相所谓无相，是义如先说。如是等种种因缘，故名般若义。

（节录《释三慧品第七十之余》卷八十四，页六五〇）

尔时，须菩提问佛："世尊，若深般若中义非义不可得，云何言菩萨为深般若义故行般若？"佛答："贪欲等烦恼非义不应行者。诸法有三分，贪欲等诸烦恼是非义，六波罗蜜等诸善法是义，色等法无记故非义非非义。若人于烦恼及行烦恼者中生怨憎心，于六波罗蜜等诸善法及行善法者中生爱念心，于色等无记法及行无记法者中即生痴心。如经中说，凡人得受乐时生贪心，受苦时生瞋心，受不苦不乐时生痴心。是故说菩萨应作是念：欲贪等非义不应念以为非，如经广说。"此中自说因缘："恶法、善法、无记法一如相㊸，无有义非义，如相无二无分别故。复次，佛得道时不见一法若义、若非义。诸法实相有佛、无佛常住，不作义、非义，若如是知即是义。但破分别心故，说义、非义不应行。如是须菩提，菩萨应行是离义非义般若波罗蜜。"

须菩提复问："何缘故般若非义、非非义？"佛答："一切法无作、无起相故无所能作，云何般若波罗蜜作义以非义？"

须菩提复问："世尊，若一切诸佛及弟子皆以无为法为义，佛何以说般若波罗蜜不能作义以非义？"佛答："一切圣人虽以无为法为义，不作以非义，无增无损故。此中说譬喻，如虚空如㊹不能益众生、不能损众生；虚空无法故无有义以非义，何况虚空如？虚空虽无法，一切世间因虚空故得有所作。般若波罗蜜亦如是，虽无相、无为而因般若能行五波罗蜜等一切佛道法，以着心故说般若无义非义，无着心故说第一实义㊺，以世谛故说言义，第一义㊻中无有义。"

复次，般若有二种：一者有为，二者无为。学有为般若㊼，能具足六波罗蜜，住十地中；学无为般若㊽，灭一切烦恼习，成佛道。

今须菩提问佛："世尊，菩萨学无为般若，得一切智㊾，云何言无义？"佛答："虽得萨婆若，不以二法㊿

故，得分别取相者，是名二法。"复问："不二法能得不二法耶？"佛答："不也。何以故？不二法即是无为，无为无有得不得相，是无为法不可行㊼故。"复问："若以不二法不得，可以二法得不二法不？"答言："不也。何以故？二法虚诳不实故，云何行不实而得实法？"复问："世尊，若不以二、不以不二㊼，云何当得一切种智？"佛答："无所得㊼即是得。此中二不二即是无分别，皆无所得。是无所得不以有所得为行，虽行有为法，得是无所得，心不取相故无所得。何以故？与空、无相、无作合行故。"

（节录《释三慧品第七十之余》卷八十四，页六五一）

注释

① **涅槃是寂灭相**：涅槃，谓寂灭之理体。寂灭为涅槃之相状。

② **定相**：常住不变之相。

③ **文字**：为解释义理的工具。实相本离文字，但不假文字，不能解释实相，所以文字是表达法身的工具。

④ **生相**：谓使未起的有为法生于现在之法。

⑤ **自相**：局限于自体之相，如五蕴之各各相。

⑥ **离心非心相**：离心之"心"，即指心王，处于心理活动的支配地位，但与心数法共行。心相，谓心之行相，即见分。见分，见即照了之义，谓心识能照烛诸事物及解了诸事物之义理，如镜中之明能照万象。

⑦ 修，一说作"不修"，一说作"不"（据大正藏本，页六四四，校注②）。

⑧ **不可说**：真理可证知，不可言说。

⑨ **不增不减**：此就实相空理而言。诸事物即真空，真空无增减。

⑩ **不生不灭**：此为常住之异名。须菩提就涅槃之理而观不生不灭，所以提出"云何学不生不灭"的问题。下面是佛从大乘观点，即从有为法之事相上论不生不灭之义，以发明真空无相之妙谛。

⑪ **有名三有：欲有、色有、无色有**：三有，为三界之异名。生死之境界有因有果谓之有。三有，就是三界之生死。一、欲有，欲界之生死；二、色有，色界之生死；三、无色有，无色界之生死。

⑫ **三种业**：即身、口、意的行为。

⑬ **行者、行法、行处**：行者，谓修行佛道的人。行法，谓修行的道法。行处，谓修行的入处。

⑭ **无所得法**：体无相之真理，心中无所执着，无所分别，这叫无所得，即空慧，无分别智。无所得法，

即空慧法，无分别智法。

⑮ **无行**：谓不加功行。

⑯ **无有**，一说"无有法"（据大正藏本，页六四四，校注⑮）。译文从此说。

⑰ **平等观**：空观之异名，以空为平等而逐一别相。

⑱ **相待法**：谓有为法自他相待，借以存立。如色境待眼根而为色境，眼根待色境而为眼根。

⑲ **意法**：谓心意的活动现象。

⑳ **二法**：指色境与眼根。

㉑ **不**，一说无此字（据大正藏本，页六四五，校注②）。译文从此说。

㉒ **平等**：意为无差别。

㉓ **一地**：以地譬喻众生的佛性。一切草木种子皆依地而生，一切之善根皆依一佛性而生。

㉔ **圣人**：是指大小乘见道以上断惑证理的人。简称见道人。

㉕ **苦圣谛**：略云苦谛。苦集灭道四谛之理，唯圣者所知，非凡夫所知。

㉖ **三乘**：一、小乘，悟四谛之理而证阿罗汉者；二、中乘，以十二因缘之理，以证辟支佛果者；三、大乘，修六度之行，以证无上菩提者。

㉗ **无苦、无集、无尽、无道**：苦、集、灭、道本

是四谛所说的内容。否定苦、集、灭、道的存在，四谛之说无以建立，何谈修道度众生！这是须菩提的问意。

㉘ **实相**：实为真实，相为无相。真实无相，谓之实相。

㉙ **第一法**：即指佛法。

㉚ **第一义**：以名究竟之真理。是为最上，故云第一，深有理由，故云义。即圣智之自觉。

㉛ **一切心所行**：谓一切心理活动。

㉜ **内外法**：内法与外法。佛法自对于他教曰内法；佛法之外曰外法。

㉝ **第一度**：意谓智慧之度。

㉞ **下下智慧**：谓最末等的智慧。

㉟ **上下**：指上等而偏下的智慧。

㊱ **上中是大辟支佛**：意为大辟支佛的智慧属于上等偏中，智慧可说相当高，因为他独觉十二因缘之理，而与佛理相契合。

㊲ **上上**：是指上等之上的智慧。

㊳ **总相**：相当于事物的共相。

㊴ **别相**：相当于事物的殊相。

㊵ **到彼岸**，一说"名到彼岸"（据大正藏本，页六五，校注⑨）。译文从此说。

㊶ **如、法性、实际**：如者如法之各各之相，如法

之实相。然各各之事相，非实有，其实皆空，以彼此之诸法以空为实，空为诸法之实相，此实相之如称为如。又此如为诸法之性，故名法性。此法性为真实之际，故曰实际。所以如、法性、实际三者皆诸法实相之异名。

㊷ **无对**：谓无有相对待，即绝对。

㊸ **恶法、善法、无记法一如相**：逆理之法叫恶法，顺理之法叫善法；非善非恶之法叫无记法。三者都是同一如各各之相，即真空无相。

㊹ **虚空如**：虚空是无为法。虚空之空，就是虚空之如实相，即如实的空理。

㊺ **第一实义**：谓究竟真实之理。

㊻ **第一义**：谓究竟的真理。

㊼ **有为般若**：有为，即有因缘。故有因缘的般若，叫有为般若。

㊽ **无为般若**：无为，谓无所造作。无为即是常，即真理之异名，故无为般若又名常般若，真理般若。

㊾ **一切智**：了别一切法，是名一切智。即是佛智。

㊿ **二法**：谓分别取相。

㉑ **无为法不可行**：意谓无为法不可能造作。行，造作迁流等义。

㉒ **不以二、不以不二**：即不以二法、不以不二法。不以二法，意谓不是以分别取相。不以不二法，意谓不

是以不分别取相。

(53) **无所得**：意为无所分别。

译文

听众听见种种称颂般若的功德，得以善知一切事，而重视喜爱这般若波罗蜜的灵活便用，想要求得。须菩提晓知众人的意思，所以请问佛："世尊，如何行般若？如何生般若？如何修般若？"有人说，所谓行，就是处在十地中的初地即干慧地，未得真空理水所润；所谓生，就是得以安住于无生无灭之理而不动；所谓修，就是得以安住于无生无灭之理而不动，然后用禅定波罗蜜熏身修行般若。佛回答说：五蕴是污染的不洁净之心所行烦恼的处所。涅槃是寂灭相。菩萨以般若波罗蜜有利于智慧力的作用，所以能破斥五蕴对心性的覆盖，通达令空，这就是涅槃寂灭相。从寂灭中出离，安住于六根之中，还记忆不忘寂灭相，晓知世间一切事物都是空的，不真实的，不坚实的，这叫般若。行般若，没有不变的相状，所以不可得说若有若无；言语之道断，而不可言说，所以空如虚空，因此说好比虚空生。又好比虚空，虚空中没有事物生起，虚空也不能生起事物。为什么呢？因为虚空没有事物，没有形状，没有感触，没有造作的相状，般若波罗蜜也是这样。又有人说，有是虚空，只因恒常不变的事物不可造作，所以不能生起，这就是常住不变之相。在大乘中，虚空叫一切事物已灭，不能说常，不能说无常，不能说有，不能说无，非有非无也不可得，灭除各种无意义的言论，无有染污，无有执着，也无文字。般若波罗蜜也是这样，能观察世间好像如虚空，这叫生般若波罗蜜。菩萨证得般若后，进入十分深妙的禅定中，由于般若智慧力的作用，所以观察禅定及禅定条件都破坏了。为什么呢？因为般若波罗蜜舍离一切事物，不执着事物的相状，这叫修般若波罗蜜。

有人问：佛自说涅槃法有无相、无量、不可思议三种相状特征，为什么说无相？

回答说：这三种相状特征，只有假名，但不实在。为什么呢？破斥有所造作的三种相状特征，所以说无生无灭无住无异。无所造作的事物，再没有别的相状了。

复次，生相先已种种因缘破斥了生，因为毕竟不可得，是空的，为什么有无生呢？舍离有所造作的事物的相状，无所造作的事物的相状就不可得，是空的。因此，无所造作的事物只有名字，没有自相。

复次，佛法是真实的寂灭，没有无意义的言论。如果涅槃有相状特征，就是有常住不变的相状可以取着，便是无意义的言论。由于无意义的言论，而发生了争斗与纠纷。如果争斗纠纷、愤怒怨恨尚不能生于天趣与人趣中，何况涅槃！因此，像佛所说，涅槃是无相的，是无量的，是不可思议的，是灭除一切无意义的言论。这个涅槃的相状特征就是般若波罗蜜，所以不应当有内心的心理活动，如先头论品中所说。菩萨行般若，既舍离心王，又否定心相。如果光是否定心相，应当责难说：无心相如何行般若？今舍离心与心相这两边，所以不应当责难。

　　复次，由于前世无明颠倒邪见等因缘，生得这个身，在这个身中，由于内心的心理活动虽有善因缘生起，但没有自性，虚诳不真实。这善心的果报是领受人和天的福乐，都是变化无常的，所以能生起生死逼迫之大苦，这也是虚诳不真实的，何况恶法违理的不善和无善无恶的无记心！种因虚诳不真实，所以果报也是虚诳不真实。般若波罗蜜真实，所以内心的心理活动也就停息了。

　　须菩提听见这内心的心理活动停息了，所以请问佛："世尊，修般若波罗蜜得到一切智吗？"佛说："不。为什么呢？修的名称是常行积集，都应当是内心心理活动力量的作用，所以说修。修尚且不能获得，何况不修？所谓修与不修，这般若不是因缘生起的事物，所以不修；能观照事物的实相之理，所以说修；这两种说法都有过失，所以说不。"

须菩提问："世尊，菩萨应学习色蕴等诸事物，现在为什么说学习一切事物不可言说呢？"佛回答说："菩萨虽应学习色蕴等事物，但应当作不增不灭的真空之理，所以学习。"不增不减的空理如先所说。这里佛自己解说得不增不减的因缘："如果菩萨学习不生不灭的理法，就是学习不增不减。"

须菩提问："为什么学习不生不灭之理呢？"佛回答说："不生起不造作各种身口意的作用，若有若无故，'有'名三界有，即欲界有、色界有、无色界有；'无'名断灭因果相续之理，舍离八种通向涅槃解脱的正确方法，勉强想要求取绝灭。以此二事，凡夫生起各种身口意的作用，若善若不善。是菩萨晓知诸事物实相之理，所谓不生不灭。因此不造作身口意业，不生起与这些业相应的诸事物，这叫无作解脱门。不生不灭是无相解脱门。"须菩提又问："世尊，由于怎样的方法便用能不造作不生起身口意的行为呢？"佛回答说："如果菩萨能观察诸法的自相是空的，所谓色蕴及其相状是空的，乃至无上正等正觉及其相状是空的，菩萨这时候就能做两件事：一是能不造作不生起各种身口意的行为，二是能在一切事物中行自相空。"须菩提又问："世尊，如果色蕴等事物自相是空的,为什么菩萨应在般若波罗蜜中行呢?"佛回答说:"不行,这叫菩萨般若中行。"这里,佛自己解释因缘:"般若波罗蜜的本体不可得,是空的,修行佛道的人、修行的道法以及修行的入处也是不可得的,是空的。法空,所以般若波罗蜜不可得,行处也不可得。众生空,所以修行佛道的人不可得,也是空的。一切无意义的言论不可得,是空的,所以菩萨不行叫作般若波罗蜜行。"

须菩提问:"如果不行是般若的行者,初发弘愿度众生的菩萨为什么应行般若呢?"须菩提的意思是,如果不行为行者,初发弘愿度众生的菩萨之心就迷惑纳闷,如果以行为行,这就颠倒了,所以向佛询问。佛回答说:"初发弘愿度众生的菩萨,应学习空慧法;空慧法就是无行的学名。以方便的力用渐渐行,所谓布施时由于空慧法,所以应布施的诸事物的实相毕竟是空的。在毕竟空中,没有事物可以获得,若有若无。菩萨安住于这样的智慧心中,应当或多或少布施。由于以空为平等,逐一分别布施物、布施者、受施者,其实都不可得,都是空的,乃至一切智也这样。"

须菩提作这样的默念:由于有所得,就是世间颠倒想;由于无所得,是空的,就是涅槃。所以请问佛:"为什么有所得?为什么无所得?"佛大略回答说:"心分别两种相，是有所得；心无两种相，是无所得，是空的。所谓二相，眼根是一相，色境是一相。两个一相和合叫作二相。由于眼根，所以认知这色境的存在；由于色境，所以认知这眼根的存在；眼根与色境是互相对待，借以存立的。"

有人问：如不照见色境时也有眼根，为什么眼根不能离开色境呢？回答说：因为曾经照见过色境，所以叫作眼根；现在虽不照见色境，眼根还是以本来为名称。所以一切有所造作的事物都连接因缘关系，因果相连，果缘相接，没有一定的自在的东西，乃至心意的活动现象。菩萨和佛也是如此。凡夫无知，对事物各各分别，造作善和不善的行为；有智慧的人晓知色境与眼根都是虚诳不真实的，连接于因缘，不以此二相为二。

须菩提问："凡是两种事物就是有所得，不是两种事物就是无所得。世尊，从有所得的事物中无所得，从无所得的事物中无所得。因为攀缘诸事物，取着相状以行佛道，所以获得这毕竟空无所得；因为不去攀缘诸事物，不取着相状以行佛道，所以获得这毕竟空无所得。如果在有所得中无所得的话，有所得就是颠倒；行颠倒如何能得真实呢？如果在无所得中获得无所得的话，无所得就是无所有，无所有如何能生无所有呢？"佛因为须菩提这两种提问都有过失，所以都没有接受，没有回答他。有所得与无所得二事，都可以空为平等的观点而分别之。平等，就是无差别，就是毕竟空，无所得。由于无所得破斥了有所得的事既已成办，同时也舍弃了无所得。这样，菩萨在有所得无所得的平等般若中应当学习。如果菩萨能这样学习，这叫真正无所得的人，没有过失。从一地至一地的义理也是这样。

　　须菩提问："世尊，如果般若不可得，是空的；菩提不可得，是空的；菩萨不可得，是空的；为什么菩萨学习般若，分别诸法各各相，所谓恼怒的相状是显示于形色的、苦乐的相状是内心的感受等等呢？如果菩萨行般若波罗蜜，形色等事物不可得，为什么能具足布施波罗蜜等诸善法呢？为什么能进入菩萨位中？如经中所说。"佛告诉须菩提："菩萨不是由于获得形色等诸事物的相状，所以行般若。"须菩提又问："那么，为怎样的事所以行般若呢？"佛回答说："由于无所得，所以行般若。为什么呢？一切事物空、无相、无作、无起，般若波罗蜜、菩萨、菩提也无相、无作、无起。菩萨为一切事物实相之理，所以行般若，不是由于颠倒事理。须菩提，菩萨应当这样无所造作，因为般若中行无作、无起。"

　　须菩提问："虽用名称与相状解说事物，但名称与相状不是实在的事，这将不是虚妄不真实的吗？"佛回答说:"见道人随着世俗的说法而解释,在这解释中,没有执着名称、相状。"佛这里自己解说因缘:"如凡夫说苦,就执着苦的名称,取着苦的相状;诸佛及弟子,口中说苦而心不执着,如果执着,就不叫苦圣谛。苦谛就是名称与相状等,没有常住不变的实在性。凡夫所执着的也是名称与相状,没有常住不变的实在性,如何在空的名称相状中执着空的名称相状!如果在空的名称相状中执着名称、相状的话,空也应当执着空,无相也应当执着无相,无作也应当执着无作,乃至无为性应当执着无为性。这种现象都是各各如自相之理。凡夫苦相的道理只有名称与相状,名称相状也不滞留于名称相状中。菩萨证入这名称相状等诸法门中,安住于这名称相状的般若中,应当观察一切事物是不实在的。"

须菩提问:"如果一切事物只有名称相状,菩萨为怎样的缘由而发愿,如经文中所说?"佛回答说:"如果一切事物中只有名称相状的话,名称相状中的名称相状也是空的,这种现象都是毕竟空的。证入如、法性、实际的空理中,所以菩萨能发起无上正等正觉,乃至能以大、中、小三乘道度众生。如果诸事物有常住不变的实在性而无名称相状的话,就是无生灭;无生灭,所以无苦、无集、无灭、无道,如何以大、中、小三乘度众生呢?如果诸事物只是空的名称相状而没有实在性的话，也无生灭；无生灭，所以无苦集灭道，又如何可度众生呢？今菩萨晓知一切事物名字相状等是空的，就舍离世间颠倒想；也晓知名称相状空，也舍离名称相状空。这样，舍离有、舍离无，处于中道，能度众生。"佛的意思是，菩萨行这中道般若，证得一切种智。

须菩提的意思是，如果在一切事物实相中，像佛道、像涅槃无所有，如果无所有都是空的，为什么分别这须陀洹乃至辟支佛烦恼习气没有断尽，而佛的烦恼习气已断尽了呢？佛说，声闻、辟支佛、菩萨都是由于无为法而有差别；虽然因无为法而有差别，而在有为法中是可以说得通的。须菩提想要肯定佛的话，所以问："世尊，真正是由于无为法所以有差别吗？"佛回答说："世俗法中，因为语言名字相状可以分别；在第一法中，没有分别。为什么呢？在第一义中，一切语言的通路已经断绝，这是由于一切心理活动断绝了。只是由于诸佛菩萨等行道人烦恼断除了，所以说有未来世；未来世的意思，就是所谓无余涅槃。"须菩提问："世尊，一切事物自相空，所以过去世不可得，是空的，何况未来世！为什么呢？因过去世，所以有未来世。"佛认可须菩提的意思。由于众生不知一切事物自相是空的，所以说这是过去世，这是未来世。自相空，一切事物中，过去世未来世不可得，也是空的。为什么呢？如果先有生,就有后来的老死;如果离开老死而有生,这就是不死而生,这个生没有因缘;如果先有老死后有生的话,不生如何有老死?先和后尽不可得,片刻也不可得,所以说自相空事物中没有过去世和未来世。佛说:"这样,须菩提,菩萨应当以自相空的事物来行般若,因为教内教外之法乃至佛法都不执着。"

有人问:从上以来常说般若波罗蜜的相状,现在为什么再问?

回答说:不只是问般若波罗蜜的相状,人们还常常解说般若波罗蜜哩!般若波罗蜜由于什么道理所以叫般若呢?佛说,以智慧度一切法到彼岸,叫般若波罗蜜。所谓智慧度彼岸,声闻人用末等的智慧来度彼岸,辟支佛用中等的智慧来度彼岸,菩萨用上等的智慧来度彼岸,所以叫智慧度彼岸。又,烦恼有九种:上、中、下各有三种差别。智慧也有九种:最末等的智慧从钝根须陀洹而来,乃至上等偏下的智慧是第一声闻人舍利弗等;上等偏中的智慧是大辟支佛;最上等的智慧就是菩萨。用最上等的智慧度彼岸,所以叫智慧度彼岸。声闻、辟支佛只是从事物的共相上来度彼岸,在别相上用得少;菩萨对一切事物的共相别相都了了晓知,所以叫智慧度彼岸。又,菩萨度彼岸时智慧遍满于可知的事物中,声闻人与辟支佛在可知法中智慧不能遍满,所以叫智慧度彼岸。又，所谓智慧度彼岸，大乘的福德智慧、六波罗蜜、三十七品具足圆满，所以安稳地度彼岸，又十方诸佛大菩萨诸天都来佐助，安稳得度彼岸。

又，佛说声闻人、辟支佛、菩萨，用这般若波罗蜜度到彼岸，证入涅槃之后，灭除一切忧苦，由于这个道理，所以叫般若波罗蜜。

又，在这般若波罗蜜中，一切事物内外大小思维考量分别推求，乃至像微尘，都不能坚实，既到微尘，就不可分别，心理活动乃至一刹那间也不可分别。在这般若波罗蜜中，心理现象和物质现象破碎坏灭，推断求索，不得坚实，由于这个道理，所以叫般若波罗蜜。

复次，般若叫智慧，波罗蜜叫到彼岸，彼岸叫穷尽一切智慧的边缘，智慧叫不可破坏的相状。不可破坏的相状就是如、法性、实际，由于它是真实的，所以不可破坏。如、法性、实际容纳入般若中，所以叫作般若波罗蜜。

复次，般若波罗蜜没有事物与事物之间的有合有散，毕竟是空的，所以这般若波罗蜜没有物质的东西，没有形状，没有与它相对立的东西，是绝对的，只有一种相状，所谓没有相状，这个道理如先前所说。如此等种种因缘，所以叫般若义。

这时候，须菩提询问佛："世尊，如果在深妙的般若中道理与非道理都不可得,是空的,为什么说菩萨为了深妙的般若所以行般若呢?"佛回答说:"贪欲等烦恼非道理,是不应当习行的东西。诸事物有三类:贪欲等诸烦恼是非道理;六度等诸善法就是道理;物质等事物,不是善不是恶故所以非道理,也不是非道理。例如人在烦恼及添加烦恼的人之中生起怨憎之心,在六度等善法以及行善法的人之中生起爱念之心;在物质等不是善不是恶,以及行不是善不是恶的人之中,就生起愚惑不解之心。像经中所说,凡人获得感觉上的快乐时,生起贪欲之心,感受到痛苦的时候,生起瞋怒之心;感受不苦不乐的时候,生起愚惑之心。所以说菩萨应当作这样的思念:贪欲等非道理,不应当思念,因为是非,如经中广泛地说到。"这里佛自己解说因缘:"恶法、善法、非善非恶之法,都是一如各各之相,即真空无相,不存在道理与非道理,因为如各各之相只有一个空理,没有二法,没有分别。又,佛成道时,没有照见一事一物,好像是道理,好像是非道理。诸事物实相之理,有佛也好,没有佛也好,是恒常不变的,不造作道理、非道理;如果这样了知,就是道理。只是破斥分别心的缘故,说道理非道理不应当习行。这样,须菩提,菩萨应当习行这舍离道理非道理的般若波罗蜜。"

须菩提又问:"什么缘故般若是非道理、不是非道理的呢？"佛回答说："一切事物具有无所造作、无所生起的相状特征，所以无所能造作，为什么般若波罗蜜造作道理与非道理？"

须菩提又问："世尊，如果一切诸佛及其弟子都认为无为法是道理，佛为什么说般若波罗蜜不能造作道理与非道理呢？"佛回答说："一切佛菩萨等行道人虽认为无为法是道理，不造作道理与非道理，因为无为法无增益无损减。这里说譬喻，像虚空如，以虚空之空为其一如实相，这个一如实的空理不能增益众生，也不能损减众生；虚空没有事物，所以不存在道理与非道理，何况虚空如！虚空虽没有事物，可是一切世间因为虚空，所以能有所造作。般若波罗蜜也是这样，虽无相状，无所作为，而依靠般若能行布施、持戒、忍辱、精进、禅定五波罗蜜等一切佛之道法，由于执着于心，所以说般若没有道理与非道理。不执着于心，所以说究竟真实之理；由于世谛，解释说道理，在究竟的真理中，不存在道理。"

复次，般若有两种：一是有为般若，二是无为般若。学习有为般若，能具足六度，安住于十地中；学习无为般若，除灭一切烦恼的习气，成就佛道。

今须菩提询问佛："世尊，菩萨学无为般若，得一切智，为什么说非道理呢？"佛回答说："虽获得一切智,不是由于分别取相。得分别取相的,这叫二法。"须菩提又问:"不分别取相能得不分别取相吗?"佛回答说:"不!为什么呢?不分别取相就是无所作为;无所作为不存在得相不得相,因为这无所作为的事物是不可能造作的。"须菩提又问:"如果由于不分别取相而不得,可以分别取相得不分别取相吗?"佛回答说:"不!为什么呢?分别取相虚诳不真实,如何造作不真实而得真实的事物呢?"须菩提又问:"世尊,如果不以分别取相、又不以不分别取相,如何当得一切种智呢?"佛回答说:"无所得就是得。这里分别取相与不分别取相就是无差别,都无所得。这无所得不因有所得而改变,虽行有为法,得此无所得,心不取着相状,所以无所得。为什么呢?因为与空、无相、无作相聚而行。"

10　般若释论之余

内容提要

般若之名为大波罗蜜——阿鞞跋致深义——行般若与名字因缘——其他诸问题

原典

须菩提闻佛所说，疑心开解，赞叹般若波罗蜜言："是般若名为摩诃波罗蜜。"

佛反问："须菩提，于汝意云何？何以名为大波罗蜜？"

须菩提答："色等诸法不作大不作小故。"凡夫人心于诸法中随意作大小，如人急时其心缩小，安隐富乐时心则宽大。又如八背舍①中，随心故外色或大或小。又如凡夫人，于眼见色中，非色事亦言色，如指业、指量、指数、指一异等。法合为色，是名色作大。有人眼见色，可见处名色，不可见处不名色。有人言，粗色虚诳非真色，但微尘常故是真色。微尘和合时假名为色，是名色作小。如是等因缘，凡夫人于色或作大或作小，随忆想分别故破诸法性。般若波罗蜜随色性如实观不作大小。不合不散者，般若波罗蜜，不说微色[②]和合更有色生，但有假名无有定相色，是故无合无散。色无边故无量。无处不有色、无时不有色故无有量。色是作法。般若波罗蜜中，不以微尘合故有粗色，不以粗散故还归微尘，是故言不合不散。起法[③]有分别筹量多少，不得言不合不散无量，如凡人，空故说无量，实故说有量；般若波罗蜜远离空实故，言非量非无量。凡夫人随心忆念得解故，于色作广作狭；般若波罗蜜观实法相不随心故非广非狭。凡夫人不知和合因缘生诸法故言色有力，如合众缕以为绳，不知者谓绳有力。又如墙崩杀人言墙有力，若各各分散则无有力。般若波罗蜜知和合相，不说一法有力，不说言无力。是故名摩诃般若[④]波罗蜜。

复有大因缘：若菩萨不远离六波罗蜜，色等诸法不作大不作小。但行般若波罗蜜，则心散不调顺，多生疑悔邪见，失般若波罗蜜相。若与五波罗蜜和合行，则调柔、不错能成办众事。譬如八圣道分，正见[⑤]是道，若无七事⑥佐助，则不能办事，亦不名正见。是故佛说一切诸善法，皆从因缘和合共生，无有一法独自生者。是故和合时各各有力，但力有大小，是名行般若波罗蜜。若菩萨离五波罗蜜，行般若波罗蜜，分别色等诸法若大若小等，是人即堕用有所得，堕有边中；若于色等诸法无所分别若大若小，离五波罗蜜，着是不大不小等空相。先分别诸法大小有所得为失，今着不大不小等空相亦是失。所以者何？此中，须菩提说因缘：有所得相者，乃至无阿耨多罗三藐三菩提。所以者何？阿耨多罗三藐三菩提寂灭相、无所得相、毕竟清净相⑦。

有所得相者，生诸戏论，诤竞一切法无生无灭。无所得相，如我、众生，十方求索不可得，但有假名，实不生。众生不生故，般若波罗蜜亦如众生相。破吾我颠倒故，不生不灭。如色等诸法，生相不可得故，不生二法⑧摄一切法，若众生若法。此二法因缘故⑨和合生，但有假名，无有定性。若法无定性，此法即是无生。是二法无生故，当知色等诸法亦无生。众生法无性、无所有⑩。空离⑪、不可思议⑫、不灭⑬、不可知⑭亦如是。

众生力不成就故，般若波罗蜜力不成就者。先说一切法从因缘和合生，各各无自力。般若波罗蜜知诸法各各无自力故，无自性；无自性故空。般若波罗蜜从诸法生故无自力，无自力故亦同诸法毕竟空。是故说众生及法力不成就故,般若波罗蜜力亦不成就。

问曰:先说色等诸法不作有力,不作无力,今何以更说众生及色等诸法力不成就故,般若波罗蜜力亦不成就?

答曰:上说般若观诸法,不作有力,不作无力,听者谓般若波罗蜜能作是观,即有大力,是故此中说,众生色等力不成就故,般若波罗蜜力亦不成就。

如是等种种因缘故,名摩诃波罗蜜。

(节录《释照明品第四十》卷六十二,
页四九九——五〇〇)

须菩提闻佛上二品中说阿鞞跋致具足相。入此品,佛方开四无碍门[15],更欲说阿鞞跋致相。是故须菩提赞佛:"世尊智慧无量无边,阿鞞跋致功德亦无量无边。"佛[16]:"若恒河沙等劫[17]乐说,乐说亦不可尽,阿鞞跋致相貌亦不可尽。""世尊,何等是阿鞞跋致深奥处?阿鞞跋致菩萨住是深奥处,能具足六波罗蜜、四念处乃至一切种智。"佛叹须菩提:"善哉!汝能为阿鞞跋致菩萨问深奥义!"佛语须菩提:"空等乃至涅槃,是名深奥。"

问曰:诸有法种种细分别,人不解故有深,空无所有以何为深?

答曰:非直口说名字故空。分别解诸有相,内不见有我，外不见定实法。得是空已，观一切法相皆是虚诳有诸过罪。若灭诸相，更不作愿生三界。此空是得道空，非但口说，是故言深。

复次，空亦复空，若着是空则有过失，是不名深。若空从破邪见有故出，是为深；若于空中亦不着空故亦深。

复次，观五众生灭，破常颠倒，观毕竟空，破生灭。何以故？空中无无常，无生灭故。无生灭有二种：一者邪见人谓世间常有故无生灭；二者破生灭故言无生灭。此中破生灭，亦不着是不生不灭故，名为深。诸烦恼难除故言离欲寂灭故深。错误易、真实难故。如法性实际为深涅槃，诸梵天等九十六种道[18]所不能及故深。

复次，涅槃中一切得道人，入者永不复出故深。

问曰：此中说空等法深，是何等空？

答曰：有人言，三三昧：空、无相、无作、心数法名为定，定故，能观诸法空。有人言，外所缘色等诸法皆空，缘外空故名为空三昧，此中佛说，不以空三昧故空，亦不以所缘外色等诸法故空。何以故？若外法不实空，以三昧力故空者，是虚妄不实；若缘外空故生三昧者，是亦不然。所以者何？若色等法实是空相，则不能生空三昧；若生空三昧则非是空。

此中说离是二边说中道，所谓诸法因缘和合生。是和合法无有一定法故空。何以故？因缘生法无自性，无自性故即是毕竟空。是毕竟空从本以来空，非佛所作，亦非余人所作。诸佛为可度众生故，说是毕竟空相。是空相是一切诸法实体，不因内外有是空[19]，有种种名字，所谓无相、无作、寂灭、离涅槃等。

须菩提知诸菩萨利根深着涅槃，为是菩萨故问："世尊，但涅槃甚深诸法不甚深耶？"佛答："正观色等一切法得涅槃，色等诸法因涅槃故甚深。是故经中说，色等如故甚深，色等如即是正观。"须菩提问："云何色等如故色等法甚深？"此中佛自说深因缘，所谓如非是色非离色。譬如以泥为瓶，泥非即是瓶，不离泥有瓶，亦不言无瓶。须菩提知是因缘法甚深如大海无有底，故赞言："希有！世尊，佛以微妙方便力故，令菩萨离色等诸法处于涅槃，亦不着涅槃，亦不住世间，是微妙方便。"佛可其所说，赞叹菩萨行诸法实相果报福德，告须菩提："如是甚深法与般若相应，观察筹量等一念生时，得无量无边阿僧祇福德。"

（节录《释灯炷品第五十七》卷七十四，页五八一）

须菩提问佛以初心得无上道，为用后心得者[20]。

问曰：须菩提何因缘故作是问难？

答曰：须菩提上闻诸法不增不减，心自生疑：若诸法不增不减，云何得无上道？复次，若以如实正行得无上道，唯佛能尔。菩萨未断无明等烦恼，云何能如实正行？

复次，须菩提此中自说难问因缘，所谓初心不至后心，后心不在初心，云何增益善根得无上道？如是等因缘故作是问：以初心得后心得。佛以深因缘法答：所谓不但以初心得，亦不离初心得。所以者何？若但以初心得，不以后心者，菩萨初发心便应是佛。若无初心，云何有第二、第三心？第二、第三心以初心为根本因缘。亦不但后心，亦不离后心者，是后心亦不离初心，若无初心，则无后心。初心集种种无量功德，后心则具足。具足故能断烦恼习，得无上道。

须菩提此中自说难因缘：初后心、心数法不俱。不俱者则过去已灭，不得和合；若无和合，则善根不集；善根不集，云何成无上道？

佛以现事譬喻答：如灯炷非独初焰焦，亦不离初焰，非独后焰焦，亦不离后焰，而灯炷焦。佛语须菩提："汝自见炷焦，非初非后而炷焦。我亦以佛眼[21]见菩萨得无上道，不以初心得，亦不离初心；亦不以后心得，亦不离后心，而得无上道。"灯譬菩萨道[22]，炷喻无明等烦恼，焰如初地[23]相应智慧乃至金刚三昧[24]相应智慧，焦无明等烦恼炷。亦非初心智焰，亦非后心智焰，而无明等烦恼炷焦尽得成无上道。

（节录《释灯喻品第五十七之余》卷七十五，页五八五）

问曰：上处处已说空、无相、无作乃至无起、无所有㉕是般若相，今诸天子㉖何以复问何等是般若相？

答曰：佛虽处处说般若波罗蜜，或说空等或说有，或说果报或说罪福，不定故是以今问何者定是般若相。

复次，是般若波罗蜜如幻化，如似可得而无定相可取，唯诸佛能正遍知其相，诸天子虽有利智不能了知故问。

复次，有人言，是诸天子有后来者不闻故问。

佛答诸天子空等是般若波罗蜜相。空相者内、外空等诸空。若诸法空者即是无有男女、长短、好丑等相，是名无相相。若空无相不复生愿着后世身，是名无作相。三解脱门㉗是初入般若波罗蜜㉘相，三乘共有。不生不灭、不垢不净㉙、无所依止㉚虚空㉛等，是般若波罗蜜深相。上三解脱门，中无相、无男女等外相无所有，下无相相无一切法相空，虽是一人，根有利钝，入有深浅，故差别说空。无生、无灭等论议如先说。佛知天子必有如是念：若般若波罗蜜空无所有如虚空相，云何可说？若说即是有相㉜，诸天子以佛威德大故，不敢致难。是故佛自为说：佛怜愍众生，以世谛故说空等诸相，非以第一义谛㉝。若以第一义故应难，以世谛故说则不应难。

（节录《释问相品第四十九》卷七十，页五四八）

舍利弗已问供养般若事，今问："行者云何生般若波罗蜜？"佛答："若行者观色等诸法不生相，是则生般若波罗蜜。"舍利弗复问："云何观色等不生故，般若波罗蜜生？"答曰："色等因缘和合起，行者知色虚妄不令起，不起故不生，不生故不得，不得故不失。"

尔时，舍利弗问意："般若无生缘处，行者亦无生，如是般若与何法合？终归何处住？得何果报？"答曰："般若波罗蜜无生相故无所合。若般若波罗蜜有法合者，若善若不善等，是不名般若波罗蜜。今无所合故，入般若波罗蜜数中。"

问曰：若尔者，帝释[34]已知一切法不合，何以独问萨婆若不合？

答曰：帝释贵重深着是般若，于萨婆若爱未断故，言乃至萨婆若亦不合耶？佛答，般若波罗蜜萨婆若亦不合，一切法毕竟无生故。此中佛破断灭邪见故，说合般若波罗蜜，不如凡夫人取相着名作起有为法合，如佛心[35]合。

问曰：云何如佛心合？

答曰：一切相虚诳故，不取相。一切法中有无常等过咎故，不受。吾我心缚着世间皆动相故，不住。能生种种苦恼，后变异故，不着。一切世间颠倒，颠倒果报不实，如幻如梦，无所灭故，不断。是故佛不着法，不生高心，入毕竟空善相中，深入大悲以救众生。菩萨应如佛心合。

帝释欢喜赞言："希有！是般若波罗蜜不破坏诸法，不生不得不失故，而能成就菩萨，令得至佛。"

须菩提言："若菩萨用有所得，如是分别一切智等一切法若合若不合，是菩萨则失般若波罗蜜。"佛然可其言："如是！"更有因缘：菩萨若取汝所说，一切法无合不合，取是空相，言般若空无所有，不牢固，是亦失般若波罗蜜。须菩提知般若波罗蜜不可得相，是故问："若信般若波罗蜜，信何法？般若波罗蜜空亦不可得，为决定心㊱，信于何法？"佛言："色等一切法不可信。何以故？色等一切法自性不可得故，不可信。"

（节录《释照明品第四十》卷六十二，页四九八）

尔时，须菩提闻是事白佛言："世尊，若一切诸念空，云何菩萨不离萨婆若念？空中菩萨不可得，萨婆若亦不可得。"佛答："若菩萨知一切法离自性，非声闻、辟支佛所作，亦非佛所作，自从因缘出，诸法㊲法相、如、实际㊳，常住㊴世间，即是菩萨不离般若波罗蜜行。"佛自说因缘：般若波罗蜜空故离故不增不减。须菩提闻是复问佛："若般若波罗蜜性空，云何菩萨与般若合、得无上道？"佛随须菩提语："若菩萨与般若波罗蜜合则不增不减。诸法如、法性、实际、不增不减故，般若波罗蜜不增不减。般若波罗蜜即是诸法如、法性、实际，如、法性、实际即是般若波罗蜜。"此中佛自说因缘，如如等三法非一非异，般若亦如是。世间法[40]非一即是二，不异即是一，般若波罗蜜则不尔。是故般若波罗蜜无量无边。空、无相、无作故不增不减。若菩萨得是不增不减，则能得阿耨多罗三藐三菩提。若菩萨闻是事通达无碍入佛智慧，虽未作佛，信力故，于佛法中亦无疑，不怖不畏。所以者何？凡夫着我心故有畏，是菩萨我相[41]断故无所畏，当知是菩萨即住阿鞞跋致地，亦能正行般若。

须菩提闻是菩萨正行般若波罗蜜，是故问佛："世尊，般若波罗蜜观一切空不牢固，是空相为行般若不？"佛言："不也。何以故？若空无有法，云何行般若？""离是空更有法，行般若不？"佛言："不也。何以故？若一切法空、无相、无作，云何离空更有法？是故说不。"须菩提闻空非行般若，离空非行般若，一切法皆摄在般若中，今但问："般若行般若不？""法不自行，应以异法行，是故言不。"复问："离般若更有法行般若不？"佛言："不！何以故？一切法摄在般若中，更无法行般若。"

先来略问行般若者。今问名字因缘："五众行般若不？"佛言："不！何以故？是五众从虚诳和合因缘不自在故无住相[42]，云何能行？"须菩提更问："若菩萨假名字空不实故不行般若。今六波罗蜜等诸助道法，行般若波罗蜜不？"佛言："不！何以故？如五众和合有故不能行。是诸法亦如是，色等法空相不牢固。""如法相、法位、法住、实际，是法行般若不？"佛答："是法无为法不生不灭常住自性故不行。"须菩提问佛："世尊，假名字故人不行。诸法亦和合因缘生无自性故亦不行。谁当行般若？若不行，云何得无上道？"今佛以反问答："于汝意云何？"须菩提从佛急求行般若者，是故佛问："汝以慧眼见，定有一法行般若不？"须菩提因三解脱门入诸法实相中，法相不可得，何况行者？是故答言："世尊，不见有行般若者。"复问："汝见是般若波罗蜜菩萨行处不？"须菩提答："不见。何以故？般若波罗蜜中，一切诸观灭，若常、若无常、若生灭等无一法定相，是般若云何当说是般若波罗蜜？"复问："若汝以智慧眼不见法，是不见法为有为无？"答言："无。何以故？佛说智慧眼实，肉眼、天眼虚诳；须菩提以慧眼观不见故言无。"复问："若法无不可得，是法有生不？"答言："不生。是法本自无，毕竟空，无所有，是法有无等戏论已灭，云何有生？"佛语须菩提："若菩萨于是法中通达无疑，信力智慧力故能住是法中，是名无生忍。五众中假名菩萨得如是法，是名行般若波罗蜜。世俗法故说非第一义。第一义中诸戏论语言即是无生㊸。得是无生忍便受无上道记。"

（节录《释梦中不证品第六十一之余》
卷七十七，页六〇一——六〇二）

注释

① **八背舍**：又名八解脱。谓依八种定力而舍却对色与无色之贪欲。（一）内有色想观诸色解脱，为除内心之色想，于外诸色修不净观。（二）内无色想观外色解脱，内心之色想虽已除尽，但因欲界贪欲难断，故观外不净之相，令生厌恶以求断除。（三）净解脱身作证具足住，为试练善根成满，弃舍前之不净观心，于外色境之净相修观，令烦恼不生，身证净解脱具足安住。（四）超诸色想灭有对想不思维种种想入无边空空无边处具足住解脱，尽灭有对之色想，修空无边处之行相而成就之。（五）超一切空无边处入无边识识无边处具足住解脱，弃舍空无边心，修识无边之相而成就之。（六）超一切识无边处入无所有无所有处具足住解脱，弃舍识无边心，修无所有之相而成就之。（七）超一切无所有处入非想非非想处具足住解脱，弃舍无所有心，无有明

胜想，住非无想之相并成就之。（八）超一切非想非非想处入想受灭身作证具足住解脱，厌舍受想等，入灭一切心心所法之灭尽定。

②微色，一说"微尘色"（据大正藏本，页四九九，校注⑪）。译文从此说。

③起法：由因缘生起的事物。

④般若，一说无"般若"二字（据大正藏本，页四九九，校注⑭）。译文从此说。

⑤正见：见苦集灭道四谛之理而明之，以无漏慧为体。是八正道的主体。略言之，正见，就是正确的见解，是通向涅槃的正确道路。

⑥七事：指八正道中，除正见以外的其他正思维等七种道支。

⑦毕竟清净相：意为毕竟无恶之过失、无烦恼之垢染的相状。

⑧二法：从一切事物中抽引出一对法则，所谓二法，这二法包容一切法。

⑨故，一说无此字（据大正藏本，页五〇〇，校注②）。译文从此说。

⑩无所有：又叫无所得，空之异名。

⑪空离：意为空也要离弃。

⑫不可思议：指不可思议言说之境界。主要系用

以形容诸佛菩萨觉悟之境地，与智慧、神通力之奥妙。

⑬ **不灭**：谓实相之理不可灭。

⑭ **不可知**：妙理难知，故云不可知。

⑮ **四无碍门**：四无碍，亦称四无碍智。谓菩萨于此四法智慧明了，通达无碍，故名四无碍智，亦名四无碍辩。一、义无碍智，二、法无碍智，三、辞无碍智，四、乐说无碍智。以此四无碍通向涅槃，叫四无碍门。

⑯ **佛**，一说"佛"作"佛言"（据大正藏本，页五八一，校注 ⑦）。译文从此说。

⑰ **恒河沙等劫**：恒河沙，略作恒沙。恒河沙之数，譬喻物之多。劫，谓天地之形成到毁灭为一劫。以恒河沙数形容劫难次数之多，时间之长。

⑱ **梵天等九十六种道**：梵天，即色界之初禅天。此天离欲界之淫欲，寂静清净，故称梵天。九十六种道，指九十六种外道，即六师外道各有十五弟子，合成九十，再加六师，谓之九十六种外道。

⑲ **空**，一说"空"作"空相"（据大正藏本，页五八一，校注 ⑬）。译文从此说。

⑳ **以初心得无上道，为用后心得者**：初心，意谓初发心而未经深行。无上道，意为佛所得之道，更无过上，故名无上道。后心，意谓经深行后的修道心。

㉑ **佛眼**：五眼之一。无事不见，唯佛能见。

㉒ **菩萨道**：圆满自利利他而成佛果的菩萨之道。

㉓ **初地**：十地之初地，因未得法性理水之慧，故名干慧地。

㉔ **金刚三昧**：又作金刚喻定、金刚灭定、金刚心、顶三昧。定，其体坚固，其用锐利，可摧毁一切烦恼，故以能破碎诸物之金刚比喻之。谓菩萨住此三昧，则智慧坚固，能破诸三昧，犹如金刚，坚固不坏，能碎万物，故名金刚三昧。

㉕ **无起、无所有**：无起，意说非因缘生起。无所有，是空的异名。

㉖ **诸天子**：指为诸天所护持的欲界色界诸天子。

㉗ **三解脱门**：指空、无相、无作三定，是进涅槃的通门。

㉘ **波罗蜜**，一说无"波罗蜜"三字（据大正藏本，页五四八，校注⑬）。译文从此说。

㉙ **不垢不净**：不垢，无烦恼之垢染。不净，原指人身不净洁。而般若波罗蜜之理体是无所谓垢净的。

㉚ **无所依止**：般若波罗蜜是动相，它不是固定于一处，这叫无所依止。

㉛ **虚空**：般若波罗蜜如虚空，但不是虚无。

㉜ **有相**：相对于无相来说，有造作之相者，有虚空之相者。

㉝ **第一义谛**：相对于世俗谛来说。又称真谛、圣谛、胜义谛、真如、实相、中道等，总之以明深妙之真理。此道理为诸法第一，故称第一义谛。

㉞ **帝释**：惯利天之主，居须弥山之顶喜见城，统领三十三天。梵名略译释提桓因，意译帝释。

㉟ **佛心**：意为觉悟之心，如来之心。

㊱ **决定心**：意指尊教命，如说修行。

㊲ 法，一说无此字（据大正藏本，页六〇一，校注⑪）。

㊳ **法相、如、实际**：法相，此指真如实相。如，如实之相，与实相同。实际，穷极真如之实理。其实三者异名同体。

㊴ **常住**：法无生灭变迁，谓之常住。

㊵ **世间法**：三界所有之有情无情自惑业之因缘而生者，全是有漏无常。即四谛中苦集二谛。

㊶ 我相，一说作"我想"（据大正藏本，页六〇一，校注⑭）。译文从此说。我想，思维有实我之妄想。

㊷ 无住相，一说"无作相"（据大正藏本，页六〇一，校注⑯）。译文从此说。

㊸ **无生**：涅槃之真理，无生灭，故名无生。观无生之理破诸法生灭之烦恼。

译文

须菩提听到佛所说，疑心开解，赞扬般若波罗蜜说："这般若叫作大波罗蜜。"

佛反问："须菩提，你认为如何？为什么叫作大波罗蜜呢？"

须菩提回答说："因为色蕴等诸事物不作大不作小。"凡夫的心在诸事物中随意作大小，如人着急的时候，他的心就缩小，生活稳定、富裕适悦的时候，心就宽大。又如在八背舍中，随着心王所以五尘等外色或大或小。又如凡夫，在眼睛看到色境之中，不属于色境之色的事，也说成色境之色，如指业、指量、指数、指一异等。事物和合为色，这叫色作大。有人眼见色，可见处叫色，不可见处不叫色。有人说，可见的粗色不真实，不是真正的色，但极细小的微尘恒常不变，所以是真正的色。微尘和合时，假名为色，这叫色作小。像这样一类因缘，凡夫对于色，有的作大，有的作小，随记忆想象分别大小，所以破坏了诸事物的自性。般若波罗蜜随着色之性如实观察，不作大小。所谓不合不散，般若波罗蜜不说微尘之色和合更有色生，只有假名，没有一定相状之色，所以没有积聚没有分散。色无边际所以广大。无处不有色，无时不有色，所以无有限量。色是因缘所生的事物。般若波罗蜜中，不是由于极细小的微尘和合所以有可见之色，不是由于可见之色分散了所以回归于极细小的微尘，因此说不合不散。由因缘生起的事物，有分别、考量多少，不能说不合不散是无量的，像凡夫，因为空，说无量；因为实，说有量。般若波罗蜜远离空与实，所以说非量非无量。凡夫随心思念有所领悟，所以对于色有时作广义的理解，有时作狭义的理解；般若波罗蜜观察事物真实相不随着心，所以不广不狭。凡夫不知因缘和合生起诸事物，所以说色有力用，好比众麻线绞合为绳，无知的人说绳有力用；又好比墙塌下来压死人，说墙有力用。如果各各分散，就没有力用。般若波罗蜜晓知和合的相状，不说一事物有力用，不解释说没有力用。因此叫大波罗蜜。

又有大因缘：如果菩萨不远离六波罗蜜，色等诸事物不作大不作小。只行般若波罗蜜，心就散乱不调和顺理，多生疑惑、悔恨以及不正确的见解，失去了般若波罗蜜相状。如果与布施、持戒、忍辱、精进、禅定五波罗蜜和合而行，就调和柔顺，不生错乱，能够成功办理各种事。譬如八正道分，正见是通向涅槃的道路，如果没有八正道中其他正思维等七种道支的从旁资助，就不能办好事，也不叫正见。所以佛说一切诸善法，都从因缘和合而共同产生，没有一种事物是独自产生的。因此，诸事物和合时，各各事物才有力用，只不过力用有大小，这叫行般若波罗蜜。如果菩萨舍离布施、持戒、忍辱、精进、禅定五种波罗蜜，行般若波罗蜜，分别色等诸法或大或小等，这个人就是堕入有所得之中，堕入"有"这个极端中；如果对于色等诸事物无所分别或大或小，舍离五波罗蜜，执着这不大不小等空相。先分别诸事物大小并且执着不放为过失，今执着不大不小等空相也是过失。为什么呢？这里须菩提解释因缘：执着有所得相状的，乃至否定正等正觉遍知。为什么呢？正等正觉遍知是涅槃相、空相、毕竟清净相。

所谓有所得的着心之相，是生起各种无意义的言论，竞相争论一切事物无生与无灭。无所得的空相，如我、众生，十方求索不可得，是空的，只有假名，实际上是不生的。众生不生，所以般若波罗蜜也如同众生相。破斥吾人颠倒的见解，所以不生不灭。如色等诸事物，生的相状不可得，是空的，所以不生二法以摄纳一切事物，或众生或事物。这两种事物是由因缘和合而生起，只有假名，没有确定性。如果事物没有确定性，这个事物就是无生。这二事物无生，所以推知色等诸事物也无生。五蕴和合的众生法没有实体，是空的。空离、不可思议、不灭、不可知也是这样。

所谓众生的力用不成就，所以般若波罗蜜的力用也不成就：先说一切事物从因缘和合生，各各没有自己的力用。般若波罗蜜晓知诸事物各各没有自己的力用，所以没有自己的实体；没有自己的实体，所以是空的。般若波罗蜜从诸事物生起，所以没有自己的力用；没有自己的力用，所以也同诸事物一样是毕竟空的。因此说众生和事物的力用不成就，所以般若波罗蜜的力用也不成就。

有人问：先说色等诸事物不作有力用，不作无力用，今何以又说众生及色等诸事物力用不成就，所以般若波罗蜜的力用也不成就呢？

回答说：上面说般若观察各种事理的方法，不作有力用，不作无力用，听的人说般若波罗蜜能作这样的观察，就是有大力用，所以这里说，众生和色等力用不成就，所以般若波罗蜜的力用也不成就。

这样一类因缘，所以叫大波罗蜜。

须菩提听见佛在上面《阿鞞跋致品》与《转不转品》这二品中讲菩萨不退转具足相。进入这一品，佛正好开讲四无碍门，进一步想要讲菩萨不退转相。所以须菩提称颂佛："世尊智慧广大无边，不退转的功德也广大无边。"佛说："如果在恒河沙数等劫难中乐说无碍智，乐说也不可穷尽，不退转的相状形貌也是不可穷尽的。"须菩提问："世尊，怎样的是不退转的深妙之处呢？不退转菩萨住这深妙之处，能具足六波罗蜜、四念处乃至一切种智。"佛赞叹须菩提："善哉！汝能为不退转菩萨询问深妙的道理。"佛告诉须菩提："空等乃至涅槃，这叫深妙。"

有人问：对各种有体有用之法作种种仔细的分别，人们不了解，所以有深妙，而空无所有，深妙在哪里呢？

回答说：不只是口头上说名字所以空。分别解剖各种有体有用之事物的相状，内不见有自性，外不见一定的实物。悟得这个空之后，观察一切事物的相状，都是不真实的，有种种过失。如果灭除各种相状，再不会发愿生于欲界、色界、无色界。这个空是得道之空，不只是口头上说说，所以说深妙。

复次，空也还是空的。如果执着这个空，就有过失，这不叫深妙。如果空是因从破斥不正确见解的有当中得出来的，这就是深妙；如果因在空中也不执着空，也是深妙的。

复次，观察色受想行识等五蕴生灭，以破斥无常为常的颠倒，观察毕竟空，以破斥生灭。为什么呢？因为空中没有无常，没有生灭。无生灭有两种：一是持不正确见解的人说世间常有，所以无生灭；二是破斥了生灭，所以说无生灭。这里，破斥生灭，也不执着这不生不灭，所以叫作深妙。各种烦恼难以除灭，所以说离欲寂灭，因此这个道理是深妙的。错误是容易犯的，因为达到真实是困难的。像法性实际是深妙的涅槃，诸梵天等九十六种外道是不能企及的，所以深妙。

复次，涅槃中一切得道的人，证入的永远不再退转，所以深妙。

有人问：这里说空等理法深妙，这是怎样的空呢？

回答说：有人说，空、无相、无作三三昧等心所有法，叫作禅定。禅定，所以能观照诸事物是空的，是没有实体的。有人说攀缘外色等诸事物都是空的，攀缘外空所以叫作空三昧。这里佛说，不是由于空三昧所以空，也不是由于攀缘外色等诸事物所以空。为什么呢？如果外在的事物不真实，是空的，由于禅定力的作用所以空，这是虚妄不真实；如果攀缘外在的空所以生起禅定，这也是不对的。为什么呢？如果色等事物真正是没有实体的空相，就不能生起空定；如果生起空定，就不是空。

这里解释舍离这两个极端来说不偏不倚的中道实相之理，所谓诸事物因缘和合生。这种和合的事物不是确定的事物，所以是空的。为什么呢？因缘生起的事物没有自己的体性；没有自己的体性，所以就是毕竟空。这毕竟空从本以来就空，不是佛所造作的，也不是其他人所造作的。诸佛为了可以度脱的众生，所以解说这毕竟空的相状。毕竟空相是一切事物的实体，不是因为内外有这个空相，有种种假名字，所谓无相、无作、寂灭、离涅槃等。

须菩提晓知诸菩萨锐利的根器深深地执着于涅槃，为了这些菩萨，所以问佛："世尊，只是涅槃十分深妙，其他的事物就不十分深妙吗？"佛回答："正确地观察色蕴等一切事物而证得涅槃，色蕴等诸事物由于涅槃，所以十分深妙。所以经文中说，色蕴等各各如实相，所以十分深妙。色蕴等实相就是正确的见解。"须菩提问："为什么色蕴等实相，所以色蕴等事物十分深妙呢？"这里佛自说深妙因缘，所谓实相不是色蕴，不是离开色蕴。好比用泥土制作瓶，泥土非就是瓶，不是离开泥土有瓶，也不是说没有瓶。须菩提晓知这个因缘法十分深妙，好比大海没有底，所以赞颂说："少有，世尊，佛以微妙方便力的作用，所以让菩萨舍离色蕴等诸事物，处于涅槃中，也不执着涅槃，也不安住于世间，这是微妙的方便。"佛认可须菩提所说，称颂赞叹菩萨习行诸事物的真如实相、果报福德，并且告诉须菩提："如此十分深妙的理法与般若波罗蜜相契合，观察考量等一刹那生起时，获得广大无边无数的福德。"

所谓须菩提问佛，用初心获得无上道，为用后心获得无上道。

有人问：须菩提由于什么原因提出这个问难呢？

回答说：须菩提先前听到诸事物不增不减，心中自己生起疑问来：如果诸事物不增不减，如何获得无上道？又，如果由于如实正确修行，获得无上道，只有佛能够这样。菩萨没有断除愚昧等烦恼，如何能依照实际正确修行呢？

复次，须菩提这里自己解释难以询问的原因，所谓初心不能达到后心，后心不存在于初心中，如何增益善根获得无上道呢？这样一类原因，所以提出这样的询问：以初心得无上道，后心也得无上道。佛用深妙的因缘法来回答，所谓不只用初心得无上道，也不离初心得无上道。为什么呢？如果只用初心得无上道，不用后心得无上道的话，菩萨立誓愿度众生便应当就是佛了。如果没有初心，如何有第二、第三心？第二、第三心是以初心为根本原因和条件的。所谓也不只是后心、也不离后心的意思是，这后心也不离初心，如果没有初心，就没有后心。初心积聚种种广大功德，后心就具足。具足，所以能断除烦恼习气，获得无上道。

须菩提这里自己解释问难的原因：初心后心等心理活动在心中还不具备。不具备，就是过去了的心理活动已经消失，不能和合；如果没有和合，善根就不能积聚；善根不积聚，如何成就无上道？

佛用眼前的事做譬喻来回答："如灯盏的灯心不独初焰在燃烧，也不离初焰，不独后焰在燃烧，也不离后焰，而是灯心在燃烧。"佛告诉须菩提："你自己见到灯心在燃烧，不是初焰，不是后焰，而是灯心在燃烧。我也用佛眼见菩萨得无上道，不用初心得，也不离初心；也不以后心得，也不离后心，而得无上道。"灯好比菩萨道，灯心好比无明等烦恼，火焰好比初地的相应智慧乃至金刚三昧的相应智慧，燃烧无明等烦恼的灯心。也不是初心智慧的火焰，也不是后心智慧的火焰，而是无明等烦恼的灯心燃烧了，得到无上道。

有人问：上处处已说空、无相、无作乃至无起、无所有是般若相，今诸天子为什么又问怎样的是般若波罗蜜的相状特征呢？

回答说：佛虽处处说般若波罗蜜，有时说空等，有时说有，有时说果报，有时说罪福，因为不确定，所以今问什么是般若的确定相。

复次，这般若波罗蜜如幻如化，似乎可以获得，然而没有确定的相状可取，只有诸佛真正遍知它的相状特征。诸天子虽有锐利的智慧，但不能完全知道，所以发问。

复次，有人说，诸天子中有后来的，没有听到佛的说法，所以发问。

佛回答诸天子，空等是般若波罗蜜的相状特征。所谓空相，是内空、外空、内外空等种种空。如果诸事物是空的，就是没有男女、长短、好丑等相状，这叫无相之相，也就是空相。如果空无相，不再生起愿意着附于来生之身，这叫无作相。空、无相、无作三解脱门，是初证入般若的相状特征，这是声闻、缘觉、菩萨等三乘所共有的。不生不灭、不垢不净、无所依止虚空等，是般若波罗蜜深妙的相状特征。先说三解脱门，中间说无相、无男女等外相都无所有，次后说无相之相以及无一切事物之相都是空的。虽都是人，根器有利钝，领悟真理有深浅，所以有区别地解说空理。无生、无灭如涅槃等的论断和评议如先前所说。佛晓知诸天子一定有这样的默念：如果般若波罗蜜是空无所有，好比虚空相，为什么可以解说呢？如果说般若波罗蜜就是有相，诸天子由于佛具有大威德，所以不敢表达心中的疑难，因此佛自己来做解释。佛怜悯众生，所以用世俗的真理解说空等诸相，不是用第一义谛来解说。如果因为用第一义来解说应当问难；因为用世俗谛解说，就不应当问难。

舍利弗向佛讨教供养般若一事之后，现在又问："修行者为什么生般若波罗蜜呢？"佛回答说："修行者观察色蕴等诸法不生的相状，这就是生般若波罗蜜。"舍利弗又问："为什么观察色蕴等不生，所以般若波罗蜜生呢？"佛回答说："色蕴等由因缘和合而起，修行者晓知色蕴虚妄不真实，不让它发生，不发生所以不得，不能获得，所以没有丧失。"

这时候，舍利弗问的意思是："般若没有生灭攀缘之处，修行者也没有生灭，这样般若与什么事物相合呢？最终归于何处安住呢？获得什么果报呢？"佛回答说："般若波罗蜜没有生灭的相状，所以没有事物可与它和合。如果般若波罗蜜有事物可与它和合，或善法或不善法等，这不叫般若波罗蜜。现在没有事物可与它和合，所以证入般若波罗蜜智慧中。"

有人问：如果是这样的，帝释已知一切事物互不相合，为什么独独问一切智不相合呢？

回答说：帝释贵重并且深深执着这般若，对一切智的贪爱没有断除，所以说乃至一切智也不相合吗？佛的回答是，般若波罗蜜一切智也不相合，因为一切事物毕竟没有生灭。这里，佛破斥因果不相续的断灭见这一不正确的见解，所以说与般若波罗蜜相合，不与凡夫取着事物之相、执着假名、作起的有为法相合，而与佛心相合。

有人问：为什么与佛心相合呢？

回答说：一切事物的相状是不真实的，欺骗人的，所以不取着相状。一切事物中有变化无常等过失和错误，所以不摄受。吾我之心束缚着附于世间，都是变动的相状，所以不能安住；能生种种痛苦烦恼，后来发生变化，所以不去执着。一切世间事理颠倒，事理颠倒的果报不真实，如幻如梦，但有不灭，所以没有断灭。因此，佛不执着事物，不生高人一等之心，证入毕竟空的善相中，深入广大悲悯之心以救度众生。菩萨应与佛心相合。

帝释欣喜，称颂说："少有！这般若波罗蜜不破坏一切事物，不生不得不失，因而能成就菩萨，让他能到达佛道。"

须菩提说："如果菩萨施行有所得，这样来分别一切智等一切事物或相合或不相合，这菩萨就失去了般若波罗蜜。"佛认可须菩提所说："是这样！"更有因缘：菩萨如果采取你所说的，一切法没有相合不相合，取着没有实体的空相，说般若波罗蜜是空的，这不牢固，这也是失去了般若波罗蜜。须菩提晓知般若波罗蜜是不可得的空相，所以问："如果信从般若波罗蜜，这是什么法？般若波罗蜜之空也是不可得的，是空的，为了修行，信从什么法呢？"佛说："色蕴等一切法不可信。为什么呢？色蕴等一切法自性不可得，是空的，所以不可信。"

这时候,须菩提听佛说,菩萨一心不离一切智,常行般若波罗蜜,不休不息,于是禀告佛说:"世尊,如果一切念头是空的,为何菩萨不舍离一切智的念头呢?在无实体的空中菩萨是空的,是没有实体的,一切智也是空的,是没有实体的。"佛回答说:"如果菩萨晓知一切事物舍离自己的体性,不是声闻人、辟支佛所为,也不是佛所为,自从因缘生起,诸法法相、真如、实际,常住世间,就是菩萨不离般若波罗蜜行。"佛自己解释原因:般若波罗蜜因为是空的,舍离自性的,所以不增不减。须菩提听到佛解释原因,又问佛:"如果般若波罗蜜的体性是空的,为什么菩萨与般若相和合而得无上道呢?"佛接着须菩提说:"如果菩萨与般若波罗蜜和合,就是不增不减。诸法如、法性、实际、不增不减,所以般若波罗蜜不增不减,般若波罗蜜就是诸法如、法性、实际,如、法性、实际就是般若波罗蜜。"这里佛自己解释原因:如如、法性、实际不是同一的,也不是不同的,般若也是这样。世间法不是一就是二,不是不同就是同一,般若波罗蜜就不是这样。因此,般若波罗蜜广大无边。空、无相、无作,所以不增不减。如果菩萨获得空、无相、无作、不增不减,就能获得正等正觉遍知。如果菩萨听到正等正觉遍知能通达无碍，证入佛的智慧，虽未成佛，由于信力的作用，在佛法中也没有疑惑，不恐怖不畏惧。为什么呢？凡夫执着吾我之心，所以有畏惧，这菩萨实我之妄想已断除，所以无所畏惧。当知这菩萨就安住于不退转地，也能正确地行般若。

须菩提听到这菩萨正确地行般若波罗蜜，所以询问佛："世尊，般若波罗蜜观察一切空不牢固，这个空相是行般若吗？"佛回答说："不！为什么呢？如果空，没有事物，如何行般若？"须菩提又问："舍离这个空，再有事物行般若吗？"佛回答说："不！为什么呢？如果一切事物空、无相、无作，如何舍离空再有事物呢？所以说不。"须菩提听到空不是行般若，舍离空不是行般若，一切事物都摄纳在般若中，今但问："般若行般若吗？"佛回答说："事物不是自己行自己，乃是用不同的事物来行，所以说不。"须菩提又问："舍离般若，再有事物行般若吗？"佛回答说："不！为什么呢？一切事物摄纳在般若中，再没有事物行般若。"

先头上来大略地询问行般若的事。今问名字因缘。须菩提问："色、受、想、行、识等五蕴行般若吗？"佛回答说："不！为什么呢？这个五蕴来自不真实的因缘的假和合，不自在，没有造作的相状，如何能行？"须菩提又问："如果菩萨假名字，空而不实，所以不行般若。今布施、持戒、忍辱、精进、禅定、般若六波罗蜜等助道法，行般若波罗蜜吗？"佛回答说："不！为什么呢？如果五蕴和合而有，所以不能行。这一切事物也是这样，色蕴等事物空相不牢固。"须菩提又问："真如、法相、法位、法住、实际，这类事物行般若吗？"佛回答说："这类事物是无所造作的事物，不生不灭恒常安住于自己的体性中，所以不行。"须菩提问佛："世尊，假名字，所以人们不行。一切事物也是因缘和合而生起，没有自己的体性，所以也不行。那么谁当行般若呢？如果不行，如何获得无上道呢？"今佛以反问来回答："你认为如何呢？"须菩提是追随佛速求行般若的人，所以佛反问："你用慧眼来看，必定有一种事物行般若吗？"须菩提根据空、无相、无作三解脱门证入一切事物的真如实相中，事物的相状不可得，是空的，何况行者！所以回答说："世尊，没有见到有行般若的人。"佛又问："你见到过菩萨行这般若波罗蜜之处吗？"须菩提回答说："没有见到。为什么呢？在般若波罗蜜中，一切观察皆灭除，像常像无常像生灭等，没有一种事物有固定的相状，这样的般若为何当说是般若波罗蜜呢？"佛又问："如果你用智慧眼不见事物，这不见的事物是有呢，还是无？"须菩提回答说："无。为什么呢？佛说智慧眼是真实的，肉眼、天眼是不真实，须菩提用慧眼观察不见，所以说无。佛又问："如果事物无，是空的，这种事物有生吗？"须菩提回答说："不生！这种事物本来自己就是无，毕竟空，无所有，这种事物有无等无意义的言论已灭，如何有生？"佛告诉须菩提："如果菩萨在这不见的事物中通达，毫无疑问，由于信力和智慧力的作用，能安住于不见的事物中，这叫无生忍。五蕴中假名菩萨得这样的事物，这叫行般若波罗蜜。这是世俗的说法，所以说不是究极的真理。在究极的真理中，各种无意义的言论就是无生的。获得这种无生忍，便能受到佛道的认可。"

源流

《大智度论》为释论《大品般若经》之作。这是第一部，所以它是源。

　　与此论新译出的同时或稍后，还有龙树的《中论》《十二门论》及其弟子提婆的《百论》，合称"四论"。罗什还重译了《大品般若经》。一时掀起了般若学热。在此之前，义学沙门本对般若学很感兴趣，所谓有"六家七宗"之说。由于没有正确的经、论译本为依据，他们常常用玄学的名相来解释般若思想，因而不得其趣。现在有了新译的四论和重译的《大品》，般若学热才出现了质的飞跃。

　　译家罗什所传的龙树学主要就是四论。四论的基本思想乃是中道实相的学说。在阐述《智论》学术流变时，很难撇开其他三论，事实上也撇不开，因为它们是统一学说的整体，而且学术思想的影响往往是交错式的，而不是直线形的。

这里特别要提出僧肇。远在罗什未来长安时，僧肇不远千里来到凉州，师从罗什，后来随师到了长安，一直参与助译，直至什公病故（公元四一三年），次年他也亡故了，时年三十一岁。他在罗什门下时间最久，自然对罗什之学更有心得。他是罗什最得意的门生，有"秦人解空第一者"之美誉。后人有什、肇并称的说法。

关于僧肇有没有参与《大智度论》助译的问题，根据僧叡《大智度论序》所开列的助译名单中，没有提到僧肇的名字。有人认为，这可能是因为他是晚辈，年轻。叡当时年近花甲，而僧肇刚二十出头，在论资排辈的旧传统中很有可能。

僧肇的主要三篇论文《般若无知论》《物不迁论》《不真空论》很符合四论的真空实相之理，可见四论学说对僧肇的影响。而他用中国论学文体扼要写出，对于印度学说的中国化，有绝大建树。这三篇论文奠定了他在中国佛教史上的重要地位。

僧肇《不真空论》中的万物自虚的思想，对后来中国佛学发展有很大的影响，如对三论宗，特别是禅宗。禅宗主张的立处即真（空）就彻底发挥了这一精神。

罗什与僧肇之后，《成实论》研究风行一时，三论学（即《中论》、《十二门论》及提婆的《百论》）研究反而式微，但没有绝响。周颙曾著有《三宗论》，记载了关于二谛学说的三家主张。此三家都以空为真谛，假为俗谛，但在空假的关系上看法各各不同：第一家说"不空假名"，第二家说"空假名"，第三家说"假名〔即〕空"。他认为第三家意见正确。"假名空"即僧肇所主张的"不真空"，只是名目不同而已。周颙之说显然受到《肇论》的启发。智林也持同样的见解，他认为颙说乃是关中胜义。经过僧朗、僧诠、法朗几代人的努力，到隋代吉藏，以三论为宗经，建立了三论宗，弘扬三论。

关于僧肇等关河三论影响于后来三论宗的资料，如法朗的《中观疏》（此书已佚。他的主要议论，在吉藏的著作中保留了一些）；吉藏的《大乘玄义》《二谛章》《三论疏》等。

天台宗学说的渊源，可上溯到南岳慧思和北齐慧文，间接地说，他们还以龙树为学说发源的高祖。

灌顶所记、智𫖮说《摩诃止观》卷首载："智者（即智𫖮）师事南岳慧思（公元五一五——五七三年）。""南岳师事慧文禅师。"

慧文，生卒年不详，只知他"当齐高之世（公元五五〇——五七七年）"。这可能是指慧文的活动年代。

源流　339

说他的禅法是"文（指慧文）师用心，一依《释论》（《大智度论》）"。

　　道宣《续高僧传·慧思传》，附带地提及慧文，说他学风严肃，很受尊重。慧思在这里得到"一心三观"。所谓"一心三观"来源于《智论》和《中论》。慧思诸法"十如是"之说与《大智度论》中的解释有配合，仍然与龙树学有关。所以天台宗说他们的思想来源于龙树，是有相当根据的。

　　智顗（公元五三八——五九七年），天台宗实际创始人。《摩诃止观》卷首内引智者《观心论》云"归命龙树师"。他对慧文——慧思的"一心三观"，先楷定观的对象为诸法实相，空、假、中这三种实相，称为三谛，这种主张还吸收了三论师兴皇法朗所传的关河旧说，特别是僧肇《不真空论》中的"立处即真"的思想，因而把"一心三观"说，又发展成为"圆融三谛"之说。

　　唐代禅宗大师惠能灭后不久，诗人王维受惠能弟子神会请托，写了《能禅师碑铭》一文。从《碑铭》中可以看出惠能受般若思想的影响。《碑铭》说："乃教人以忍。曰：忍者无生无得，无我始成，于初发心，以为教首。"忍是惠能的基本思想。又说："定无所入，慧无所依。"定，不限于打坐，只要心不散都是定；慧无所依，是说定慧一体。又说："大身过于十方，本觉超于三世。"前句是说，以一身为法身，心量广大无边；后句是说，般若之智心是自性般若，先天具有，每人都有，只要一念相应，就会实现，这种智就是"本觉"，"超越三世"就是顿悟。又说："根尘不灭，非色灭空。"这是无相的理论，是中国般若研究中的突出思想，认为除病不灭身。着相就是病，除病就是除着相，如《肇论》说"即色是空"，非灭色为空，所以完全中国化了的禅宗，把《肇论》放在第一位，非常推崇它。由此《碑铭》又说："行愿无成，即凡成圣。"在人们无相戒的时候，要人们发四弘誓愿，即对无边的众生、烦恼、法门、佛道无所成，也就是说誓愿成佛。但成佛并非另有佛身，自性就是佛，只要自己认识自己，一念般若即可成佛。虽然是凡，但无疑是圣。这样，"举手举足，皆是道场，是心是性，同归性海"。一举一动都不离道场，不管是用情用心，都会归于性海。又说："〔能〕常叹曰：七宝布施，等恒河沙，亿劫修行（时间长），居大地墨（数量多），不如无为之运，无碍之悲，弘济众生，大庇三有（三界之生死）。"这种无为无碍的思想，就是无相无着无住。这也就是《智论》等般若经论中所贯彻的思想。

惠能的《坛经》，有人认为不可靠，今作书目备录。

解说

附 錄

《大智度论》的根本要旨是中道实相之理。这一思想的内在逻辑又是怎样的呢？它是以三假（法假、受假、名假）思想为起点，以无相实相为特色，以般若思想为方便，以中道思想为理论方法而组成统一的宗教本体论思想体系。

　　三假思想，本是《大品般若经》中的思想，而龙树在《释三假品》中多方面加以阐述。他认为，万有现象林林总总，都是由名字和名字义所组成，其实是假有、假名。并且用缘起法①来说明事物都是由因缘和合生，假名为某一事物，其实是不真实的。他说，五蕴等法叫法假。五蕴因缘和合名众生，这叫受假。用受假来取着五蕴、众生，来说它们，叫名假。

　　《智论》中处处讲"诸法实相"，"种种相其实一相""一相即无相"。有法就有相,这个相就是假名相。所谓"实相",就是"如实相""真如实相""真空实相",换句话说,"如"或"真如"或"真空"是诸法的真实相。如果把"实相"了解为真正的相状,那是错的。所谓"种种相其实一相""一相即无相",都是同一个道理。那么,"如""真如""真空"是什么意思呢?它们就是理体。名称不同,其实一样。"实相"只不过是它们的代名词。诸法相既是一个假名字相,这就掏空了诸法的实在性,诸法也就成了一个假空名。这就是法性真空,这是龙树思想在《智论》中的一个特色。

大乘讲般若,常和波罗蜜相连,这是从行的角度说的;如果从思想的角度说,它就是一种思想智慧的理论。它是了知诸法实相的智慧(《释初品中般若波罗蜜》)。这就表明般若与诸法实相的关系。般若波罗蜜具有很大的应变力和灵活性,这就是般若方便。

在《智论》中,龙树运用他的中道思想的理论方法。这个方法就是不偏不倚,不着两边,这个理论方法是和般若思想相通的。在《释集散品》中,龙树说到种种的二边,如"无明是一边、无明尽是一边""诸法有是一边、诸法无是一边"等等,结论是"离是二边行中道,是名般若波罗蜜"。这里的般若波罗蜜是指思想智慧说的。这种不偏不倚、不着二边的中道思想,既是理论,又是方法。既然事物是假名相,不着二边必然逻辑地导致不着假名相,这样理论和方法就统一了起来。

总之,三假、实相、般若、中道是一个有机联系的整体。构成了《大智度论》的宗教本体论思想体系。

《大智度论》中的哲学理论思维究竟对人们有哪些方面的启迪呢?

第一,般若智慧,如果加以改造,赋予新的含义,那是很值得十分可取的思想。什么是般若?般若就是"知诸法实相慧"。不需要改动一字,就可以直接译成现代汉语;般若智慧就是认识、探讨客观事物规律的智慧。百万字的《大智度论》从卷第十一《檀波罗蜜义》开始,卷卷离不开般若,目的就是要探讨"诸法实相"。与龙树同时代的许多人,对什么是般若的问题,都有种种看法。龙树吸收了他们观点中有用的部分,经过他自己的深思熟虑,概括出这样一个完美无缺的命题。这是一个高度抽象的理论思维的概括。早在一千六七百年前,古印度龙树提出这样一个命题(当然他是赋予唯心主义的内容),实在很了不起!

人类的发展,在某种意义上来说,是智慧的发展,文化的发展。环顾当今世界,是一个智力大开发、大发展的时代:从原子到电子;从卫星上天到宇宙飞船着落月球;从计算机的开发和更新换代到广泛运用和普及;

它的普及从机要部门到各个领域，从城市到农村，从小孩到老人……件件都闪烁着人类智慧的光芒！而且不断发展，不断深化，乃至无穷！

这正好应了《智论》中的一句话：诸法是不可尽的，般若也是不可尽的。

第二，中道中的不偏不倚的思想，具有合理的因素。大至国际关系，小至人际关系，都要采取一种公正的不偏不倚的态度。所谓关系，至少要有两个方面，如果只有一方，没有第二方，也就构不成关系，也就无所谓不偏不倚的问题。就人际关系来说，要做到公平的不偏不倚，相当不容易，因为彼此利益不同，文化素养不同，社会职业不同，认识水平不同，就有不同的看法，就会有矛盾，对于有修养的人来说，能自我克制，矛盾不至于外化；对于贪欲心强的人来说，非占几分便宜不罢休，只有偏己倚己，心里才舒服，矛盾不激化已经谢天谢地了，何谈不偏不倚！因此，公正的不偏不倚，是人类处世的人生理想。

公正的不偏不倚，用之于科学，说得通，行得通，因为科学以事实为根据。在科学研究中，必然有各种学派之间不同意见的争论，有时甚至是很激烈的争论，这种争论，不能说不公正，偏离了不偏不倚。为什么呢？因为争论不是为了私利，而是为了辩明客观真理，所谓真理愈辩愈明嘛！对于科学研究来说，公正的不偏不倚的原则，是有一定的价值的。

注释：

① 在《摩诃萨埵释论》中提到"巧说"十二因缘生法。可注意"巧说"二字。他解释说，"巧"就是"能方便、不着邪见、为人演说"，"十二因缘观中，断法爱，心不着，知实相"。

参考书目

1 《汉魏两晋南北朝佛教史》（上、下册） 汤用彤 中华书局一九八三年

2 《印度哲学史》 汤用彤 中华书局一九八八年

3 《中国佛学源流略读》 吕澂 中华书局一九七九年

4 《印度佛学源流略讲》 吕澂 上海人民出版社一九八二年

5 《三论玄义校释》 韩廷杰 中华书局一九八七年

6 《坛经校释》 郭鹏 中华书局一九八三年

7 《弘明集》 上海古籍出版社一九九一年

8 《广弘明集》 上海古籍出版社一九九一年

9 《高僧传合集》 上海古籍出版社一九九一年

出版后记

星云大师说："我童年出家的栖霞寺里面，有一座庄严的藏经楼，楼上收藏佛经，楼下是法堂，平常如同圣地一般，戒备森严，不准亲近一步。后来好不容易有机缘进到藏经楼，见到那些经书，大都是木刻本，既没有分段也没有标点，有如天书，当然我是看不懂的。"大师忧心《大藏经》卷帙浩繁，又藏于深山宝刹，平常百姓只能望藏兴叹；藏海无边，文辞古朴，亦让人望文却步。在大师倡导主持下，集合两岸近百位学者，经五年之努力，终于编修了这部多层次、多角度、全面反映佛教文化的白话精华大藏经——《中国佛教经典宝藏》，将佛教深睿的奥义妙法通俗地再现今世，为现代人提供学佛求法的方便途径。

完整地引进《中国佛教经典宝藏》是我们的夙愿，

三年来，我们组织了简体字版的编审委员会，编订了详细精当的《编辑手册》，吸收了近二十年来佛学研究的新成果，对整套丛书重新编审编校。需要说明的是此次出版将丛书名更改为《中国佛学经典宝藏》。

佛曰：一旦起心动念，也就有了因果。三年的不懈努力，终于功德圆满。一百三十二册，精校精勘，美轮美奂。翰墨书香，融入经藏智慧；典雅庄严，裹沁着玄妙法门。我们相信，大师与经藏的智慧一定能普应于世，济助众生。

东方出版社

图书在版编目（CIP）数据

大智度论/郏廷础 释译. —北京：东方出版社，2019.9
（中国佛学经典宝藏）
ISBN 978-7-5060-8554-0

Ⅰ.①大… Ⅱ.①郏… Ⅲ.①中观派—佛经②《大智度论》—注释③《大智度论》—译文 Ⅳ.① B946.9

中国版本图书馆 CIP 数据核字（2015）第 267830 号

本书中文简体字版权由上海大觉文化传播有限公司独家授权出版
中文简体字版专有权属东方出版社

大智度论
（DA ZHIDU LUN）

| 释 译 者：郏廷础 |
| 责任编辑：王梦楠　杨　灿 |
| 出　　版：东方出版社 |
| 发　　行：人民东方出版传媒有限公司 |
| 地　　址：北京市东城区朝阳门内大街 166 号 |
| 邮　　编：100010 |
| 印　　刷：华睿林（天津）印刷有限公司 |
| 版　　次：2019 年 9 月第 1 版 |
| 印　　次：2025 年 3 月第 7 次印刷 |
| 开　　本：880 毫米 ×1230 毫米　1/32 |
| 印　　张：12 |
| 字　　数：212 千字 |
| 书　　号：ISBN 978-7-5060-8554-0 |
| 定　　价：62.00 元 |
| 发行电话：（010）85924663　85924644　85924641 |

版权所有，违者必究
如有印装质量问题，我社负责调换，请拨打电话：（010）85924602　85924603